高等职业教育船舶与海洋工程装备类专业新形态教材

船舶机舱自动化

主　编　赵　群
副主编　孙艳秋　李湘宸　孟祥洁
主　审　王　宇

北京理工大学出版社
BEIJING INSTITUTE OF TECHNOLOGY PRESS

内 容 提 要

本书按照船舶机舱自动化课程标准的要求编写。全书共分为 5 个学习项目、26 个学习任务，主要内容包括自动控制理论与系统、机舱检测传感器、机舱常见报警系统、船舶主机遥控系统、船舶瘫船启动。

本书可作为高等院校船舶与海洋工程装备类相关专业的教学用书，也可供其他形式的职工培训、专业考证训练及相关技术人员参考使用。

版权专有　侵权必究

图书在版编目（CIP）数据

船舶机舱自动化 / 赵群主编.--北京：北京理工大学出版社，2021.7（2021.8重印）
ISBN 978-7-5763-0103-8

Ⅰ.①船… Ⅱ.①赵… Ⅲ.①船舶－机舱－自动化 Ⅳ.①U664.82

中国版本图书馆CIP数据核字（2021）第149133号

出版发行 / 北京理工大学出版社有限责任公司
社　　址 / 北京市海淀区中关村南大街5号
邮　　编 / 100081
电　　话 /（010）68914775（总编室）
　　　　　（010）82562903（教材售后服务热线）
　　　　　（010）68944723（其他图书服务热线）
网　　址 / http://www.bitpress.com.cn
经　　销 / 全国各地新华书店
印　　刷 / 河北鑫彩博图印刷有限公司
开　　本 / 787毫米×1092毫米　1/16
印　　张 / 15.5　　　　　　　　　　　　　　　责任编辑 / 阎少华
字　　数 / 389千字　　　　　　　　　　　　　 文案编辑 / 阎少华
版　　次 / 2021年7月第1版　2021年8月第2次印刷　责任校对 / 周瑞红
定　　价 / 45.00元　　　　　　　　　　　　　　责任印制 / 边心超

图书出现印装质量问题，请拨打售后服务热线，本社负责调换

前言

　　本书是以船舶电子电气管理岗位群对船舶机舱自动化系统知识、能力和素质要求为依据，以典型船舶机舱自动化系统运用于管理项目任务为主体，以系统调试、维修、管理能力培养为目标进行编写。全书按照项目导向、任务驱动式结构展开，便于实施"教、学、做"一体化教学模式，在学做结合中培养学生的职业技能和职业素质，以适应现代船舶企业对高素质技能型专门人才的需求。

　　本书共分为5个学习项目、26个学习任务。具体项目包括自动控制理论与系统、机舱检测传感器、机舱常见报警系统、船舶主机遥控系统、船舶瘫船启动。每个项目根据实船工作分解为若干个任务，每项任务都以"任务目标—任务分析—知识准备—任务实施"的逻辑思路来加以详细阐述，项目后配有相应的思考与练习。在设计工作任务及其相关知识时，注意选取实船上应用的先进船舶电气设备系统；在介绍任务实施步骤时，注重教材的实践指导性，增加船舶电气生产过程的很多操作技巧，以达到船舶信号系统安装与调试方面的岗位职业能力培养的目标。

　　本书由渤海船舶职业学院船舶电气工程技术专业负责人赵群担任主编（编写项目二、项目五），由渤海船舶职业学院孙艳秋（编写项目三、项目四）、渤海船舶职业学院李湘宸（编写项目一）、渤海造船厂集团有限公司孟祥洁担任副主编（编写各项目描述、思考与练习）。

　　本书在编写过程中参考了杭州华雁数码电子有限公司、嘉兴科讯电子有限公司、上海瑞业自动化有限公司、上海欧森船舶设备有限公司等企业的产品手册，在此表示感谢。特别感谢大连海事大学张均东教授对教材中使用软件的授权支持。全书由赵群统稿，由渤海船舶职业学院王宇教授主审。

　　限于编者的经历和水平，书中难免存在疏漏与不足之处，恳请读者批评指正，以便修订时完善。

编　者

目录

Contents

项目一　自动控制理论与系统···1
　任务一　反馈控制系统的概念··2
　任务二　比例积分微分控制规律···12
　任务三　常见控制系统···24

项目二　机舱检测传感器··44
　任务一　传感器基础知识··44
　任务二　温度传感器··50
　任务三　压力传感器··59
　任务四　液位传感器··67
　任务五　流量传感器··74
　任务六　转速传感器··80
　任务七　船舶物质含量测量···86

项目三　机舱常见报警系统··93
　任务一　船舶通用紧急报警系统··94
　任务二　轮机员安全报警系统···99
　任务三　船舶火灾报警系统···103

任务四　机舱组合报警系统……113
　　任务五　机舱监测报警系统……119

项目四　船舶主机遥控系统……141
　　任务一　船舶主机遥控系统组成与功能……141
　　任务二　船舶主机遥控系统逻辑控制回路……149
　　任务三　船舶主机安全保护系统……156
　　任务四　船舶主机车钟系统功能……165
　　任务五　现场总线型主机遥控系统AC C20……171

项目五　船舶瘫船启动……188
　　任务一　轮机模拟器简介……189
　　任务二　应急电源系统运行……195
　　任务三　船舶主发电机启动与配电……207
　　任务四　中央冷却水系统……219
　　任务五　船舶辅助锅炉系统……226
　　任务六　船舶主机系统……232

参考文献……242

项目一　自动控制理论与系统

项目描述

所谓自动控制是指在没有人参与的情况下利用控制器使生产过程自动地按预定的规律运行。而船舶机舱自动化是指船舶机舱动力装置及设备系统的控制、监测和管理自动化。它能够用各种自动化仪表及控制元件和逻辑元件(包括计算机在内)所组成各种控制和监视系统,部分地或绝大部分地代替轮机管理人员,对机舱中的运行参数进行自动控制、监视、显示、记录和报警,并对主要机器设备进行自动操作。自动化水平往往是衡量动力装置技术先进程度的重要标志。管好、用好机舱自动化设备对提高动力装置运行的可靠性、安全性和经济性,对降低船舶营运成本、改善轮机管理人员的工作条件及提高船舶技术管理水平都具有十分重要的意义。

船舶机舱自动化包括反馈控制系统、远距离操作(遥控)系统、集中监视与报警系统、自动开关与切换系统及安全保护系统。

本项目主要学习自动控制理论与系统的基本知识,主要包括反馈控制系统、比例积分微分控制和微型计算机,了解反馈系统的组成和分类、比例积分微分控制规律及微型计算机控制基础,并通过具体任务的实施来加深对知识的理解。

项目分析

本项目分为3个学习任务,分别介绍了反馈控制系统、比例积分微分控制规律和常见控制系统。学生可以通过基础知识的学习掌握反馈控制系统的组成和分类、比例积分微分控制规律及常见控制系统。每一个任务都会有一个对应的实际项目,学生可以通过响应项目的实施来巩固并加深所学习的理论知识,使学生于学中做,在做中学。

相关知识和技能

知识点

1. 了解反馈控制和反馈控制系统的基本概念;
2. 理解反馈控制系统的基本组成及其功能,会分析自动控制系统的工作原理;
3. 了解控制系统的分类和运行的基本要求;
4. 掌握比例、积分、微分、比例积分、比例微分及比例积分微分的基本概念和作用规律;
5. 掌握微型计算机基本原理及控制系统;
6. 学习单片机的结构特点;
7. 掌握PLC的基本结构和工作原理。

技能点

1. 能够识读控制系统工艺流程图,会分析控制系统的工作原理;

2. 会规范绘制控制系统的方框图；
3. 掌握PID调节器参数的工程整定方法和步骤，能对控制系统完成投运和调试。

任务一　反馈控制系统的概念

任务目标

1. 掌握反馈控制系统的组成及每部分功能；
2. 了解反馈控制系统的分类；
3. 了解反馈控制系统的性能指标。

任务分析

要实现自动控制，就是不需要人工干预，通过自动化装置代替人对系统进行控制，使之达到预期的状态或性能指标。在实现机器代替人类工作的过程中，自动控制技术始终是最核心的技术之一，被广泛应用于工农业生产、交通、经济和国防等各个领域。

若对人工控制系统方案进行改进，首先要了解自动控制技术的发展历程、自动控制系统的基本概念、结构及各部分功能；了解自动控制的控制方式及表达方式，以及自动控制系统运行的基本要求等基础知识，从而对自动控制系统有一个整体的初步认识，并能设计出简单的自动控制系统代替人工控制，实现对人工液位系统的升级改造。

知识准备

一、自动控制系统的认知

在工、农业生产过程中，实现生产自动化、提高劳动生产率和产品质量、改善劳动条件等都离不开自动控制技术。例如，化工生产过程中为保证产品质量，对反应器进行液位、流量、温度、压力四大工艺参数的精确控制；农业生产中为使农作物茁壮成长对其生长环境进行的温湿度控制；数控车床加工零部件为保证加工精度对刀具进行的精确定位控制等。除在工、农业上广泛应用外，近几十年来，随着计算机、通信等技术的飞速发展，在宇航、机器人、导弹制导及核动力等高新技术领域，自动控制技术也发挥了特别重要的作用。不仅如此，自动控制技术的应用范围目前已扩展到生物、医学、环境、交通、经济管理和其他许多社会生活领域，成为现代社会生活中不可缺少的重要组成部分。

自动控制技术一般来说都是在人工控制技术的基础上产生和发展起来的，图1-1-1(a)所示热力人工控制系统，控制的目的是希望出口管道热水能保持给定的温度。因此，在系统的出口管道处安装了一支温度计，用来测量热水的实际温度。现场操作工始终监视着温度计，当发现水温高于期望的温度时，就手动关小蒸汽输入阀门，减少输送到系统中的蒸汽量，以降低水温；当发现水温低于期望的温度时，就开大蒸汽输入阀门，使进入系统的蒸汽量增大，以提高水温。

从这个人工控制水温过程中可以看出，现场操作工主要有3个关键动作，首先是眼睛观察现场温度计，其次是大脑进行比较和思考并做出判断，最后是手动操作输入阀。如果要设计一个自动控制系统来取代现场操作工的工作，那么就必须在系统中增加一个能够模仿人并能完成整个操作过程的装置,将现场操作工的各个关键动作进行替代,如图 1-1-1(b)所示。

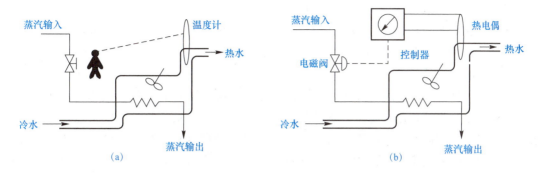

图 1-1-1　热力系统的温度控制系统
(a)人工控制系统;(b)自动控制系统

1. 自动控制系统的特点

图 1-1-1(b)所示的自动控制系统的特点如下:

(1)用热电偶代替现场操作工的眼睛,完成对温度信号的检测,并将检测的信号转换成电压信号输出。

(2)用控制器来替代现场操作工的大脑。将热电偶输出的电压信号送给控制器,由控制器来比较实际测量的温度是否与期望的温度值相同。

(3)用自动调节阀来取代现场操作工对人工阀门的操作。控制器将运算的结果送给自动调节阀,以决定是关小蒸汽阀门降低水温,还是开大蒸汽阀门来增加水温。

这样,当系统中增加了这些能模仿人进行判断和操作的控制设备后,这个热力系统就由人工操作变成了自动控制。因此,一般来说,所谓的自动控制就是在没有人直接参与的情况下,利用控制装置,使被控对象的某个物理量自动地按照预定的规律运行或变化的控制。这里的被控对象可以是某台机器设备、反应器或某个生产过程。

2. 自动控制系统的一般规律

通过对热力人工控制系统的分析,可以总结出自动控制系统的一般规律:

(1)控制就是为了完成某种"目标"而采用的一整套的方法与步骤。而这些方法与步骤通常又包含了能够更好实现这些"目标"的最佳控制方案。

(2)控制往往是对一个动态过程所实施的动态监测与动态调节过程。一个过程如果没有变化也就无所谓控制。

因此,自动控制系统是指能够对被控对象的工作状态进行自动控制的系统。其种类繁多,被控制的物理量也有各种各样,如温度、压力、流量、液位、电压、转速、密度、位移等。其可以只控制一个物理量,也可以控制多个物理量,甚至控制一个企业机构的全部生产和管理过程。它可以是一个具体的工程系统,也可以是比较抽象的社会系统、生态系统或经济系统。

二、反馈控制系统的组成

在自动控制过程中,由于不需要人来干预控制过程,因此,必须采用相应的自动化仪表来代替人的功能器官。比如,可用温度传感器和变送器来代替人的眼睛,随时测量冷却水的实际温度并把该值送给调节器。调节器代替人的大脑,对冷却水实际温度进行分析和计算,然后输出控制信号给执行机构。执行机构代替人的双手,改变三通调节阀的开度。无论是手动控制还是自动控制，反馈的作用都是存在的。将包含反馈作用的控制过程称为反馈控制过程。其实，对任何其他运行参数进行控制也都具有类似的过程。

分析上述实例不难发现，组成一个反馈控制系统，必须有4个最基本的环节，即控制对象、测量单元、调节单元和执行机构。

1. 控制对象

控制对象是指所要控制的机器、设备或装置，而所要控制的运行参数称为被控量。例如，在钢炉水位自动控制系统中，钢炉是控制对象，水位是被控量；在锅炉蒸汽压力控制系统中，锅炉是控制对象，蒸汽压力是被控量；在燃油黏度自动控制系统中，燃油加热器是控制对象，燃油黏度是被控量；在柴油机转速的控制系统中，柴油机是控制对象，转速是被控量等。

2. 测量单元

测量单元的作用是检测被控量的实际值，并将它转换成统一的标准信号，该信号称为被控量的测量值。在气动控制系统中，对应被控量的满量程，其统一的标准气压信号是 0.02～0.1 MPa；在电动控制系统中，对应被控量的满量程，其统一的标准电流信号是 0～10 mA 或 4～20 mA，使用 4～20 mA 的居多。测量单元一般包含两部分，即传感器和变送器。传感器用于对物理量进行检测，变送器则将传感器的输出转换为调节器能够接收的信号。例如，在温度自动控制系统中，测量单元常采用温度传感器和温度变送器；在压力自动控制系统中，测量单元常采用压力传感器和压力变送器；在锅炉水位控制系统中，测量单元常采用水位发讯器(参考水位罐)和差压变送器等。

3. 调节单元

调节单元是指具有某种调节作用规律的调节器。调节器接收测量单元送来的被控量测量值，并与被控量的希望值相比较得到偏差信号，再根据偏差信号的大小和方向(正偏差还是负偏差)，按照某种调节作用规律输出一个控制信号，送给执行机构，对被控量施加控制作用，直到偏差等于零或接近零为止。

在反馈控制系统中，一般将被控量的希望值称为设定值，被控量的测量值与设定值之间的差值称为偏差值。若将设定值表示为 r，被控量的测量值表示为 z，偏差值表示为 e，则有

$$e = r - z$$

若 $e>0$，则说明测量值低于设定值，称为正偏差；

若 $e<0$，则说明测量值大于设定值，称为负偏差；

若 $e=0$，则说明测量值等于设定值，称为无偏差。

在实际应用中，调节器一般有位式调节器、比例调节器、比例积分调节器、比例微分调节器和比例积分微分调节器5种，根据控制对象特性的不同及对被控量控制精度的要求，控制系统可选用不同调节作用规律的调节器。

4. 执行机构

执行机构接受调节单元输出的控制信号，并将该信号转换为作用到控制对象的实际控制作用。调节单元输出的控制信号一般都要经过执行机构才能作用到控制对象上，从而改变流入控制对象的物质或能量，使之能适应控制对象的负荷变化。在气动控制系统中，执行机构一般是气动薄膜调节阀或气动活塞式调节阀；在电动控制系统中，一般采用伺服电动机。

以上4个单元是组成反馈控制系统必不可少的基本单元。但完整的控制系统一般还会有若

干辅助单元。例如，用来指示被控量设定值和测量值的指示单元和设定值的设定单元等。另外，对气动控制系统来说，还应设有气源装置；对电动控制系统还应有稳压电源等辅助装置。

为了便于分析反馈控制系统的工作过程，可将组成反馈控制系统的4个基本单元分别用一个小方框来表示，并用带箭头的信号线来表示各单位之间的信号传递关系。即可就构成了如图1-1-2所示的反馈控制系统传递方框图。通过传递方框图，需要明确以下几个概念：

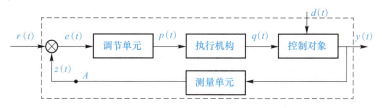

图 1-1-2　反馈控制系统传递方框图

（1）环节。在反馈控制系统传递方框图（图 1-1-2）中，代表实际单元的每个小方框称为一个环节。每个环节都有输入量和输出量，并用带箭头的信号线来表示。其中，箭头指向该环节的信号线为输入量，箭头离开该环节的信号线为输出量，在信号线上可标明输入量和输出量的名称，也可以不写。任何环节输出量的变化均取决于输入量的变化及该环节的特性，而输出量的变化不会直接影响输入量，这称作信号传递的单向性；另外，如果信号线在某处出现分支，则各个分支的信号具有等值特性。

（2）扰动。控制对象作为反馈控制系统的组成环节，其输出量是被控量，而引起被控量变化的因素统称为扰动。显然，扰动量是控制对象的输入量，具体包含基本扰动和外部扰动两类。

①基本扰动是指来自控制系统内部控制通道（调节通道）的扰动。例如，在水位控制系统中，给水调节阀开度的改变将引起水位的变化；在冷却水温度控制系统中，三通调节阀开度的改变将引起水温的变化等。这种扰动通过系统内部的调节通道，改变流入控制对象的物质或能量的流量，从而影响控制对象的输出。因此，基本扰动通过调节通道影响被控量。

②外部扰动是指来自系统外部环境的扰动。例如，以锅炉为控制对象的水位控制系统，水位是被控量，锅炉负荷（外部用气量）的变化将引起水位的变化；在柴油机气缸冷却水温度控制系统中，水温是被控量，柴油机负荷的变化、海水温度的变化、淡水冷却器中水管结垢的多少等会引起冷却水温度的变化。这种扰动是由于设备负荷或外界环境的扰动变化而导致控制对象内部的能量平衡遭到破坏而引起的。因此，外部扰动通过扰动通道影响被控量。

在图 1-1-2 中，有两个信号线的箭头指向控制对象，它们分别代表基本扰动（执行机构的输出 q）和外部扰动（控制对象负荷或环境因素的变化 d）。

（3）系统的输入与输出。前面提到的输入和输出的概念都是针对环节而言的，若从系统的角度来看，则可将图 1-1-2 所示的各个基本环节看作一个整体，如图中的虚框所示。不难看出，作为一个整体，系统具有两个输入，即设定值和外部扰动，以及一个输出，即被控量。

（4）反馈。在控制系统传递方框图中，符号"⊗"是一个比较算子（它不是一个独立环节，而是调节器中的一个组成部分，为清楚起见，单独画出）。它对被控量的设定值 r（旁标"+"号）和测量值 z（旁标"−"号）进行比较，得到偏差值，作为调节器的输入值。调节器的输出经执行机构改变控制强度，即改变流入控制对象的物质或能量的流量，引起被控量的变化（系统输出变化），而系统输出的变化经测量单元又送回到系统的输入端，这个过程叫作反馈。只有通过反馈才能不断地对被控量的设定值和测量值进行比较，只要存在偏差的变化，调节器就会指挥执行机构动作，直到测量值回到设定值或设定值附近为止（偏差是否为零取决于调节器所采用的调节规律）。这时调节器的输出不再改变，执行机构的输出正好适应负荷的要求，控制系统达到一个新的平衡状态。不难理解，这是一种根据偏差来进行控制的控制系统。

反馈有正反馈和负反馈之分。正反馈是指加强系统输入效应的反馈，它使偏差 e 增大；而负反馈是指减弱系统输入效应的反馈，它使偏差 e 减小。显然，按偏差进行控制的系统必定是一个负反馈控制系统。但是，在自动化仪表中，特别是在调节器中，为实现某种作用规律和功能，常采用复杂的正、负反馈回路。

(5)前向通道与反馈通道。在反馈控制系统传递方框图（图 1-1-2）中，从系统的输入端沿信号线方向到达系统输出端的通道称为前向通道；而相反方向的通道称为反馈通道。

(6)闭环系统。在反馈控制系统传递方框图中，前一环节的输出就是后一环节的输入，系统的输出又经反馈通道送回到系统的输入端。这样，控制系统就形成了一个封闭的控制回路，称为闭环系统，反馈控制系统必定是闭环系统。如果在闭环系统的某处把回路断开，例如，在图 1-1-2 中的 A 点断开，那么该系统就由闭环系统变成开环系统。开环系统不再是反馈控制系统，无法根据偏差来实现设备或生产过程的参数自动控制。

三、反馈控制系统的分类

反馈控制系统种类很多，应用范围也很广。因此，分类方法也不同，常常从以下不同角度对其进行分类。

1. 按照输入量变化的规律分类

(1)恒值控制系统。恒值控制系统的给定量是恒定不变的，这种系统的输出量也相应保持恒定的。在工业生产过程中，温度、压力、流量、液位这些物理量的控制都属于恒值控制。另外，汽车巡航控制系统中的车速控制、电压稳定控制等都属于恒值控制系统。

(2)程序控制系统。反馈控制系统的被控制量如果是根据预先编好的程序进行控制的，则该系统称为程序控制系统。在对化工、交通、军事、造纸等生产过程进行控制时，常用到程序控制系统，如机械加工使用的数字程序控制机床、按加热曲线编好程序进行的热处理炉温度系统、按事先设定的轨道飞行的洲际导弹系统等。在这类程序控制系统中，给定值是按预先的规律变化的，而程序控制系统一直保持使被控制量与给定值的变化相适应。

(3)随动控制系统。输出量能以一定精度跟随给定值变化的系统称为随动控制系统，又称跟踪系统。这类系统的特点是系统的给定值的变化规律完全取决于事先不能确定的时间函数。其任务是要求输出量以一定的精度和速度跟踪参考输入量，跟踪的速度和精度是随动控制系统的两项主要性能指标。随动控制系统在航天、机械、造船、冶金等部门得到广泛应用。

2. 按照组成系统元器件的特性分类

(1)线性系统。线性系统是指构成系统的所有元器件都是线性元器件的系统。其动态性能可用线性微分方程描述，系统满足叠加性和齐次性。所谓叠加性就是当系统同时存在几个输入量作用时，其输出量等于各输入量单独作用时所产生的输出量之和；而齐次性表示系统输入量增大或大幅度缩小时，系统输出量也按同一倍数增大或缩小。

(2)非线性系统。非线性系统是指构成系统的元器件中含有非线性元器件的系统，如元器件具有死区、饱和等非线性特性。其只能用非线性微分方程描述，不能运用叠加原理，但可以将一些非线性系统通过线性化处理之后再进行分析。

3. 按照系统中参数对时间的变化规律分类

(1)连续系统。控制系统中各部分的信号若都是时间 t 的连续函数,则称这类系统为连续系统,如工业生产中的液位、温度控制系统等。连续系统的运动规律通常可用微分方程表示。

(2)离散系统。如果系统内某处或数处信号是以脉冲序列或数码形式传递的系统则称为离散系统。其脉冲序列可由脉冲信号发生器或振荡器产生,也可用采样开关将连续信号变成脉冲序列,这类控制系统又称为采样控制系统或脉冲控制系统。而用数字计算机或数字控制器控制的系统又称为数字控制系统或计算机控制系统。

4. 按照所用能源分类

(1)气动控制系统。在气动控制系统中,用压缩空气作为能源,气源压力是 0.14 MPa,各种气动仪表输入和输出信号为标准的气压信号,即 0.02~0.1 MPa。

(2)电动控制系统。在电动控制系统中,用电能作为能源,各种电动仪表的输入和输出信号是标准的电流信号 0~10 mA 或 4~20 mA。

四、反馈控制系统的品质指标

1. 反馈控制系统的基本要求

为了实现反馈控制的任务,必须要求控制系统的被控变量(输出量)跟随给定值的变化而变化,希望被控变量在任何时刻都等于给定值,两者之间没有误差存在。然而,由于实际系统中总是包含具有惯性或储能元件,同时由于能源功率的限制,使控制系统在受到外作用时,其被控变量不可能立即变化,而有一个跟踪过程。控制系统的性能,可以用动态过程的特性来衡量,考虑到动态过程在不同阶段的特点,工程上常常从稳定性(稳)、快速性(快)、准确性(准)三个方面来评价反馈控制系统的总体性能。

(1)稳定性。系统在受到外作用后,若控制装置能操纵被控对象,使其被控变量随时间的增长而最终与给定期望值一致,则称系统是稳定的,如图 1-1-3 曲线①所示。如果被控量随时间的增长,越来越偏离给定值,则称系统是不稳定的,如图 1-1-3 曲线②所示。稳定的系统才能完成自动控制的任务,所以,系统稳定是保证控制系统正常工作的必要条件。一个稳定的控制系统其被控量偏离给定值的初始偏差应随时间的增长逐渐减小并趋于零。

(2)快速性。快速性是指系统的动态过程进行的时间长短。过程时间越短,说明系统快速性越好,过程时间持续越长,说明系统响应迟钝,难以实现快速变化的指令信号,如图 1-1-4 响应曲线①所示。稳定性和快速性反映了系统在控制过程中的性能。系统在跟踪过程中,被控量偏离给定值越小,偏离的时间越短,说明系统的动态精度偏高,如图 1-1-4 中的曲线②所示。

(3)准确性。准确性是指系统在动态过程结束后,其被控变量(或反馈量)对给定值的偏差而言,这一偏差即稳态误差。它是衡量系统稳态精度的指标,反映了动态过程后期的性能。

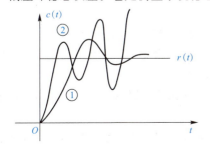
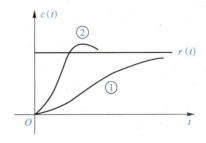

图 1-1-3 控制系统动态过程曲线(稳定性)　　图 1-1-4 控制系统动态过程曲线(快速性)

由于被控对象的具体情况不同，各系统对稳、快、准的要求应有所侧重。而且同一个系统对稳、快、准的要求是相互制约的。提高动态过程的快速性，可能会引起系统的剧烈振荡，改善系统的平稳性，控制过程又可能很迟缓，甚至会使系统的稳态精度很差。分析和解决这些矛盾，是控制理论学科讨论的重要内容。

2. 反馈控制系统的静态与动态

在自动化领域中，将被控变量不随时间而变化的平衡状态称为系统的静态，而将被控变量随时间变化的不平衡的状态称为系统的动态。

当一个自动控制系统的输入（给定和干扰）和输出均恒定不变时，整个系统就处于一种相对稳定的平衡状态，系统的各个组成环节如变送器、控制器、控制阀都不改变其原先的状态，它们的输出信号也都处于相对静止状态，这种状态就是上述的静态。

假如一个系统原先处于相对平衡状态即静态，由于干扰的作用而破坏了这种平衡时，被控变量就会发生变化，从而使控制器、控制阀等自动化装置改变原来平衡时所处的状态，产生一定的控制作用来克服干扰的影响，并力图使系统恢复平衡。从干扰发生开始，经过控制，直到系统重新建立平衡，在这段时间中，整个系统的各个环节和信号都处于变化状态之中，则这种状态叫作动态。

在生产中，了解系统的静态是必要的，但是了解系统的动态更为重要。这是因为在生产过程中，干扰是客观存在的，是不可避免。这些干扰是破坏系统平衡状态引起被控变量发生变化的外界因素。因此，就需要通过自动化装置不断地施加控制作用去对抗或抵消干扰作用的影响，从而使被控变量保持在工艺生产所要求的技术指标上。

3. 自动控制系统的过渡过程

在控制系统的动态过程中，被控变量从一个稳态到达另一个稳态随时间变化的过程称为过渡过程，也就是系统从一个平衡状态过渡到另一平衡状态的过程。

被控变量随时间的变化规律首先取决于作用于系统的干扰形式。在生产中，出现的干扰是没有固定形式的，且多半属于随机性质。在分析和设计控制系统时，为了安全和方便，常选择一些定型的干扰形式，其中常用的是阶跃干扰，如图 1-1-5 所示。

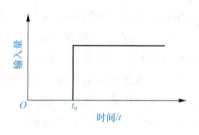

图 1-1-5　阶跃干扰作用

由图 1-1-5 可以看出，所谓阶跃干扰就是某一瞬间，干扰（输入量）突然地阶跃的加到系统上，并继续保持在这个幅度。采取阶跃干扰的形式来研究反馈控制系统是因为考虑到这种形式的干扰比较突然，也比较危险，它对被控变量的影响也最大。如果一个控制系统能够有效地克服这种类型的干扰，那么对于其他比较缓和的干扰也一定能很好地克服，同时，这种干扰的形式简单，容易实现，便于分析、试验和计算。

一般来说，反馈控制系统的阶跃干扰作用下的过渡过程有如图 1-1-6 所示的几种基本形式。

（1）非周期衰减过程。被控变量在给定值的某一侧做缓慢变化，没有来回波动最后稳定在某一数值上，这种过渡过程形式称为非周期衰减过程，如图 1-1-6(a)所示。

（2）衰减振荡过程。被控变量上下波动，但幅度逐渐减小，最后稳定在某数值上，这种过渡过程形式称为衰减振荡过程，如图 1-1-6(b)所示。

（3）等幅振荡过程。被控变量在给定值附近来回波动，且波动幅度保持不变，这种情况称为等幅振荡过程，如图 1-1-6(c)所示。

(4)发散振荡过程。被控变量来回波动,且波动幅度逐渐变大,即偏离给定值越来越远,这种情况称为发散振荡过程,如图 1-1-6(d)所示。

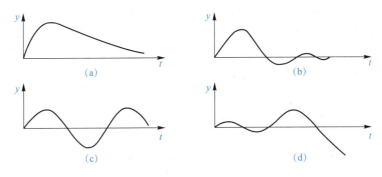

图 1-1-6　过渡过程的几种基本形式
(a)非周期衰减过程；(b)衰减振荡过程；
(c)等幅振荡过程；(d)发散振荡过程

4. 自动控制系统的性能指标

稳定性是控制系统能够运行的首要条件,因此只有当动态过程收敛时,研究系统的动态性能才有意义。控制系统的过渡过程是衡量控制性能的依据。由于在多数情况下,都希望得到衰减振荡过程,所以取衰减振荡的过渡过程形式来讨论控制系统的性能指标。通常在阶跃函数作用下,测定或计算系统的动态性能。一般认为,阶跃输入对系统来说是最严峻的工作状态。如果系统在阶跃函数作用下的动态性能满足要求,那么系统在其他形式的函数作用下,其动态性能也是令人满意的。

假定自动控制系统在阶跃输入作用下,采用时域内的单项指标来评估控制的好坏。图 1-1-7(a)和图 1-1-7(b)所示分别是给定值阶跃变化和扰动作用阶跃变化时过渡过程的典型曲线。它们都属于衰减振荡过程。

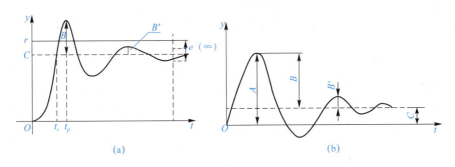

图 1-1-7　给定值和扰动作用阶跃变化时过渡过程的响应曲线
(a)给定值阶跃变化；(b)扰动作用阶跃变化

(1)衰减比。衰减比表示振荡过程的衰减程度,是衡量过渡过程稳定性的动态指标。它是阶跃响应曲线上前后相邻的两个同向波的幅值之比,用符号 n 表示,即

$$n=\frac{B}{B'}$$

式中　　B——第一个波的幅值；
　　　　B'——第二个波的幅值。

B 和 B' 的幅值均以新稳态值为准进行计算。

(2)最大偏差和超调量。最大偏差是指过渡过程中，被控变量偏离给定值的最大值。在衰减振荡过程中，最大偏差就是第一个波的峰值，如图 1-1-7 中以 A 表示。

对定值控制系统来说，当最终稳态值是零或者很小的数值时，通常用最大偏差 A 作为指标。最大偏差，又称为动态偏差，是指整个过渡过程中，被控变量偏离给定值的最大值，即图 1-1-7(b)中被控变量第一个波的峰值 A。

在随动控制系统中，通常用超调量来描述被控变量偏离给定值最大程度。在图 1-1-7 中超调量用 B 来表示。从图中可以看出，超调量 B 是第一个峰值 A 与新稳定值 C 之差，即

$$B = A - C$$

如果系统的新稳定值等于给定值，那么最大偏差 A 也就与超调量 B 相等了。一般超调量以百分数表示，即

$$\sigma = \frac{B}{C} \times 100\%$$

式中　σ——以百分数表示的超调量。

最大偏差表示系统瞬间偏离给定值的最大程度。若偏离越大，偏离的时间越长，即表明系统离开规定的工艺参数指标就越远，这对稳定正常的生产是不利的。同时考虑到干扰会不断出现，当第一个干扰还未清除时，第二个干扰可能又出现了，偏差有可能是叠加的，这就更需要限制最大偏差的允许值。所以，在决定最大偏差允许值时，要根据工艺情况慎重选择。

(3)余差。余差是系统的最终稳态误差，即过渡过程终了时，被控变量达到的新稳态值与设定值之差，即

$$e(\infty) = r - y(\infty) = r - C$$

对于定值控制系统，$r = 0$，则有 $e(\infty) = -C$。

余差是一个反映控制精确度的稳态指标，相当于生产中允许的被控变量与设定值之间长期存在的偏差。有余差的控制过程称为有差调节，相应的系统称为有差系统。没有余差的控制过程称为无差调节，相应的系统称为无差系统。

(4)调节时间。调节时间是从过渡过程开始到结束所需的时间，又称为过渡时间。过渡过程要绝对地达到新的稳态，理论上需要无限长的时间。但一般认为当被控变量进入新稳态值±5%或±2%范围内并保持在该范围内时，过渡过程结束，此时所需要的时间称为调节时间。调节时间是反映控制系统快速性的一个指标。

(5)振荡周期或振荡频率。过渡过程曲线从第一个波峰到同一方向第二个波峰之间的时间称为振荡周期或工作周期。过渡过程的振荡频率 β 是振荡周期 P 的倒数，记为

$$\beta = \frac{2\pi}{P}$$

在振荡频率相同的条件下，衰减比越大，则调节时间越短。而在衰减比相同的条件下，振荡频率越高，则调节时间越短。因此，振荡频率在一定程度上也可作为衡量控制系统快速性的指标。

(6)峰值时间和上升时间。被控变量达到最大值的时间称为峰值时间 t_p，过渡过程开始到被控变量第一次达到稳态值的时间称为上升时间 t_r，它们都是反映系统快速性的指标。

(7)综合控制指标。单项指标固然清晰明了，但人们往往希望用一个综合的指标来全面反映控制过程的品质。由于过渡过程中动态偏差越大，或是回复时间越长，则控制品质越差，所以，综合控制指标采用偏差积分性能指标的形式。

📋 任务实施

图 1-1-8 所示为人工控制液位示意，该系统主要由现场液位计、手操阀、水箱、输入输出管道等组成部分构成。

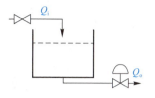

图 1-1-8 人工控制液位示意

该液位系统原先主要通过人工操作来调节水箱的液位，操作人员需要不时跑去现场，读取现场液位计的读数，并根据水位的高低来操作出水口的阀门，使水位保持在期望的数值。由于该人工操作系统的控制精度不高，生产效率太低。为提高生产效率和产品质量，改善工作环境，企业要求对系统进行升级改造，设计一个自动控制替换原来的人工操作，实现自动控制。

1. 任务要求

(1)分小组讨论人工液位系统控制要求，选择构成液位自动控制系统所需的组件，提出初步改进方案；
(2)分析液位自动控制系统工作原理；
(3)规范绘制带控制点的工艺流程图；
(4)绘制液位自动控制系统方框图；
(5)分析液位控制系统运行时的性能指标及其评价方法；
(6)提交项目报告书并进行小组汇报。

2. 实施内容

(1)液位自动控制系统控制要求分析。分小组讨论图 1-1-8 所示的人工液位控制系统，并回答以下问题：

①液位控制系统的被控对象是_____；被控量是_____。
②水箱的液位可通过改变_____来改变，因此，要实现自动控制必须将原来的人工控制阀改为_____阀。
③要控制系统液位，必须增加_____来检测实际液位。
④自动控制系统是根据实际值与测量值的偏差来进行调节的，要实现比较运算功能，必须增加控制的核心部件_____。

(2)液位系统带控制点的工艺流程图的设计和绘制。根据液位系统的控制要求，在图 1-1-8 中绘制带控制点的工艺流程图。
(3)分析液位控制系统的工作原理。
(4)绘制液位控制系统的方框图。
(5)讨论所设计的液位反馈控制系统是否设计合理，并说明调试时该系统必须满足哪几个性能要求，以及判断系统是否满足运行要求。

🧰 任务总结

本任务以人工液位系统控制方案的升级改造为工程实例引导，介绍了反馈控制系统的基本概念、分类组成、控制方式及系统性能的评价，从而对控制系统有了一个整体的认识。

反馈控制系统通常由控制对象、测量单元、调节单元和执行机构等部件组成。反馈控制系统的表示方法常用的有流程图和组成框图。为便于对控制系统进行分析和研究，一般用框图来表示系统的组成和作用。

反馈控制系统可按不同分类方法进行分类，不同类别的系统有着不同的特点和要求。对反馈控制系统性能指标的要求主要是稳、快、准。在同一系统中，三者是相互影响相互制约的。在实际系统的分析与设计中，应在满足主要性能指标的同时，兼顾其他性能指标。

任务二　比例积分微分控制规律

任务目标

1. 掌握比例、积分、微分、比例积分、比例微分及比例积分微分的基本概念和作用规律；
2. 掌握 PID 调节器参数的工程整定方法和步骤，能够对控制系统完成投运和调试。

任务分析

分析一个自动控制系统是在已知控制系统的结构形式与全部参数的基础上，求取系统的各项性能指标，以及分析这些性能指标与系统参数之间的关系。当系统性能指标无法满足要求时，就要对系统进行校正，以改善系统的性能。

本任务以液位控制系统实际工程项目为载体，按工艺控制性能指标要求，设计系统校正方案，合理选择校正器参数并完成系统的工程调试，从而掌握对常规控制系统进行校正和工程调试的方法。

知识准备

在反馈控制系统中，调节器是最重要的组成单元。当控制对象确定后，反映控制对象特性的各种参数也是既定的，因此，调节器就对控制系统的动态过程品质起着决定性的影响。调节器的输入是被控量的偏差值 $e(t)$，调节器的输出是控制量 $p(t)$，用于改变执行机构的位置（如调节阀的开度），最终作用于控制对象。调节器的作用规律是指输出量 $p(t)$ 与输入量 $e(t)$ 之间的函数关系，即 $p(t)=f[e(t)]$，也就是说给调节器施加一个输入信号后，其输出量按何种方式进行变化。根据调节器输出的变化方向，调节器有两种类型：一种是随着测量值的增加，调节器的输出也增加，称为正作用式调节器；另一种是随着测量值的增加，调节器的输出减小，称为反作用式调节器。

在船舶机舱中广泛应用的调节器作用规律有比例（P）作用规律、比例积分（PI）作用规律、比例微分（PD）作用规律、比例积分微分（PID）作用规律等。这些作用规律中，还有作用强度的问题，如比例系数的大小衡量着比例作用的强弱，积分时间的大小反映积分作用的强弱，微分时间的大小决定着微分作用的强弱。

一、比例作用规律

比例作用规律（P）是指调节器的输出量 $p(t)$ 与输入量 $e(t)$ 成比例变化，即
$$p(t)=K \cdot e(t)$$

其中，K 称为比例系数。K 越大，在输入相同的偏差 $e(t)$ 时，调节器输出量 $p(t)$ 也越大，比例作用越强。反之，K 越小，比例作用越弱。采用比例作用规律的调节器，称为比例调节器。

1. 比例(P)作用的控制过程

图 1-2-1 给出了一个对单容水柜的水位进行比例规律控制的简单例子。它虽然不能直接用于实际的控制系统,但它所揭示的比例作用规律和特点具有普遍意义。

在图 1-2-1 中,水柜中的实际水位 h 是被控量,其设定值是 h_0。给水阀开度是 $p(t)$。在初始平衡状态下,给水流量 Q_i 与出水流量 Q_o 相等,水位稳定在 h_0 上,偏差 $e(t)=0$。在初始平衡状态,水柜的出水流量 Q_o 对应水柜的额定负荷,其调节阀开度 $p(t)$ 为全开的一半左右。这样,无论负荷怎样变化,调节阀开度都有变化的余地,都能对给水流量加以控制。如果在

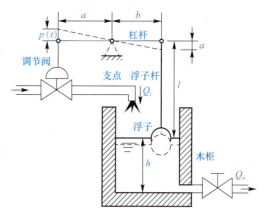

图 1-2-1 浮子式水位比例控制系统示意

初始平衡状态下,突然开大出水阀,出水流量阶跃增大(增大水柜的负荷)。由于给水流量 Q_i 暂时未变,水位会连同浮子和浮子杆一起下移,带动杠杆绕支点顺时针转动,开大给水调节阀,增加对水柜的给水流量 Q_i,直到 $Q_i=Q_o$ 为止,水位才会稳定在比设定水位 h_0 略低的值上。相反,若突然关小出水阀,出水流量阶跃减少(减少水柜的负荷),水位连同浮子和浮子杆一起上移,通过杠杆作用使调节阀关小,减少给水流量 Q_i,直到 $Q_i=Q_o$ 为止,水位又会稳定在比设定值 h_0 略高的值上。当对水柜施加扰动(出水阀开度变化)后,水位的实际值(浮子的位置)h 偏离设定水位 h_0 的数值就是偏差值 e。

对照反馈控制系统的组成,不难看出,在上述水位控制系统中,控制对象为水柜,杠杆起到调节器的作用,浮子是测量单元,而给水调节阀就是执行机构,被控量是水位高度 h,被控量的设定值实际上就是浮子杆的长度 l。

从图 1-2-1 可见,$p(t)$ 与 $e(t)$ 的关系是

$$p(t)=\frac{a}{b} \cdot e(t)=K \cdot e(t)$$

式中,$K=a/b$,是比例调节器放大倍数。改变杠杆长度比 a/b,可改变 K 值。左移可调支点,a 减小,b 增大,则 K 减小。反之,则 K 增大。K 是衡量比例作用强弱的参数,K 若大,系统会出现一个较小的偏差 $e(t)$,调节器(本例中是杠杆)就能使调节阀开度 $p(t)$ 有一个较大的变化,给水流量的变化量也比较大,克服扰动的能力强,其比例作用强。K 若小,被控量出现较大偏差 $e(t)$ 时,调节器指挥调节阀开度变化不大,克服扰动的能力弱,比例作用就弱。

比例作用规律的优点是调节的开度能较及时地反映控制对象负荷的大小。负荷变化大,偏差 $e(t)$ 就大,调节阀开度能够及时地成比例变化,对被控量控制比较及时。正因为如此,比例调节器的应用比较广泛,它也是其他作用规律(位式作用除外)的基础。但是,比例作用规律存在的缺点也是明显的。当控制对象受到扰动后,在比例调节器的控制作用下,被控量不能完全回到设定值上,只能恢复到设定值附近。被控量的稳态值与设定值之间必定存在一个较小的静态偏差,这是比例作用存在的固有的、不可克服的缺点。

比例作用之所以存在静态偏差是由于调节器的输出与输入之间存在一一对应的线性关系,从 $p(t)$ 与 $e(t)$ 的关系式可以清楚地看出,调节器的输出变化将依赖于偏差的存在而存在。结合系统的工作过程,也不难理解这点。设想在初始平衡状态下突然开大出水阀时,由于 $Q_i<Q_o$,

水位下降，导致出现偏差 $e(t)$，在调节器的作用下，给水阀开度增大，给水流量 Q_i 增大，限制了水位的降低并使水位逐渐向设定值靠近，直至 $Q_i = Q_o$ 为止，此时的水位必然要比原来略有降低。假如水位又回到了原来的设定值，那么偏差 $e(t)$ 将不再存在，调节器又回到原来的输出，给水阀的开度又将回到原来的开度，最终又将导致 $Q_i < Q_o$，系统无法平衡。

显然比例作用规律中，放大倍数 K 如果较大（比例作用越强），稳态时，只要有一个较小的静态偏差，调节阀就会有一个较大的开度变化以适应负荷的要求，因此，K 越大，稳态时静态偏差越小。反之亦然。但不可能通过无限制地增加比例系数的方法来达到消除静态偏差的目的，而且当比例系数大到一定程度时将导致系统发生振荡。

比例控制系统虽然存在静态偏差，但这个偏差值是不大的，与有自平衡能力的控制对象受到扰动后，靠自控能力使被控量自行稳定在新稳态值上的变化量相比较要小得多，动态过程进行也要快得多。因此，比例调节器广泛应用于对被控量稳态精度要求不是很高的场合。

2. 比例带 (PB)

比例系数 K 虽然可以衡量比例作用的强弱，但 K 通常是一个带量纲的量，不同控制系统之间，其比例作用的强弱不便于比较。因此，在实际控制系统中，更多地采用一个无量纲的参数来衡量比例作用强弱，这个无量纲的参数就是比例带 PB，有时也叫作比例度 δ。

比例带 PB（或比例度 δ），是指调节器的相对输入量与相对输出量之比的百分数，即

$$PB(\delta) = \frac{e/X_{\text{imax}}}{p/X_{\text{omax}}} \times 100\% = \frac{X_{\text{omax}}}{X_{\text{imax}}} \times \frac{e}{p} \times 100\% = \frac{R}{K} \times 100\%$$

式中，e 是被控量的变化量（偏差值），X_{imax} 是被控量允许变化的最大范围，叫作全量程。被控量的变化量与全量程的比值 e/X_{imax} 是调节器的相对输入量，p 是调节器的输出量，X_{omax} 是输出量的最大变化范围，p/X_{omax} 是调节器的相对输出量；$R = X_{\text{omax}}/X_{\text{imax}}$，称为量程系数，在单元组合仪表中，$R = 1$，则 $PB = 1/K \times 100\%$，显然，比例带 PB 与放大倍数成反比。

比例带 PB 的物理意义可以这样理解，即假定调节器指挥执行机构变化全行程（如调节从全关到全开或从全开到全关），需要被控量的变化量占其全量程的百分数就是比例带。例如，$PB = 100\%$，说明被控量变化全量程的 100%，调节器将指挥执行机构变化全行程的 100%。若 $PB = 50\%$，说明只需被控量变化全量程的一半，调节器就能使调节阀开度变化全行程。若 $PB = 200\%$，则说明被控量变化了全量程，调节阀的开度只变化了全行程的一半。可见，比例带 PB 越小，在被控量偏差占全量程百分数相同的情况下，调节器的输出变化也越大，克服扰动能力越强，比例作用也就越强；反之，比例带 PB 越大，比例作用越弱。比例带是比例作用规律极为重要的参数，当组成控制系统的控制对象确定以后，比例带 PB 的大小、对控制系统动态过程品质好坏起着决定性的影响。若 PB 选得太大，比例作用很弱，克服扰动的能力就弱。动态过程虽然很稳定，没有波动，但最大动态偏差 $e_{\max}$ 也大，过渡过程时间 t_s 或许会拖得很长，稳态时静态偏差 ε 也会比较大。若 PB 选得太小，比例作用很强，稍微出现一点偏差就会使执行机构的动作大幅度变化，容易造成被控量的大起大落，系统的稳定性变差。同时，也会加长过渡过程时间 t_s。因此，对一个实际控制系统来说，要根据控制对象的特性，选定合适的比例带 PB，以保证一个控制系统具有最佳的动态过程。在一般情况下，控制对象惯性大的控制系统，可使比例带 PB 小一点，如温度、黏度等控制系统，其控制对象惯性比较大，可选定 $PB = 50\%$ 左右。反之，对于控制对象惯性小的控制系统，比例带可适当选定大一点，如液位控制系统，其控制对象惯性都比较小，可选定 PB 为 $70\% \sim 80\%$。在调节器上都设有比例带调整旋钮，用来设定比例带。比例带的可调范围，对不同类型的调节器不尽相同，一般为 $5\% \sim 300\%$。

二、比例积分作用规律

比例积分作用规律,是指调节器的输出量随输入量做比例积分变化。采用这种作用规律的调节器称为比例积分调节器,简称 PI 调节器。显然,在 PI 调节器中,含有积分作用。

1. 积分(I)作用

积分作用规律是指调节器的输出与输入的积分成比例,也就是说调节器是一个积分单元,即

$$p(t) = S_0 \int e(t) \cdot dt$$

式中,S_0 是积分系数。由上式可以看出,积分输出取决于偏差 $e(t)$ 的大小和偏差存在时间的长短,只要存在偏差,偏差随时间的积累就不会停止,调节器输出 $p(t)$ 就会发生变化,直到偏差等于零为止,执行机构才能稳定在某一位置而不再变化。换言之,具有积分作用规律的调节器具有消除静态偏差的能力,这是积分作用规律的突出优点。但是,与比例作用规律相比较,积分作用规律对被控量的控制显得不及时。在比例作用规律中,调节器输出的变化和偏差是同步的,或是及时的,而在积分作用规律中,即使偏差很大,在刚开始的时候,由于时间很短,调节器的输出也很小,只有随着偏差存在的时间不断增长,积分作用的输出才越来越大,导致调节器对被控量的控制不及时。在偏差减少时,这种控制不及时表现为不能及时减少执行机构的动作幅度,从而导致调节过头,造成被控量的大起大落,降低了控制系统的稳定性。图 1-2-2 示意性地画出了控制系统在相同扰动情况下,采用比例调节器和积分调节器的控制系统比例控制和积分控制的比较过程曲线。图 1-2-2 中曲线 b 是积分控制过程,曲线 a 为比例控制过程。在出现偏差的初期,由于积分作用控制很不及时,所以最大动态偏差 e_{max} 较大。后期由于积分作用越来越强,调节过头,造成被控量振荡,系统稳定性降低。正因为积分作用存在这些缺点,在实际控制系统中,极少采用纯积分作用的调节器,而是将积分作用与比例作用相结合,形成比例积分作用规律的调节器,即 PI 调节器。

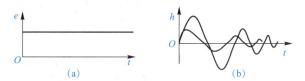

图 1-2-2 比例控制和积分控制比较

2. 比例积分(PI)作用

比例积分作用是指在比例作用的基础上加入积分作用而得到的一种作用规律,即

$$p(t) = Ke(t) + S_0 \int e(t)dt = K\left[e(t) + \frac{1}{T_i}\int e(t)dt\right]$$

式中,K 是 PI 调节器的比例系数,$T_i = K/S_0$ 称为积分时间。

在 PI 调节器中,比例作用能使调节器的输出及时响应偏差的变化,起着主导作用,而积分作用是辅助的,只是用它来消除静态偏差。

衡量比例积分作用强弱的参数就有两个,即比例系数 K 和积分时间 T_i。其中,比例系数 K 是衡量比例作用强弱的参数,在实际控制系统中,一般不用 K 而是用比例带 PB,比例带的大小对比例作用强弱的影响及比例带的物理意义与比例作用规律相同。积分时间 T_i 是衡量积分作

用强弱的参数，它具有时间的量纲(秒或分)。从比例积分作用规律表达式可以看出，若 T_i 小，则积分输出部分大，即积分作用强；反之，若 T_i 大，则积分输出部分小，积分作用弱。假定给比例积分调节器施加一个阶跃的输入偏差信号，其阶跃量为常数 e(在实际系统中，偏差信号一般不会阶跃变化，但在开环试验中，人为地给 PI 调节器施加一个阶跃的输入信号很容易做到)，则

$$p(t) = K\left(e + \frac{1}{T_i}\int e \mathrm{d}t\right) = K\left(e + \frac{e}{T_i}\int \mathrm{d}t\right) = K\left(e + \frac{t}{T_i}e\right) = Ke\left(1 + \frac{t}{T_i}\right)$$

式中，第一项为比例输出，在阶跃输入瞬间，比例作用把输入量 e 放大到 K 倍得阶跃输出 Ke。由于此时时间 $t=0$，故没有积分输出。第二项 Ket/T_i 是积分输出，它与时间 t 保持线性关系，其斜率为 Ke/T_i。据此，可画出比例积分作用规律的开环阶跃输出特性曲线，如图 1-2-3 所示。

如图 1-2-3 所示，在输入阶跃偏差信号的瞬间 ($t=0$)，先有一个阶跃的比例输出 Ke。此时不论偏差多大，其积分输出为零。以后随着时间的增长，积分呈线性关系输出。当时间进行到 $t=T_i$ 时，$p(t)=2Ke$，即调节器的积分输出部分等于比例输出 ($BC=AB$)。由此得到 PI 调节器中积分时间 T_i 的物理意义：积分时间 T_i 是在给 PI 调节器输入一个阶跃的偏差信号时，其积分输出达到比例输出所需的时间。在工程上，标定或测定调节器积分时间时，一般规定在比例带为 100% 的条件下进行。

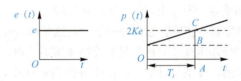

图 1-2-3　比例积分调节器开环阶跃输出特性

在 PI 调节器上设有两个旋钮：一个用于整定比例带 PB，另一个用于整定积分时间 T_i，T_i 的整定一定要合适，既要能保证控制系统稳定性的要求，又要能在较短的时间内使系统消除静态偏差。在整定 T_i 值时，切忌把 T_i 值整定得太小，否则由于积分作用太强，将导致系统的稳定性变差。如果 T_i 值不能进行准确地整定，那么选取 T_i 时，可以遵循宁大勿小的原则。因为 T_i 值略微偏大时，尽管积分作用偏弱，但只会使消除静态偏差的时间稍长而别无它害。积分时间 T_i 的整定范围一般在 3 s 和 20 min 之间。控制对象惯性大的控制系统，选取 T_i 值要大一些，控制对象惯性小的控制系统，选取 T_i 值可以小一些。

在比例积分调节器中，如果把积分时间 T_i 设定到 ∞，则相当于切除积分作用，而成为纯比例调节器，若将积分切除而成为纯比例调节器，则应将比例带 PB 整定在一个恰当值，以获得控制系统满意的动态过程。若要加入积分作用(其 T_i 不是 ∞)，则此时的比例带 PB 要比纯比例作用时略大一些，以抵制由于积分作用的加入而产生的系统动态过程振荡倾向。比例积分调节器是在实际控制系统中应用最广泛的一种调节器。

三、比例微分作用规律

尽管比例调节器的输出能够与偏差同步变化，对系统的控制比较及时，但当控制对象的惯性比较大时，扰动出现的初期，被控量不可能在短时间内出现较大的偏差，而比例控制也是根据偏差大小来改变调节器输出的。因此，在这种情况下，比例控制作用就显得不够及时了。控制对象惯性越大，这种现象越严重。为了克服这种控制不及时的现象，需要在比例调节器的基础上增加微分作用。

1. 微分(D)作用

微分作用是指调节器的内部采用了一个微分环节，其输出偏差对时间的微分 $\mathrm{d}e(t)/\mathrm{d}t$，即偏

差变化速度成比例，其表达式为

$$p(t) = S_d \cdot \frac{\mathrm{d}e(t)}{\mathrm{d}t}$$

式中，S_d 为微分系数。显然，微分作用的输出与偏差的绝对值没有关系，因此，能在偏差绝对值还很小时就根据其变化速度，提前输出一个控制量，及时抵御扰动。从这个意义上说，微分作用具有超前控制的能力，或微分作用有抵制偏差出现的能力。上面的微分作用规律数学表达式表示的是理想的微分作用，但这种理想的微分作用在实际中是难以实现的，因此，在调节器中微分作用都采用实际微分环节。图 1-2-4 所示是一个实际微分环节的开环阶跃响应曲线。

图 1-2-4 表明，给实际微分环节施加一个阶跃的偏差输入信号后，它先有一个较大的阶跃输出，起到超前控制作用，尽管偏差依然存在，但微分输出随即按指数规律逐渐减少，最后消失为零。因此，微分作用 T_d 不能单独应用于调节器并构成控制系统，它只

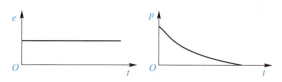

图 1-2-4　实际微分作用的输出特性

能与比例(P)作用或比例积分(PI)作用结合在一起，组成比例微分(PD)调节器或比例积分微分(PID)调节器。

2. 比例微分(PD)作用

比例微分作用是指在比例作用的基础上加入微分作用而得到的一种作用规律，即

$$p(t) = Ke(t) + S_d \frac{\mathrm{d}e(t)}{\mathrm{d}t} = K\left[e(t) + T_d \frac{\mathrm{d}e(t)}{\mathrm{d}t}\right]$$

式中，K 是比例微分作用规律中的比例系数，在实际调节器中，不是用 K 而是用 PB 表示 PD 调节器比例作用的强弱，$T_d = S_d/K$，称为微分时间。

在比例微分作用规律中，比例作用是主要的，它决定调节器的最终输出变化量。微分作用只起超前控制的辅助作用。

上述 PD 作用规律表达式中的微分部分仍然只是理想的微分作用，在实际的 PD 调节器中采用的是实际的微分环节 PD 调节器的开环阶跃响应特性如图 1-2-5 所示。特性曲线表明给 PD 调节器施加一个阶跃的偏差

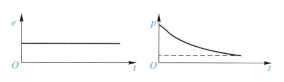

图 1-2-5　比例微分调节器输出特性

输入信号后，它首先有一个阶跃的比例加微分的复合输出，然后微分输出逐渐消失，最后消失在比例输出上。微分时间 T_d 衡量微分输出消失的快慢，或微分输出保留的时间长短。若 T_d 大，说明微分作用消失得慢，则微分作用强；若 T_d 小，说明微分作用消失得快，则微分作用弱。因此，微分时间 T_d 的大小，是衡量微分作用强弱的参数。

在 PD 调节器上有两个旋钮：一个是比例带 PB 调整旋钮，另一个是微分时间 T_d 调整旋钮。如果把微分时间旋钮调整到 $T_d = 0$，相当于切除微分作用，这时调节器就成为纯比例调节器。一般来说，控制对象惯性很小的控制系统，其所采用的调节器可不加入微分作用。而控制对象惯性大的控制系统，加入微分作用，可以有效地改善控制系统的动态过程。在 PD 调节器中，加入微分作用后，其比例带 PB 可比纯比例控制时略小些。因为微分作用能实现超前控制，具有抵制偏差出现的能力，尽管 PB 小一些，也能保证系统动态过程的稳定性，而且较小的有利于减小静态偏差。因为 PD 调节器与比例调节器一样，是不能消除静态偏差的。

四、比例积分微分作用规律

将比例、积分和微分作用组合在一起，则构成比例积分微分作用规律，即 PID 作用规律。在 PID 作用规律中，仍以比例作用为主，吸收积分作用能消除静态偏差及微分作用能实现超前控制的优点，功能最为完善。基于这种作用规律的调节器就叫作比例积分微分（PID）调节。PID 作用规律输出与输入之间关系为

$$p = K \cdot e(t) + S_0 \int e(t) \cdot \mathrm{d}t + S_d \frac{\mathrm{d}e(t)}{\mathrm{d}t} = K\left[e(t) + \frac{1}{T_i}\int e(t)\mathrm{d}t + T_d \frac{\mathrm{d}e(t)}{\mathrm{d}t}\right]$$

式中　K——比例系数；

　　　T_i——积分时间；

　　　T_d——微分时间。

K、T_i 和 T_d 的大小与相应的作用强度之间的关系与 PI 和 PD 调节器相同。

若给 PID 调节器输入一个阶跃的偏差信号，并记录其输出响应，则可得到 PID 调节器的开环阶跃响应输出特性曲线，如图 1-2-6 所示。输出特性曲线表明，当对调节器施加一个阶跃的偏差输入信号后，它首先有一个较大的比例加微分的阶跃输出（$OA+AB$），然后微分输出逐渐消失。当微分输出消失到接近比例输出时，积分输出才不断地显现出来，使调节器输出不断增加。

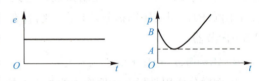

图 1-2-6　PID 调节器输出特性

PID 调节器综合了比例、积分和微分 3 种作用规律，因此，兼有比例作用控制及积分作用消除静差和微分作用超前控制的能力。传统的 PID 调节器都有 3 个旋钮，分别用于整定比例带 PB、积分时间 T_i 和微分时间 T_d 3 个参数，只要把 PB、T_i 和 T_d 3 个参数整定合适，控制系统就能获得良好的动态过程品质。

在实际使用中，可根据具体的需要将 PID 调节器用作 P、PI、PD 和 PID 调节器。例如，将把积分时间整定为 $T_i \to \infty$，将微分时间整定为 $T_d = 0$，则相当于切除积分和微分作用，成为纯比例作用调节器；在纯比例作用的基础上，打开积分作用，则成为 PI 调节器；在纯比例作用的基础上，打开微分作用，则成为 PD 调节器；在纯比例作用的基础上，同时打开积分和微分作用，则成为 PID 调节器。若对被控量的稳态精度要求较高，则调节器中应加入积分作用；若控制系统中控制对象惯性较大，则调节器应加入微分作用；若控制对象惯性较大且要求较高的静态指标，则应加入积分和微分作用。对于 PID 调节器，往往把积分时间 T_i 整定得比微分时间 T_d 长，它们之间的关系大致为 $T_i = 4T_d \sim 5T_d$，加进微分作用后，原来整定的比例带 PB 和积分时间 T_i 都可以减小一点，这样既能减小最大动态偏差，保证系统的稳定性，又能加快系统的反应速度使过渡过程时间 T_s 进一步缩短。

在船舶机舱中，还应根据被控对象的特点，避免采用微分作用。例如，机舱中的锅炉水水位等液位控制系统中，就不宜采用 PD 调节器或 PID 调节器。这是因为微分作用对干扰信号比较敏感，随船舶的摇摆，微分作用会使给水调节阀的开度忽而大开，忽而大关，造成水位的大起大落，不利于对水位的稳定控制。

五、PID 调节器参数的工程整定方法

1. 调节器参数对控制系统动态过程的影响

在反馈控制系统的控制方案已经确定，组成该控制系统的仪表已经安装并调校以后，为了

能使控制系统符合动态过程品质指标的要求，唯一可改变的只有调节器整定的参数值，即调节器的比例带 PB、积分时间 T_i 和微分时间 T_d。因此，在控制系统安装好准备投入工作的时候，或该系统已经运行了一段时间，各台仪表性能有所降低的时候，都需要对调节器参数进行整定，以便确定或恢复为获得满意的控制效果的调节器的最佳参数值。但是，调节器参数的整定只能在一定范围内起作用。如果控制方案不合理，各种仪表的选型和安装不当，单台仪表没有调校好等，单靠调整调节器的参数值是不能达到控制系统动态品质指标要求的。因此，不能片面强调调节器参数的整定。

前面曾分别讨论过调节器的比例带 PB、积分时间 T_i 和微分时间 T_d 对控制过程的影响，但在实际使用中，往往是两个或两个以上参数的联合作用。在这种情况下，调节器参数对控制系统的动态过程影响要复杂一些。目前，PI 调节器应用比较广泛，下面着重分析 PB 和 T_i 联合运用时对控制过程的影响，并掌握参数整定的一般原则。

图 1-2-7 表示出在一个实际控制系统中，通过改变 PB 和 T_i 所得到的控制过程曲线图谱。图中曲线(5)表示 PB 和 T_i 已经整定合适时，其动态过程进行的情况，其他曲线表示 PB 和 T_i 这两个参数在最佳 PB_0 和 T_{i0} 附近改变之后控制过程的变化情况。在图 1-2-7 中，从右到左 PB 逐渐增大，从上到下 T_i 逐渐增大。比较这些曲线，可得出如下结论：

(1) PB 和 T_i 增大都意味着控制作用弱，控制过程更加稳定，但被控量的最大动态偏差增大。在这方面 PB 要比 T_i 的影响强烈得多。T_i 偏大，在控制作用开始阶段，积分作用几乎不起作用，只有在比例作用基本结束时，才慢慢显出消除静态偏差的积分作用，整个动态过程拖得很长，如图 1-2-7 中曲线(7)、(8)、(9)所示。

(2) PB 和 T_i 减小都意味着控制作用强减小 PB 可显著减小最大动态偏差，而减小 T_i 对减小最大动态偏差不明显。

(3) 由于 PB 的影响比 T_i 大，因此要求对 PB 值整定得要准确一些，而 T_i 值的准确度可稍差一点。其中 T_i 值可偏大一点，但不允许偏小，因为 T_i 值小对减小最大动态偏差的作用不大，且动态过程的稳定性会明显降低。T_i 偏一点，可达到对动态稳定性的要求，只是消除静态偏差所花时间稍长一点。

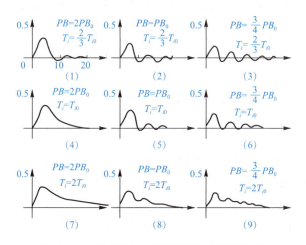

图 1-2-7　PB 和 T_i 改变时控制过程曲线图谱

2. 常用的工程整定方法

所谓整定方法就是确定调节器 PB、T_i 和 T_d 的方法。它可以通过理论计算来确定，但误差太大。目前，应用最多的还是工程整定法，如经验法、衰减曲线法、临界比例带法等。

(1)经验法。经验法又称为现场凑试法，即先确定一个调节器的参数值 PB 和 T_i，通过改变设定值对控制系统施加一个扰动，现场观察判断控制曲线形状。若曲线不够理想，可改变 PB 或 T_i 再画控制过程曲线，经反复凑试直到控制系统符合动态过程品质要求为止，这时的 PB 和 T_i 就是最佳值。如果调节器是 PID 三作用式的，那么要在整定好 PB 和 T_i 的基础上加进微分作用。由于微分作用有抵制偏差变化的能力，所以，确定一个 T_d 值后，可将整定好的 PB 和 T_i 值减小一点再进行现场凑试，直到 PB、T_i 和 T_d 取得最佳值为止。显然用经验法整定的参数是准确的，但花时间较多。为缩短整定时间，应注意以下几点：

①根据控制对象特性确定好初始的参数值 PB、T_i 和 T_d 可参照在实际运行中的同类控制系统的参数值，使确定的初始参数尽量接近整定的理想值。这样可大大减少现场凑试的次数。

②在凑试过程中若发现被控量变化缓慢，不能尽快达到稳定值，这是由于 PB 过大或 T_i 过长引起的。但两者是有区别的：PB 过大，曲线漂浮较大，变化不规则；T_i 过长，曲线带有振荡分量，接近设定值很缓慢。这样可根据曲线形状来改变 PB 或 T_i。

③PB 过小，T_i 过短，T_d 太长都会导致振荡衰减得慢，甚至不衰减，其区别是 PB 过小，振荡周期较短；T_i 过短，振荡周期较长；T_d 太长，振荡周期最短。

④如果在整定过程中出现等幅振荡，并且通过改变调节器参数而不能消除这一现象时，可能是阀门定位器调校不准，调节器或变送器的放大器调校不准，调节阀传动部分有间隙(或调节阀尺寸过大)或控制对象受到等幅波动的干扰等，都会使被控量出现等幅振荡。这时就不能只注意调节器参数的整定，而是要检查与调校其他仪表和环节。

(2)衰减曲线法。衰减曲线法是以 4∶1 衰减比作为整定要求的，先切除调节器的积分和微分作用，用凑试法整定纯比例控制作用的比例带 PB(比同时凑试 2 个或 3 个参数要简单得多)，使之符合 4∶1 衰减比的要求，记下此时的比例带 PB_s 和振荡周期 T_s，如果加进积分和微分作用，可按表 1-2-1 给出的经验公式进行计算。若按这种方式整定的参数在运行过程中，其动态过程曲线还不够理想，再根据曲线形状，对整定的参数做适当的调整。对有些控制对象、控制过程进行较快，难以从记录曲线上找出衰减比，这时只要被控量波动 2 次就能达到稳定状态，可近似认为是 4∶1 的衰减过程，其波动一次时间即 T_s。

表 1-2-1　临界比例带法经验公式表

控制规律	$PB/\%$	$T_i/\min$	$T_d/\min$
P	$2PB_K$		
PI	$2.2PB_K$	$0.85T_K$	
PID	$1.7PB_K$	$0.5T_K$	$0.125T_K$

(3)临界比例带法。用临界比例带法整定调节器参数时，先要切除积分和微分作用，让控制系统以较大的比例带在纯比例控制作用下运行，然后逐渐减小 PB，每减小一次都要认真观察过程曲线，直到达到等幅振荡时，记下此时的比例带 PB_K(称为临界比例带)和波动周期 T_K，然后按表 1-2-1 给出的经验公式求出调节器的参数值。按该表算出的参数值后，要把比例带放在比计算值稍大一点的值上，把 T_i 和 T_d 放在计算值上，进行现场运行观察，如果比例带可以减小，再将 PB 放在计算值上。

这种方法简单，应用比较广泛。但对 PB_K 很小的控制系统不适用，对被控参数不允许振荡的系统也不适用。

任务实施

图 1-2-8 所示为一工业变频恒压供水控制系统，下水箱中安装的压力传感器 LT 检测水箱实际液位，将检测的液位信号传输给调节器，与工艺要求的设定值比较并按一定规律运算后输出信号去控制变频器的频率，最后由变频器去控制电机的转速，改变磁力泵供水系统的进水流量，从而实现下水箱液位的恒定。

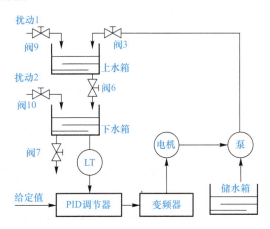

图 1-2-8 下水箱液位控制系统原理

1. 任务要求

(1)分析下水箱液位控制系统结构组成及工作原理；
(2)安装并检测液位系统各组件；
(3)根据液位系统接线图装接整个控制系统回路；
(4)对液位变送器进行调零和校准；
(5)按"先手动后自动"的操作步骤投运液位控制系统；
(6)会选择 PID 调节器类型，并对 PID 调节器参数进行合理设置；
(7)对系统投运过程中常见的故障进行分析和排除。

2. 实施内容

图 1-2-8 所示为双容水箱液位控制系统。这是一个单回路控制系统，由两个水箱串联，控制的目的既要使下水箱的液位高度等于给定值所期望的值，又要具有减少或消除来自系统内部或外部扰动的影响。显然，这种反馈控制系统的性能主要取决于调节器的结构和参数的合理选择。由于双容水箱的数学模型是二阶的，对于阶跃输入信号，这种系统用比例(P)调节器去控制，系统有余差；若用比例积分(PI)调节器去控制，不仅可实现无余差，而且只要调节器的参数 K_p 和 T_i 选择得合理，还能使系统具有良好的动态性能。

比例积分微分(PID)调节器是在 PI 调节器的基础上再引入微分 D 的控制作用，从而使系统既没有余差存在，又使其动态性能进一步得到改善。当然实际工程中，一般对一些具有滞后特性的温度控制系统才会加入微分作用。

(1)比例(P)调节器控制。

①如图 1-2-8 所示，将系统接成单回路反馈控制系统。其中，被控对象是下水箱，被控制量是下水箱的液位高度 h_2。

②启动工艺流程并开启相关的仪器,调整液位变送器输出的零点与增益。

③在教师的指导下启动计算机监控系统,为记录过渡过程曲线做好准备。

④在开环状态下,利用调节器的手动操作开关将被控制量调到等于给定值(一般将液位高度控制在水箱高度的50%点处)。

⑤观察计算机显示屏上的曲线,待被调参数基本达到给定值后,即可将调节器切换到纯比例自动工作状态[积分时间常数设置于最大,积分、微分作用的开关都处于"关"的位置,比例度δ(比例放大倍数K_p的倒数)设置于某一中间值,"正—反"开关拨到"反"的位置,调节器的"手动"开关拨到"自动"位置],让系统投入闭环运行。

⑥待系统稳定后,对系统加扰动信号(在纯比例的基础上加扰动,一般可通过改变设定值实现)。记录曲线在经过几次波动稳定下来后,系统有稳态误差,并记录余差大小于表1-2-2中。

⑦减小δ,重复步骤⑥,观察过渡过程曲线,并记录余差大小。

⑧增大δ,重复步骤⑥,观察过渡过程曲线,并记录余差大小。

⑨选择合适的δ值就可以得到比较满意的过程控制曲线。

注意:每做完一次试验后,必须待系统稳定后再做另一次试验,见表1-2-2。

表1-2-2 不同δ时的余差e_{ss}

比例度δ	大	中	小
余差e_{ss}			

(2)比例积分调节器(PI)控制。

①在比例调节试验的基础上,加入积分作用(把积分器"I"由最大处旋至中间某一位置,并将积分开关置于"开"的位置),观察被控制量是否能回到设定值,以验证在PI控制下,系统对阶跃扰动无余差存在。

②固定比例度δ值(中等大小),改变PI调节器的积分时间常数值T_i,然后观察加阶跃扰动后被调量的输出波形,并记录不同T_i值时系统进入稳态的调节时间。

δ值不变、不同T_i值时的调节时间见表1-2-3。

表1-2-3 δ值不变、不同T_i值时的调节时间

积分实践常数T_i	大	中	小
调节时间T_s			

③固定积分时间T_i于某一中间值,然后改变δ的大小,观察加扰动后被调量输出的动态波形,并列表记录不同δ值下系统超调量的大小。

T_i值不变、不同δ值下的超调量见表1-2-4。

表1-2-4 T_i值不变、不同δ值下的超调量

比例度δ	大	中	小
超调量大小			

④选择合适的δ和T_i值,使系统对阶跃扰动输入的输出响应为一条较满意的过渡过程曲线,并记录于表1-2-5中。此曲线可通过增大设定值(如设定值由50%变为60%)来获得。

表 1-2-5　阶跃扰动下的过渡过程曲线

过渡过程曲线	PI 调节器参数

(3)比例积分微分调节器(PID)控制。

①在 PI 调节器控制试验的基础上，再引入适量的微分作用，即将 D 打开，然后加上与前面试验幅值完全相等的扰动，记录系统被控制量响应的动态曲线，并与试验步骤(2)所得的曲线相比较，由此可看到微分 D 对系统性能的影响。

②选择合适的 δ、T_i 和 T_d，使系统的输出响应为一条较满意的过渡过程曲线(阶跃输入可由给定值从 50% 突变至 60% 来实现)，并记录于表 1-2-6 中。

表 1-2-6　阶跃扰动下的过渡过程曲线

过渡过程曲线	PID 调节器参数

(4)临界增益法整定调节器的参数。

①待系统稳定后，将调节器置于纯比例 P 控制。逐步减小调节器的比例度 δ，并且每次减小比例度 δ，待被调量回复到平衡状态后，再手动给系统施加一个 5%～15% 的阶跃扰动，观察被调量变化的动态过程。若被调量为衰减的振荡曲线，则应继续减小比例度 δ，直到输出响应曲线呈现等幅振荡为止。如果响应曲线出现发散振荡，则表示比例度 δ 调节得过小，应适当增大，使之出现图 1-2-9 所示的等幅振荡。图 1-2-10 所示为液位控制系统的方框图。

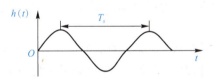

图 1-2-9　具有周期 T_K 的等幅振荡

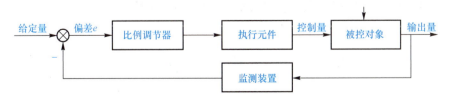

图 1-2-10　具有比例调节器的闭环系统

②在图 1-2-9 所示中，当被调量为等幅振荡时，此时的比例度 δ 就是临界比例度 δ_s，相应的振荡周期就是临界周期 T_s。据此，按表 1-2-7 所列出的经验数据确定 PID 调节器的 3 个参数 K_p、T_i 和 T_d。

表 1-2-7　经验算式

调节器名称	调节参数		
	$K_p/\%$	T_{is}	T_{ds}
P	$0.5K_{PS}$		
PI	$0.45K_{PS}$	$T_{s/1.2}$	
PID	$0.6K_{PS}$	$0.5T_s$	$0.125T_s$

③必须指出，表格中给出的参数值是对调节器参数的一个粗略设计，因为它是根据大量试验而得出的结论。若要获得更满意的动态过程（例如在阶跃信号作用下，被调参量做 4∶1 的衰减振荡），则要在表格给出参数的基础上，对 K_p、T_i（或 T_d）做适当调整，并记录最终曲线与 PID 调节器的参数于表 1-2-8 中。

表 1-2-8　整定后的液位输出曲线

输出曲线	PID 调节器参数

🧰 任务总结

PID 调节器是最常见的有源校正装置，它由比例单元、微分单元和积分单元组合而成，可以实现各种要求的控制规律，被广泛应用于工业过程控制和工业自动化的各个领域。

比例(P)校正器，若降低增益可使系统的稳定性改善，但会造成系统的稳态精度变差。

比例微分(PD)校正即相位超前校正，利用超前角提高了系统的相角裕量，使系统的稳定性和快速性改善，但系统的抗高频干扰能力下降。其常用于系统稳态性能已经满足，而暂态性能差的系统。

比例积分(PI)校正即相位滞后校正，利用高频幅值衰减降低穿越频率，提高系统相角裕量，或相角裕量不变时增大系统稳态误差系数，从而提高了系统的型别，使系统的稳态误差减小，改善了系统的稳态性能。比例积分(PI)校正适用对系统稳态精度要求高的场合。

PID 校正器引入相位超前校正可以扩大系统频带宽度，提高系统的快速性和增加稳定裕量；而引入相位滞后校正可以提高系统的稳态精度和改善系统稳定性。

任务三　常见控制系统

🧰 任务目标

1. 掌握微型计算机基本原理及控制系统；
2. 学习单片机的结构特点；
3. 掌握 PLC 的基本结构和工作原理。

任务分析

本任务由 3 部分构成，分别是微型计算机控制、单片机控制和 PLC 控制，主要了解微型计算机系统、单片机系统和 PLC 系统各自的特点。比较不同系统优缺点，主要介绍目前工业中最常用的可编程控制器（PLC）系统。了解它的结构、工作原理和工作流程，了解 PLC 与继电器—接触器控制系统的区别和联系，并以三菱 FX_{2N} 系列 PLC 的电动机点动控制实例来初步认识 PLC 及其工作原理。

知识准备

一、微型计算机控制系统

1. 微型计算机的组成

微型计算机（微机）结构是指计算机的硬件系统按照总体布局的设计要求将各部件构成某个系统的连接方式。迄今为止，微型计算机硬件系统的组成无一不是采用冯·诺依曼结构，其结构的基本内容是用二进制形式表示数据和指令。将程序和数据预先存放在主存储器中，使计算机在工作时能够自动高速地从存储器中取出指令和数据，并加以执行，这是"存储程序控制"的基本特点。

计算机系统具有五大基本部件：运算器、控制器、存储器、输入设备和输出设备。微型计算机体系结构的主要特点就是采用总线结构，通过总线将微处理器（CPU）、存储器（RAM 和 ROM）、I/O 接口电路连接起来，而输入/输出设备则通过 I/O 接口实现与微处理器的信息交换，如图 1-3-1 所示。

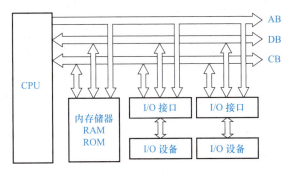

图 1-3-1 微型计算机的外部结构

总线是指计算机中各功能部件之间传送信息的公共通道，是微型计算机的重要组成部分。它们可以是带状的扁平线，也可以印刷电路板上的一层极薄的金属连线、系统中各部件都是"挂"在总线上的，所有的信息都通过总线传送。根据所传送信息的内容与作用不同，总线可分为数据总线、控制总线和地址总线 3 类。

(1)数据总线（DB）：双向传输数据信息，指令码或数据信息通过数据总线送往 CPU 或由 CPU 送出。其宽度（根数）与 CPU 提供的数据线的引脚数有关，宽度越宽传输数据的能力越强。

(2)控制总线（CB）：各种控制或状态信息通过控制总线由 CPU 送往有关部件，或从有关部件送往 CPU。对于每一根来说是单向传送的，图 1-3-1 中 CB 作为一个整体，用双向表示。

(3)地址总线（AB）：CPU 执行指令时，用于单向传送地址信息，以便选中要访问的存储单元或 I/O 端口。地址信息包括两种：指令代码在存储器中的地址信息和操作数在存储器中的地址信息。AB 的宽度决定了计算机系统的最大寻址能力（寻址空间）。最大寻址空间为 2^N，其中 N 为 AB 的宽度。例如，8 086/8 088CPU 的 $N=20$，则最大寻址空间为 $2^{20}=1$ MB。

总线结构中，系统中各部件均挂在总线上，可使微机系统的结构简单，易于维护，并具有更好的可扩展性。一个部件(插件)只要符合总线标准就可以直接插入系统，为用户扩充或升级功能提供了很大的灵活性。

2. 微处理器(CPU)工作原理

在微型计算机中，CPU 是微型计算机的核心芯片，它包括运算器、控制器和寄存器 3 个主要部分。实际微处理器(CPU)的结构和工作原理是相当复杂的，这里将实际微处理器的结构做适当的简化，着重讲清各种部件的基本作用。其简化后的微处理器如图 1-3-2 所示。

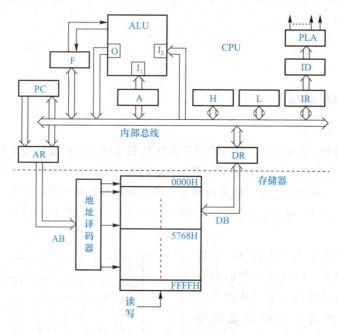

图 1-3-2　简化后的 CPU 结构

微处理器内部只设一组总线，数据、地址和控制信息都经过这组总线来传输。总线上流动何种信息，是由指令本身决定的。

(1)运算器。运算器是在控制器控制下，对二进制数进行算术和逻辑运算的装置。运算器是由算术逻辑单元、累加器、寄存器、标志寄存器等部分组成。

(2)控制器。控制器是发送操作命令的机构和计算机的指挥中心。计算机程序和原始数据的输入、CPU 内部对信息的处理、对处理结果的输出、外部设备与主机之间的信息交换等，都是在控制器控制下实现的。例如，计算机算题是执行计算程序的过程，而程序又是由一条一条有序的指令组成的。当计算机进入自动计算时，控制器的作用就是从存储器中逐条取出指令，分析指令，执行指令，并为取下一条指令做好准备。为了完成上述功能，控制器由取指令部件、分析指令部件及时序控制部件等组成。

(3)存储器。存储器是计算机极为重要的组成部分，有了它，计算机才能有记忆功能，才能把要计算和处理的数据及程序存入计算机，使计算机能脱离人的直接干预，自动地工作。

显然，存储器的容量越大，它所能记忆的信息越多，计算机的功能也就越强。存储器从使用功能上分类，可分为读写存储器(也叫作随机存储器 RAM)及只读存储器 ROM 两类。读写存储器 RAM 可用于存放现场输入数据、中间运算和处理结果，并与外部存储器交换信息及用于堆栈。RAM 的内容可随机读出，读出后其内容不变，也可以写入新的内容。写入新的内容后，原内容被冲掉。只读存储器 ROM 的内容只能读出，读出后内容不变，且在使用中是不能往里写新数据的，原内容也不能改写。因其内容只能读而不能写，故称为只读存储器。只读存储器一般用来存放固定的程序或常数类数据，如对数表、三角函数表等。

3. 输入/输出(I/O)接口

外部设备(外设)是微型计算机系统的重要组成部分。程序、数据及现场信息是通过外设输入微型计算机。CPU 计算的结果通过外设输出到外部。外设的种类很多，有机械式、电动式、电子式等。与 CPU 相比，外设工作速度较低。外设处理的信息有数字量、模拟量、开关量等，而微型计算机只能处理数字量。另外，外设与微型计算机工作的逻辑时序也可能不一致。鉴于上述原因，微型计算机不能直接与外设连接及交换信息，需设计一个"接口电路"作为微型计算机与外设之间的桥梁，这种接口电路又叫作输入/输出(I/O)接口或"I/O 适配器"。

微型计算机与外设进行信息交换是通过接口电路中的端口实现的。每个接口可包含若干个端口，每个端口对应一个端口地址，可由指令按地址访端口。接口的主要功能：隔离主机与外设之间的数据；向外设传输控制信号和接收外设的状态信号；数据类型的转换。

4. 微型计算机软件

微型计算机软件是为了运行、管理和维护微型计算机而编制的各种程序的总和。软件和硬件是微型计算机系统不可分离的两个重要组成部分。微机是通过逐条地从存储器中取出程序中的指令并执行指令规定的操作而实现某种特定的功能。

微型计算机软件包括系统软件和应用软件。系统软件是指不需要用户干预的，为其他程序的开发、调试及运行等建立一个良好环境的程序。系统软件主要包括操作系统(OS)和系统应用程序。操作系统是控制微型计算机的资源(如 CPU、存储器及 I/O 设备等)，使应用程序得以自动执行的程序。它是一套复杂的系统程序，用于提供人—机接口和管理、调度计算机的所有硬件与软件资源。其中最为重要的核心部分是常驻监控程序，计算机启动后常驻监控程序始终存放在内存中，它接受用户命令，并执行相应的操作。操作系统还包括用于执行 I/O 操作的 I/O 驱动程序，每当用户程序或其他系统程序需要使用 I/O 设备时，通常并不是该程序执行 I/O 操作，而是由操作系统利用 I/O 驱动程序来执行任务。

应用软件就是用户为解决各种实际问题而编写的各种程序。可用来编写用户软件的语言有机器语言、汇编语言和高级语言等。

5. 微型计算机控制系统

以微型计算机为核心组成的控制系统如图 1-3-3 所示。图中间是微处理器(CPU)及组成内存的 ROM 和 RAM，这是微型计算机的主要内部设备。左边为计算机的外部设备，其中包括打印机(PR)、显示屏(CRT)、键盘(KB)及外存储磁带(CS)或软盘、硬盘。它们各自都要通过相应的接口才能与计算机的内部总线相连。右边被控制的对象，总称为用户，它们只有模拟量、数字量、开关量及脉冲量 4 种形式。

在图 1-3-3 右边的通道中，包括输入通道和输出通道。输入通道配有各种传感器，如模拟量传感器、数字量传感器、开关量传感器和脉冲量传感器。输出通道则可以产生相应的控制量，如模拟量输出、数字量输出、开关量输出和脉冲量输出。

在图中每个外围设备和每个外部设备都要用到接口电路。对于外部设备来说，每种设备都有专用的接口电路。对于外围设备来说，因用户对象较多样化，所以常用一些通用的接口器件。

图 1-3-3 所示是微型计算机控制系统的典型结构。针对具体应用对象，可能有变化，如输入设备只有一个，输出设备也只有一个的情况等。

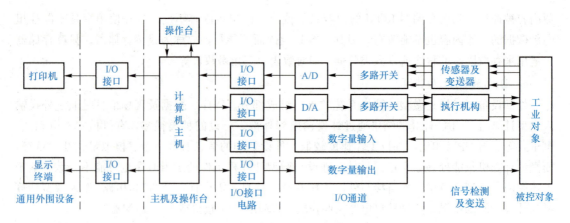

图 1-3-3 典型微型计算机控制系统

二、单片机控制系统

单片机是微型计算机的一个重要分支。它使计算机从海量数值计算进入智能控制领域,并由此开创了工业控制的新局面。从此,计算机技术在两个重要的领域——通用计算机领域和微控制器领域比翼齐飞,并逐渐融入人们的日常生活。

如果将运算器、控制器、存储器和各种输入/输出接口等计算机的主要部件集成在一块芯片上,就能得到一个单芯片的微型计算机,它虽然只是一个芯片,但在组成和功能上已经具有了计算机系统的特点,因此称为单片微型计算机(Single-Chip Microcomputer),简称单片机。

单片机在外观上与常见的集成电路块一样,体积很小,多为黑色长条状,条状左右两侧各有一排金属引脚,可与外电路连接。单片机体积虽小,但"五脏俱全",其内部结构与普通计算机结构类似,也由中央处理器(CPU)、存储器和输入/输出(I/O)3大基本部分构成。实际就是把一台普通计算机经过简化,浓缩在一小片芯片内,形成了芯片级的计算机。

1. MCS-51 单片机结构

MCS-51 单片机是在一块芯片中集成了 CPU、RAM、ROM、输入/输出接口、系统总线等基本部件构成微型计算机基本部件的 8 位单片机。其内部结构如图 1-3-4 所示,主要包括针对控制应用而优化的 8 位 CPU、128 字节的片上数据 RAM、64 KB 的数据存储器寻址空间、4 KB 的片上程序存储器(8031无)、2 个 16 位定时器/计数器、32 根双向和单独可寻址的 O 线、全双工的 UART、2 个优先级的 5 向量中断结构、广泛的布尔处理(单位逻辑)能力、片上时钟振荡器。

下面对 MCS-51 单片机硬件结构的各部分做进一步说明。

(1)CPU:MCS-51 单片机中有一个 8 位 CPU,是单片机的核心,由运算器和控制器构成。运算器包括算术逻辑单元(ALU)、累加器(ACC)、寄存器(B)、程序状态字(PSW)、十进制调整电路等部件,实现数据的算术逻辑运算、位变量处理和数据传送等操作。控制器包括定时控制逻辑(时钟电路、复位电路)、指令寄存器、指令译码器、程序计数器(PC)、堆栈指针(SP)、数据指针寄存器(DPTR)及信息传送控制等部件,其主要功能是对指令码进行译码,然后在时钟信号作用下,使单片机的内外电路能够按一定的时序协调有序地工作,执行译码后的指令。

(2)RAM:8051 系列单片机内部有 128 字节(8052 子系列有 256 个字节),用来存放程序在运行期间的工作变量运算的中间结果、数据暂存和缓冲、标志位等。

(3) 内部 ROM/EPROM：8051 系列单片机片内有 4 KB 的内部 ROM，而 8751 为 4 KB 的 EPROM，用来存放程序、原始数据或表格。如果片内只读存储器容量不够，则需扩展片外只读存储器。片外只读存储器最多可扩展至 64 KB。

(4) 定时器/计数器：8051 系列单片机内部有 2 个 16 位定时器/计数器 T0、T1，有 4 种工作方式。通过编程，T0、T1 还可用作 13 位或 8 位定时器。

(5) 并行口：8051 单片机内部共有 4 个输入输出口，一般称为并行 I/O 口，即 P0、P1、P2、P3 口，每个口都是 8 位。对于没有程序存储器的 8031 单片机，需用 P0 口作为低 8 位地址/数据线分时复用，即相当于计算机的 $AD_0 \sim AD_7$，而 P3 口作为高 8 位地址 $A_8 \sim A_{15}$。P3 口各个管脚又有不同的第二功能，例如，读、写控制信号等，所以只有 P1 口可作为通用 I/O 口使用。

(6) 串行口：8051 系列单片机有一个全双工的串行 I/O 口，以完成单片机和其他计算机或通信设备之间的串行数据通信，单片机只用 P3 口的 RXD 和 TXD 两个管脚进行串行通信。

(7) 中断系统：8051 系列单片机内部有很强的中断功能，以满足控制应用的需要。它共有 5 个中断源，即外部中断源 2 个、定时器/计数器中断源 2 个、串行中断源 1 个。

(8) CPU 内部总线和外部总线：CPU 通过内部的 8 位总线与各个部件连接，并通过 P0 口和 P2 口形成内部 16 位地址总线连接到内部 ROM 区。从图 1-3-4 可看到外部三总线：由 P0 口组成的数据总线 DB(与低 8 位地址总线分时复用)；由 P0 口和 P2 口组成的 16 位地址总线(AB)(P0 口分时)；由 PSEN、EA、ALE 和 P3 口部分管脚(读信号及写信号)组成的控制总线(CB)。

(9) 布尔处理器：由片内 RAM 的 20H~2FH 共 16 个单元的 128 位，11 个 SFR 中的 83 位组成的 211 位布尔处理器，可完成位运算等任务。

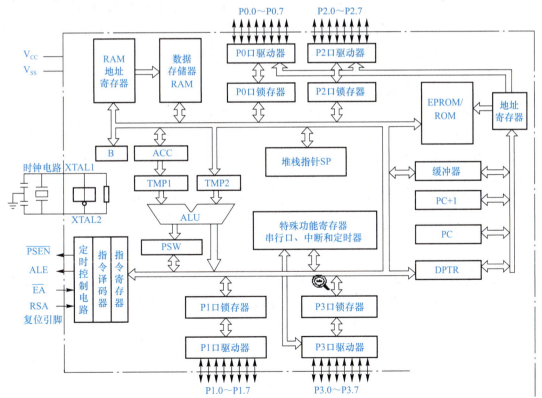

图 1-3-4 MCS-51 系列单片机内部结构框图

2. 单片机的工作特点

(1)在存储器结构上,多数单片机的存储器采用哈佛(Harvard)结构。采用哈佛结构的单片机,其 ROM 和 RAM 是严格分开的。ROM 称为程序存储器,只存放程序、固定常数和数据表格;RAM 则为数据存储器,用作工作区及存放数据。两者的访问方式不同,即使用不同的寻址方式,通过不同的地址指针访问。程序存储器的存储空间较大,数据存储器的存储空间较小,这主要是考虑单片机用于控制系统中的特点。程序存储器和数据存储器又有片内和片外之分,而且访问方式也不相同。所以,单片机的存储器在操作时可分为片内程序存储器、片外程序存储器、片内数据存储器和片外数据存储器。

(2)在芯片引脚上,大部分采用分时复用技术。单片机芯片内集成了较多的功能部件,需要的引脚信号较多。但由于工艺和应用场合的限制,芯片上引脚数目又不能太多。为解决实际的引脚数和需要的引脚数之间的矛盾,一条引脚往往设计了两个或多个功能。每条引脚在当前起什么作用,由指令和当前机器的状态来决定。

(3)在内部资源访问上,采用特殊功能寄存器(SFR)的形式。单片机中集成了微型计算机的微处理器、存储器、I/O 接口、定时计数器、串行接口、中断系统等功能部件。用户对这些资源的访问是通过对对应的特殊功能寄存器(SFR)进行访问来实现的。

(4)在指令系统上,采用面向控制的指令系统。为了满足控制系统的要求,单片机有很强的逻辑控制能力。在单片机内部一般都设置有一个独立的位处理器,又称为布尔处理器,专门用于位运算。

(5)内部一般都集成一个全双工的串行接口。通过这个串行接口,可以很方便地和其他外设进行通信,也可以与另外的单片机或微型计算机通信,组成计算机分布式控制系统。

(6)单片机有很强的外部扩展能力。在内部的各功能部件不能满足应用系统要求时,单片机可以很方便地在外部扩展各种电路,能与许多通用的计算机接口芯片兼容。

3. 单片机控制系统的特点

从单片机的应用角度来看,其主要特点如下:

(1)控制性能好、可靠性高。单片机的实时控制功能强大,其 CPU 可以对 I/O 端口直接进行操作,位操作能力更是其他计算机无法比拟的。另外,由于 CPU、存储器及 I/O 接口集成在同一芯片内,各部件之间的连接紧凑,数据在传送时受干扰的影响较小,且不易受环境条件的影响,故单片机的可靠性高。

近期推出的单片机产品,内部集成有高速 I/O 口、ADC、PWM、WDT 等部件,并在低电压、低功耗、串行扩展总线、控制网络总线和开发方式(如在线系统编程 ISP)等方面都有了进一步增强。

(2)体积小、价格低,易于产品化。单片机芯片实际上就是一台完整的微型计算机,对于批量大的专用场合,既可以在众多单片机品种之间进行匹配选择,同时可以专门进行芯片设计,使芯片的功能与应用具有良好对应关系;在单片机产品的引脚封装方面,有的单片机引脚已减少到 8 个或更少,从而使系统的印制电路板减小、接插件减少,安装简单方便。

三、PLC 控制系统

1. 可编程控制器 PLC

PLC 是可编程控制器(Programmable Logic Controller)的简称,它是在继电器控制基础上以微处理器为核心,将自动控制技术、计算机技术和通信技术融为一体而发展起来的一种新型工业自动控制装置。目前，PLC 已基本取代了传统的继电器控制系统，成为工业自动控制领域中最重要、应用最多的控制装置，居于工业生产自动化三大支柱(PLC、机器人、CAD/CAM)的首位。图 1-3-5 所示是三菱 FX$_{2N}$ 系列小型 PLC 主机外形。

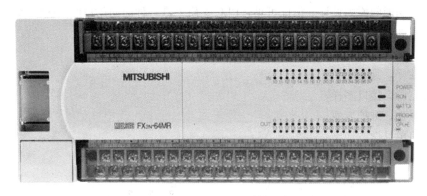

图 1-3-5　FX$_{2N}$ 系列 PLC 主机外形

(1)PLC 的发展历史。在 PLC 出现前，继电器控制在工业控制领域中占据主导地位，但是继电器控制系统具有明显的缺点：设备体积大、可靠性低、故障检修困难且不太方便。由于接线复杂，当生产工艺和流程改变时必须改变接线，造成系统改造和设计的周期较长，系统通用性和灵活性较差。现代社会制造工业竞争激烈，产品更新换代频繁，迫切地需要一种新的更先进的"柔性"的控制系统来取代传统的继电器控制系统。

1968 年，美国通用汽车公司(GM)为了增加产品在市场的竞争力，满足不断更新的汽车型号的需要，率先提出用于汽车生产线控制的 10 条要求，公司向制造商招标，这就是著名的"GM 10 条"。GM 提出的 10 条要求如下：

①编程方便，可在现场修改程序。
②维护方便，最好是插件式结构。
③可靠性高于继电器控制柜。
④体积小于继电器控制柜。
⑤成本可与继电器控制柜竞争。
⑥数据可以直接输入管理计算机。
⑦可以直接用交流 115 V 输入。
⑧通用性强，系统扩展方便，改动最少。
⑨用户存储器容量大于 4 KB。
⑩输出为交流 115 V，负载电流要求在 2 A 以上，可直接驱动电磁阀和交流接触器等。

美国数字设备公司(DEC)根据以上要求，于 1969 年研制出了第一台可编程控制器 PDP-14，并在美国通用汽车公司的生产线上试用成功，可编程控制器自此诞生，同时也引起了世界的关注。继日本、德国之后，我国于 1974 年开始研制可编程控制器，1977 年研制成功了以一位微处理器 MC14500 为核心的可编程控制器，并开始应用于工业生产控制。如今，可编程控制器已经大量应用在引进设备和国产设备中，当然，目前国内使用的 PLC 主要还是靠进口，但逐步实现国产化是国内发展的必然趋势。

(2)PLC 的主要特点。PLC 自问世以来不断发展，因此很难对它下一个确切的定义。1987 年 2 月，国际电工委员会(IEC)在颁布的草案中对 PLC 进行定义：PLC 是一种数字运算操作的电子系统，专为工业环境下应用而设计，它采用可编程序的存储器，用来在其内部存储并执行逻辑运算、顺序控制、定时、计数和算术运算等操作的指令，并通过数字式或模拟式的输入和输出，控制各类机械或生产过程。PLC 及其相关设备，都应按易于与工业控制系统联成一个整体、易于扩充功能的原则设计。由此可见，PLC 实质上是一种面向用户的工业控制专用计算机，它的主要特点如下：

①可靠性高，抗干扰能力强。

②适应性好，具有柔性。

③功能完善，接口多样。

④易于操作，维护方便。

⑤编程简单易学。

⑥体积小、质量轻、功耗低。

2. PLC 工作原理初识

PLC 最初作为继电器－接触器控制线路的替代装置。它是如何取代继电器－接触器控制线路来实现自己的控制功能呢？下面通过一个简单的控制实例来加以说明。

控制实例：三相异步电动机单向点动控制。

(1)继电器－接触器电路控制方案。继电器－接触器电路控制方案，如图 1-3-6 所示。特点：按钮 SB 与它所控制的接触器 KM 线圈在电路上直接相连。

(2)采用 PLC 控制方案。

①主电路：与图 1-3-6(a)相同。

②控制电路：采用图 1-3-7。特点：按钮 SB 与

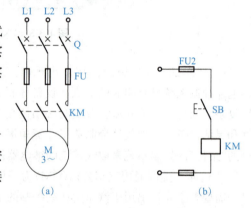

图 1-3-6 继电器—接触器电路控制方案
(a)主电路(不变)；(b)控制电路

PLC 的输入端子 X0 相连接，接触器 KM 线圈与 PLC 的输出端子 Y0 相连接，同时，在 PLC 内部编写了相应的控制程序。

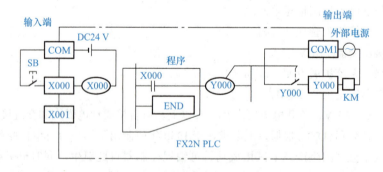

图 1-3-7 PLC 点动控制方案

(3)两种方案的比较。两者对电动机的点动控制效果相同。但是后者控制按钮 SB 与被控的接触器线圈之间在线路上没有直接的联系，硬件接线减少，只有 PLC 输入、输出端较少的接线，靠 PLC 的信息转换和其内部存储的程序相配合来实现点动控制功能。

(4)采用 PLC 实现控制功能的原理。控制原理分析如下：

①在 PLC 内部提供了几百甚至上千个虚拟继电器供用户编程使用。
②实际的电磁继电器与 PLC 内部虚拟继电器的比较，见表 1-3-1。

表 1-3-1　电磁继电器与 PLC 中虚拟继电器的比较

类型 内容	电磁继电器	PLC 中虚拟继电器
组成	KA　KA	Y0　状态位[1或0]　Y0　Y0
动作因果关系	线圈得电，触点动作； 线圈断电，触点复位	线圈"得电"→状态位被写"1"→触点"动作"； 线圈"失电"→状态位被写"0"→触点"复位"

③PLC 的每个输入端子 X_i，都等效地对应一个同名的输入继电器 X_i，它的线圈由输入回路所驱动。

④PLC 的每个输出端子 Y_j，都等效地对应一个同名的输出继电器 Y_j，它的线圈由程序驱动，它的一个常开触点接在 PLC 内部输出回路中。

⑤点动控制过程。按下 SB→X0 线圈得电→X0 状态位被写"1"→程序中 X0 常开触点闭合→Y0 的状态位被写"1"（Y0 线圈"得电"）→Y0 的内部常开触点闭合→KM 线圈得电→KM 主触点闭合→电动机运行。

松开 SB→X0 线圈断电→X0 状态位恢复为"0"→程序中 X0 常开触点断开→Y0 的状态位为"0"（Y0 线圈"断电"）→Y0 的内部常开触点断开→KM 线圈失电→KM 主触点断开→电动机停车。

3. PLC 基本组成

可编程控制器实质上是一种工业专用的计算机，它的结构与计算机基本相同，也是由硬件系统和软件系统两大部分组成。PLC 的结构示意如图 1-3-8 所示。

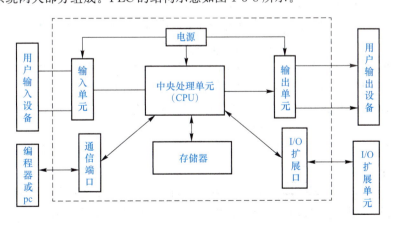

图 1-3-8　PLC 的结构示意

PLC 的硬件系统由中央处理器单元（CPU）、存储器、输入/输出单元、电源、扩展设备及外部设备组成。其中，CPU、存储器、输入/输出单元和电源构成 PLC 的基本单元（也称主机），是PLC的最小配置。扩展设备包括基本扩展设备和特殊扩展设备，基本扩展设备用来较经济地增加一定数量的I/O点，特殊扩展设备用于有目的地扩展一些功能，如模拟量功能等。外部设备包括编程器、人机接口(如PT触摸屏)、外存储器、打印机、EPROM写入器等。

软件系统分为系统程序和用户程序。系统程序是管理PLC的各种资源，控制各硬件的正常动作，协调硬件之间关系的一组程序。用户程序则是用户根据生产工艺要求编写的控制程序。

(1)中央处理器单元CPU。CPU是PLC的核心部件，它是PLC的运算和控制中心，由它实现算术和逻辑运算，并控制所有其他部件的操作。它的运行是按照系统程序所赋予的任务进行的，主要完成下列几项任务：

①在编程方式下，接收从编程器传送的用户程序和数据，并将它们存入预定的存储器。

②按扫描方式接收输入单元的状态或数据，并存入相应的数据存储区。

③执行监控程序和用户程序，完成数据和信息的逻辑处理，产生相应的内部控制信号，完成用户指令规定的各种操作。

④响应外部设备的请求。

⑤诊断PLC内部的工作状态及编程过程中的语法错误。

(2)存储器。存储器是PLC存放系统程序、用户程序和运行数据的单元。按工作方式不同，可以分为以下几种类型：

①只读存储器ROM。ROM的内容由PLC制造厂家写入，并永久驻留。用户只能读取，不能改写。PLC掉电后，它的内容也不会丢失。因此，ROM用于存放系统程序。

②随机存储器RAM。RAM又称读写存储器。信息读出时，RAM内容保持不变；写入时，新写入的信息覆盖原来的内容。它用来存放既要读出，又要经常修改的内容。因此，RAM常用于存放用户放用户程序、逻辑变量和其他一些信息。PLC掉电后，RAM的内容不再保留，为了防止掉电后RAM的内容丢失，PLC常使用锂电池作为RAM的备用电源。

③可擦除可编程只读存储器EPROM和电擦除可编程只读存储器EEPROM。EPROM是一种可擦除的只读存储器，在紫外线连续照射20 min后，即可将存储器的内容清除；而加高电平(12.5 V或24 V等)则可以写入程序。EEPROM是一种电可擦除的只读存储器，使用编程器就能很容易地对其内容进行在线修改。在断电情况下，EPROM和EEPROM的内容都不丢失。因此，它们都用于存放系统程序及需要长期保存的用户程序。

(3)输入/输出单元(I/O单元)。I/O单元是CPU与现场I/O装置或其他外部设备之间的连接部件。它将外部输入信号变换为CPU能接收的信号，或将CPU的输出信号变换为需要的控制信号去驱动控制对象(包括开关量和模拟量)，以确保整个系统正常工作。另外，为了提高PLC的抗干扰能力，一般的I/O单元都配有光电隔离装置。

①开关量输入单元。开关量输入单元的作用是将现场各种开关信号变成PLC内部处理的标准信号。开关量输入单元又可分为直流开关量输入单元和交流开关量输入单元。

a. 直流开关量输入单元，如图1-3-9所示，电阻R_1与R_2构成分压器，电阻R_2与电容C组成阻容滤波电路。二极管VD用于防止反极性电压输入，发光二极管(LED)用来指示输入状态。光耦合器隔离输入电路与PLC内部电路的电气连接，并使外部信号通过光耦合器变成内部电路能够接收的标准信号。当外部开关闭合时，外部直流电压经过电阻分压和阻容滤波后加到光耦合器的发光二极管上，经光耦合，光敏晶体管接收光信号，并输出一个对内部电路来说接通的信号，输出端的发光二极管(LED)点亮，指示现场开关闭合。

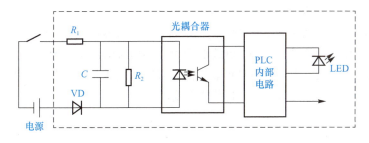

图 1-3-9　直流开关量输入单元

b. 交流开关量输入单元，如图 1-3-10 所示，电阻 R_2 与 R_3 构成分压器，电阻 R_1 为限流电阻，电容 C 为滤波电容。双向光耦合器起整流和隔离双重作用，发光二极管用作状态指示，其工作原理和直流开关量输入单元基本相同。

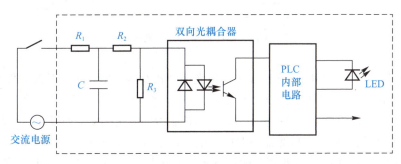

图 1-3-10　交流开关量输入单元

② 开关量输出单元。开关量输出单元的作用是把 PLC 的内部信号转换成现场执行机构的各种开关信号，通常由隔离电路和功率放大电路组成。开关量输出单元有继电器、晶体管和晶闸管 3 种输出方式。

a. 继电器输出方式。继电器输出方式的电气原理如图 1-3-11 所示，继电器既作为开关器件，又是隔离器件。当 PLC 输出一个接通信号时，内部电路使继电器 K 通电，继电器触点 S 闭合使负载回路中的负载 L 接通得电，同时状态指示发光二极管（LED）导通点亮，VD 则作为续流二极管用以消除线圈的反电动势。这种输出方式最为常用，其既可用于控制交流负载，也可以控制直流负载。它耐受电压范围宽，导通压降小，价格低，但机械触点寿命短，转换频率低，响应时间长，触点断开时还有电弧产生，容易产生干扰。

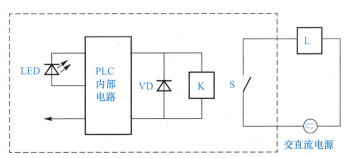

图 1-3-11　继电器输出方式电气原理

b. 晶体管输出方式。晶体管输出方式的电气原理如图 1-3-12 所示，它采用光敏晶体管作为开关器件。当 PLC 输出一个接通信号时，内部电路使光耦合器的发光二极管得电发光，光敏晶体管受光导通后，使晶体管导通，相应负载 L 得电。晶体管输出是无触点输出，用于控制直流负载。它寿命长，不仅没有噪声，而且可靠性高，可以高速通断，频率响应快，能满足一些直流负载的特殊要求，但缺点是价格高，过载能力差。

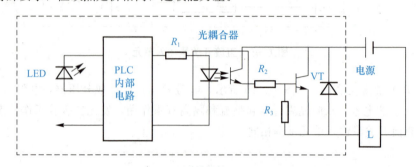

图 1-3-12　晶体管输出方式电气原理

c. 晶闸管输出方式。晶闸管输出方式采用光耦合式双向晶闸管作为开关器件和隔离器件。晶闸管输入，触点输出，可用于控制交流负载。它响应速度快、寿命长，但带负载能力较差。

③模拟量输入/输出单元。模拟量信号在过程控制中的应用很广，如温度、压力、速度、流量、酸碱度、位移的各种工业检测都是对应于电压、电流的模拟量值，再通过一定运算（PID）后，达到控制生产过程的目的。模拟量输入单元一般由滤波器、A/D 转换器和光耦合器组成。

模拟量输出单元的作用是将 PLC 运算处理后的若干位数字量信号转换成相应的模拟量信号输出，以满足生产现场连续信号的控制要求。它一般由光耦合器、D/A 转换器和信号转换电路组成。

(4) PLC 电源。PLC 的电源分为外部电源、内部电源和 RAM 后备电源三类。在现场控制中，干扰侵入 PLC 的主要途径之一就是通过电源，因此，设计合理的电源是 PLC 可靠运行的必要条件。

①外部电源：用于驱动 PLC 的负载或传递现场信号，又称用户电源。同一台 PLC 的外部电源可以是一个规格，也可以是多个规格。外部电源的容量与性能，由输出负载和输入电路决定。常见的外部电源有交流 220 V、110 V，直流 100 V、48 V、24 V、12 V、5 V 等。

②内部电源：是指 PLC 的工作电源，其性能的好坏直接影响 PLC 的可靠性。为了保证 PLC 工作可靠，通常采用开关式稳压电源和输入端带低通滤波器的稳压电源。

③RAM 后备电源：在停机或突然失电时，它能保证 RAM 中的信息不丢失。一般 PLC 采用锂电池作为 RAM 的后备电源，锂电池的寿命为 3～5 年。

(5) 编程器。PLC 的特点是它的程序是可以改变的，要方便地加载和修改程序，编程器就成为 PLC 工作中不可缺少的设备。编程器除了编程以外，一般还具有检查、调试及监视功能，也可以通过它调用和显示 PLC 的一些内部状态和系统参数。

编程器一般有两类。一类是专用的编程器，有手持的、台式的，也有的 PLC 机身自带编程器。其中，手持式编程器携带方便，适合工业控制现场使用。另一类是个人计算机 PC，在 PC 上运行与 PLC 配套的编程软件即可完成编程任务。

4. PLC 工作流程

PLC 采用周期循环扫描、集中输入/输出的工作方式，与传统的继电器－接触器控制系统有明显的不同。传统的继电器－接触器控制系统采用硬逻辑并行运行的工作方式，即如果一个继电器线圈得电或失电，该继电器的所有触点都会立即动作；而 PLC 采用顺序逐条扫描用户程序的运行方式，即如果一个输出线圈或逻辑线圈接通或断开，该线圈的所有触点不会立即动作，必须等 CPU 扫描到该触点时才会动作。

PLC 的一个扫描过程分 5 个阶段进行，即内部处理、通信服务、输入采样、程序执行和输出刷新，如图 1-3-13 所示。每完成上述 5 个阶段所用的时间称为一个扫描周期。在 PLC 整个运行期间，PLC 的 CPU 以一定的扫描速度重复执行上述的扫描过程。

(1) 内部处理阶段。PLC 接通电源后，首先确定自身的完好性，若发现故障，将报警并根据故障性质进行相应处理。确定内部硬件正常后，还要进行清零或复位处理，清除各元件的随机性，检查 I/O 连接是否正确；启动监控定时器 WDF(用手监视扫描周期是否超时)等。

(2) 通信服务阶段。在这个阶段，PLC 检查是否有编程器和计算机的通信请求，若有则进行相应处理。如接收编程器送来的程序、数据等。

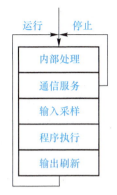

图 1-3-13　PLC 扫描过程

PLC 有两种基本工作状态，即运行(RUN)状态与停止(STOP)状态。其中，在运行状态执行应用程序，而停止状态一般用于程序的编制和修改。PLC 处于停止状态时，只执行公共处理和通信服务两个阶段的操作；而处于运行状态时，除了执行上述两个阶段的操作外，还要完成以下 3 个阶段的操作，如图 1-3-14 所示。

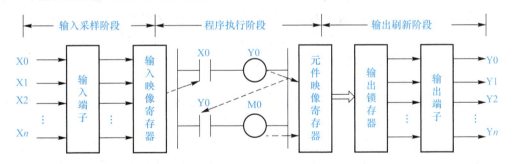

图 1-3-14　PLC 信号传递过程

(3) 输入采样阶段。在输入采样阶段，PLC 以扫描方式依次读入所有输入端子状态("0"或"1")，并将其存入输入映像寄存器。此时，输入映像寄存器被刷新。在输入采样结束后，即使输入端状态发生变化，输入映像寄存器中的相应单元的状态也不会改变，直到下一个扫描周期的输入采样阶段，才能重新写入输入端的当前状态。

(4) 程序执行阶段。在程序执行阶段，PLC 的 CPU 总是按先上后下、先左后右的顺序依次扫描用户程序(梯形图)。从输入映像寄存器和元件映像寄存器中读出各继电器的状态，根据用户程序给出的逻辑关系进行逻辑运算，并将运算结果写入元件映像寄存器。对于每个元件(包括输出继电器)，在元件映像寄存器中相应单元的内容，会随着程序的执行进程而变化。值得注意的是，由于扫描是从上到下进行的，前面运行的结果会影响后面相关程序的运行结果，而后面程序的运行结果不能改变前面相关程序的运行结果，只有在下一个扫描周期再次扫描前面的程序时才能起作用。

(5) 输出刷新阶段。在所有指令执行完毕后，进入输出刷新阶段。此时，元件映像寄存器中所有输出继电器的状态转存到输出锁存器中，通过一定方式输出，驱动外部负载。

PLC 的 I/O 信号传递过程如图 1-3-14 所示。在一个扫描周期中，只有在输入采样阶段，输入端子的状态才会被扫描记录，只有在输出刷新阶段，输出继电器的状态才会转存到输出锁存器，输出驱动负载。这种集中输入/输出的工作方式，使 PLC 在运行中的绝大部分时间实质上和外部设备是隔离的，这就从根本上提高了 PLC 的抗干扰能力。

5. PLC 的应用与分类

（1）PLC 的应用。目前，PLC 在国内外已广泛应用于冶金、石油、化工、电力、机械制造、汽车、轻工、环保、娱乐等各行各业。PLC 的应用大致可归纳为以下几个方面：

①逻辑控制和顺序控制。这是 PLC 最基本的应用，即用 PLC 取代传统的继电器控制系统，实现逻辑控制和顺序控制，如机床电气控制、电动机控制、注塑机控制、装配生产线、包装生产线、电镀流水线及电梯控制等。总之，PLC 既可用于单机控制，也可用于多机群和生产线的控制。

②机械件位置控制。用于该类控制的 PLC，具有拖动步进电动机的单轴或多轴位置控制模块。PLC 将描述目标位置和运动参数的数据传送给位置控制模块，然后由位置控制模块以适当的速度和加速度，确保单轴或多轴平滑运行，移动到目标位置。相对来说，位置控制模块比 CNC 装置（计算机数控装置）体积更小，价格更低，速度更快，操作更方便。

③模拟量过程控制。用于该类控制的 PLC，具有多路模拟量输入、输出模块，有的还具有 PID 模块。PLC 可通过对模拟量的控制实现过程控制，具有 PID 模块的 PLC 还可构成闭环控制系统，从而实现单回路、多回路的调节控制。

④数据处理。利用它的算术运算、数据比较、数据传送、数制转换等功能，PLC 可进行数据处理。在机械加工中，出现了把支持顺序控制的 PLC 和 CNC 装置紧密结合的趋向。

⑤通信和联网。PLC 与 PLC 之间、PLC 和上位计算机之间可以联网，通过电缆或光缆传送信息，构成多级分布式控制系统，以实现集散控制。

（2）PLC 的分类。

①按 I/O 总点数分类。目前国际上对于 PLC 按 I/O 总点数分类，并无统一标准。PLC 通常可分为小型、中型、大型三种。I/O 总点数不超过 256 点的 PLC 为小型机；I/O 总点数超过 256 点且在 2 048 点以下的 PLC 为中型机；I/O 总点数等于或高于 2 048 点的 PLC 为大型机。另外，还有把 I/O 总点数少于 32 点的 PLC 称为微型或超小型机，而把 I/O 总点数超过万点的 PLC 称为超大型机。

②按组成结构分类。按组成结构分类，PLC 可分为整体式、模块式和叠装式三类。

a. 整体式 PLC 是将 CPU、存储器、I/O 接口、电源等硬件都装在一个机壳内，这种 PLC 结构紧凑、体积小、价格低，但不便维修，多用于微、小型 PLC。

b. 模块式 PLC 是将 PLC 的各部分分成若干个单独的模块，如将 CPU、存储器组成主控模块，将电源组成电源模块，将若干输入点组成 I 模块，将若干输出点组成 O 模块，将某项特定功能专门制成一定功能模块。这种 PLC 具有配置灵活、装配方便、便于扩展及维修等优点，多用于中、大型 PLC。

c. 近期也出现了把整体式和模块式两者长处结合一体的一种 PLC 结构，即所谓的叠装式结构，它的 CPU、存储器、I/O 单元、电源等单元依然是各自独立的模块，但它们之间通过电缆进行连接，且可一层层叠装，既保留了模块式可灵活配置之所长，也体现了整体式体积小巧的优点。

③按地域分类。PLC 生产厂家众多，品种繁多且不兼容。由于技术上相互借鉴、相互影响，使得同一地域的 PLC 产品呈现较多的相似性，而不同地域的 PLC 产品差异明显。PLC 按照地域

大致可以分成美国的 PLC 产品、欧洲的 PLC 产品和日本的 PLC 产品三种流派。

a. 美国的 PLC 产品。其以 A-B 公司、GE 公司等产品为代表，A-B 公司的 PLC-5 系列可编程控制器只使用梯形图编制程序，而不采用其他流派的指令表，同时，其梯形图在形式、含义、功能及用法上也与其他流派相距甚远。

b. 欧洲的 PLC 产品。其以德国西门子 S 系列机、施耐德公司等产品为代表。欧洲的 PLC 与美国产品存在明显的差异。如德国西门子 S5 系列机，采用结构化编程方法，尽管也设有梯形图、逻辑图等多种编程语言，但主要通过 STEP5 语言，调用功能块来实现。

c. 日本的 PLC 产品。日本的 PLC 技术是从美国引进的，但日本将自己的 PLC 主推产品定位在小型机上。目前，在全世界的小型 PLC 市场上，日本产品占有 70%。日本的小型机相当有特色，其采用梯形图、指令表并重的编程手段，而且配置了包括功能指令在内的功能强大的指令系统。用户经常会发现，选用日本的 PLC 产品只需小型机就能解决的一个应用问题，选用欧美的 PLC，常需要中型乃至大型机，其根本原因就是欧美小型机的指令系统太弱。日本三菱公司、OMRON 公司等的 PLC 产品在我国颇具影响力。

6. PLC 控制系统的特点

(1) 可靠性高，抗干扰能力强。高可靠性是电气控制设备的关键性能。PLC 由于采用现代大规模集成电路技术，采用严格的生产工艺制造，内部电路采取了先进的抗干扰技术，具有很高的可靠性。例如，三菱公司生产的 F 系列 PLC 平均无故障时间高达 30 万小时。一些使用冗余 CPU 的 PLC 的平均无故障工作时间则更长。从 PLC 的机外电路来说，使用 PLC 构成控制系统，和同等规模的继电接触器系统相比，电气接线及开关接点已减少到数百甚至数千分之一，故障也就大大降低。另外，PLC 带有硬件故障自我检测功能，出现故障时可及时发出警报信息。在应用软件中，应用者还可以编入外围器件的故障自诊断程序，使系统中除 PLC 以外的电路以设备也获得故障自诊断保护。因此，整个系统具有极高的可靠性也就不奇怪了。

(2) 配套齐全，功能完善，适用性强。PLC 发展到今天，已经形成了大、中、小各种规模的系列化产品，可以用于各种规模的工业控制场合。除逻辑处理功能外，现代 PLC 大多具有完善的数据运算能力，可用于各种数字控制领域。近年来 PLC 的功能单元大量涌现，使 PLC 渗透到位置控制、温度控制、CNC 等各种工业控制中。加上 PLC 通信能力的增强及人机界面技术的发展，使用 PLC 组成各种控制系统变得非常容易。

(3) 易学易用，深受工程技术人员欢迎。PLC 作为通用工业控制计算机，是面向工矿企业的工控设备。它接口简单，编程语言易于为工程技术人员接受。梯形图语言的图形符号与表达方式和继电器电路图相当接近，需使用 PLC 的少量开关逻辑控制指令就可以方便地实现继电器电路的功能，为不熟悉电子电路、不懂计算机原理和汇编语言的人使用计算机从事工业控制打开了方便之门。

(4) 系统的设计、建造工作量小，维护方便，容易改造。PLC 用存储逻辑代替接线逻辑，大大减少了控制设备外部的接线，使控制系统设计及建造的周期大为缩短，同时维护也变得容易起来。更重要的是使同一设备经过改变程序、改变生产过程成为可能。这很适合多品种、小批量的生产场合。

(5) 体积小，质量轻，能耗低。以超小型 PLC 为例，新近出产的品种底部尺寸小于 100 mm，质量小于 150 g，功耗仅数瓦。由于体积小很容易装入机械内部，是实现机电一体化的理想控制设备。

任务实施

三菱 FX$_{2N}$ 系列 PLC 点动控制实现

1. PLC 外部特征及端子认识

对照 FX$_{2N}$-64MR 基本单元外形如图 1-3-15 所示，认识三菱 FX$_{2N}$ 系列 PLC 实物及面板，熟悉面板各部分功能。

FX$_{2N}$ 系列 PLC 面板主要由外部接线端子、指示灯、接口三部分组成。

(1)外部接线端子 4、7。外部接线端子包括 PLC 电源(L、N)、输入用直流电源(24＋、COM)、输入端子(X)、输出端子(Y)和机器接地等。其中 L、N 是 PLC 的电源输入端子，额定电压为 AC 100～240 V(电压允许范围为 AC 85～264 V)，50/60 Hz；24＋、COM 是机器为输入回路提供的直流 24 V 电源，为减少接线，其正极在机器内已与输入回路连接。当某输入点需给定输入信号时，只需将 COM 通过输入设备接至对应的输入点，一旦 COM 与对应点接通，该点就为 ON，此时对应输入指示灯亮。接地端子用于 PLC 的接地保护。输入、输出每个端子均有对应的编号，主要用于输入信号和输出信号的连接。

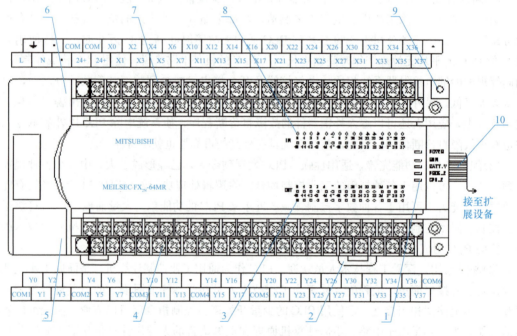

图 1-3-15　FX$_{2N}$-64MR 基本单元外形

1—动作指示灯；2—DIN 导轨装卸卡子；3—输出动作指示灯；
4—输出用装卸式端子；5—外围设备接线插座盖板；6—面板盖；7—电源、辅助电源、
输入信号用装卸式端子；8—输入指示灯；9—安装孔；10—扩展设备接线插座板

(2)指示灯部分 1、3、8。3 是各输出点状态指示灯；8 是各输入点状态指示灯；1 是 PLC 相关工作状态指示灯，包括机器电源指示(POWER)、机器运行状态指示(RUN)、用户程序存储器后备电池电压下降指示灯(BATT.V)和程序错误或 CPU 错误指示(PROG－E、CPU－E)，用于反映 I/O 点和机器的状态。

(3)接口部分 5、10。接口部分主要包括编程器接口、存储器接口、扩展接口和特殊功能模

块接口等。在机器面板上，还设置了一个 PLC 运行模式转换开关 SW(RUN/STOP)，RUN 使机器处于运行状态(RUN 指示灯点亮)；STOP 使机器处于停止运行状态(RUN 指示灯熄灭)。当机器处于 STOP 状态时，可进行用户程序的录入、编辑和修改。

2. PLC 点动亮灯控制实现

(1)接线。按图 1-3-16(a)进行 PLC 外部接硬件线。

(2)开机。将编程器与 PLC 通过专用电缆连接好，打开试验台电源，打开主机电源，将 PLC 设置为"STOP"工作方式，以便开始 PLC 外部接线和编程。

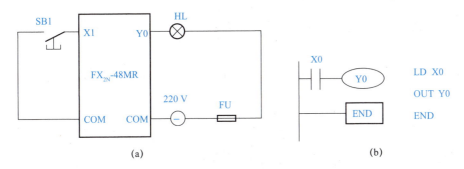

图 1-3-16　PLC 外部硬件接线和点动控制

(a)PLC 外部硬件接线；(b)点动控制程序

编程器显示屏上自动显示：

■PROGRAM MODE

■ONLINE MODE(表示当前为连线编程方式，所编程序自动写入 PLC 内的存储器)

■OFFLINE MODE(离线方式，所编程序暂存在编程器内)

在编程器上依次按下 GO→RD/WR 键，使编程器处于 W(写)工作方式。

(3)清除内存。在写入程序之前，一般需要将存储器中原有的内容全部清除。按 RD/WR 键，使编程器处于 W(写)工作方式，依次按下 NOP→A→GO→CO 键。按↑、↓键检查是否完全清除，否则重复操作。

(4)输入程序。依次按下 LD→X→O→GO→END→GO 键。

(5)运行程序。先将编程器的 RD/WR 方式设置为"R"(读)；再将 PLC 的工作状态置于"RUN"状态，根据程序的要求，按下试验台的输入按钮 XO，观察 YO 输出端所接指示灯是否按点动工作方式亮灭，体会这种控制方式与继电器－接触器控制线路的异同。

项目小结

本项目通过 3 个具体任务的实施加深学生对自动控制理论与系统理论知识的理解，主要包括反馈控制系统、比例微分积分控制规律和常见控制系统，掌握反馈控制系统的组成和分类、比例微分积分控制规律及常见控制系统特点。本项目使学生能够做到理论联系实际，锻炼了学生的实际动手操作能力，使学生不仅能学习理论，还会将理论应用于实际。

练习与思考

一、填空题

1. 定时器的线圈_____时开始定时，定时时间到时其常开触点_____，常闭触点_____。

2. 通用定时器_____时被复位，复位后其常开触点_____，常闭触点_____，当前值_____。

3. 计数器的复位输入电路_____、计数输入电路_____，当前值_____设定值时，计数器的当前值_____。

4. PLC的输入/输出继电器采用_____进制进行编号，其他所有软元件均采用_____进制进行编号。

5. 型号为FX$_{2N}$-32MR的PLC，它表示的含义包括如下几部分：它是_____单元，内部包括_____、_____、输入/输出口及_____；其输入/输出总点数为_____点，其中输入点数为_____点，输出点数为_____点；其输出类型为_____。

6. PLC的输出指令OUT是对继电器的_____进行驱动的指令，但它不能用于_____。

7. PLC用户程序的完成分为_____、_____、_____3个阶段。这3个阶段是采用_____工作方式分时完成的。

8. FX$_{2N}$系列PLC编程元件的编号分为两个部分。第一部分是代表功能的字母。输入继电器用_____表示，输出继电器用_____表示，辅助继电器用_____表示，定时器用_____表示，计数器用_____表示，状态器用_____表示。第二部分为表示该类器件的序号，输入继电器及输出继电器的序号为_____进制，其余器件的序号为_____进制。

9. PLC编程元件的使用主要体现在程序中。从实质上说，一个存储元件代表_____可以被访问_____次，PLC的编程元件可以有_____个触点。

10. PLC开关量输出接口按PLC机内使用的器件可以分为_____型、_____型和_____型。输出接口本身都不带电源，在考虑外驱动电源时，需要考虑输出器件的类型，_____型的输出接口可用于交流和直流两种电源，_____型的输出接口只适用直流驱动的场合，而_____型的输出接口只适用交流驱动的场合。

二、选择题

1. 常用的比例、积分与微分控制规律的另一种表示方法是(　　)。
   A. PDI　　　　B. DPI　　　　C. IPD　　　　D. PID

2. 下面有关PID调节器的说法错误的是(　　)。
   A. 扩大系统频带宽裕　　　　B. 工业中尽量把PID调节器的3个单元用全
   C. 提高系统稳态精度　　　　D. 提高系统的快速性和相位裕量

三、简答题

1. 简述单片机的内部组成结构及各部分的功能特点。

2. 什么是PLC的扫描周期？在一个扫描周期中，如果在程序执行阶段，输入状态发生变化是否会对输出刷新阶段的结果产生影响？

3. PLC处于运行状态时，输入端状态的变化将在何时存入输入映像寄存器？输出锁存器中所存放的内容是否会随用户程序的执行而变化？为什么？

4．图 1 所示为工业炉温自动控制系统的工作原理。分析系统的工作原理，指出检测元器件、控制器、执行元器件、被控对象、被控量和给定量，并画出系统方框图。

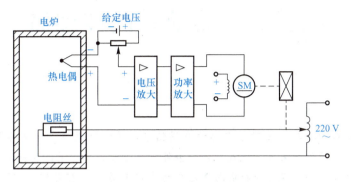

图 1　工业炉温自动控制系统的工作原理

项目二　机舱检测传感器

 项目描述

人们通常把从被检测与测量对象中感受有用信息，并进行变换、传送的器件称为传感器。它是一个完整的测量器件或装置，能在规定的条件下感受被测物理量，包括温度、压力、物位、流量、转速等，并按照一定规律变换成与之对应的有确定关系的有用信号（通常是电信号），满足信息传输、处理、记录、显示或控制等要求。

传感器是船舶机舱监测报警系统的信号探测器。通常散装在船舶中的各种机器上，监测各机器设备的运行状态，因此，传感器是监测报警系统最重要的元件之一。

机舱中常用的传感器按其检测参量的不同可分为温度传感器、压力传感器、液位传感器、转速传感器、流量传感器、黏度传感器、水中含油量和含盐量传感器、含氧量传感器、CO_2含量传感器、烟雾浓度和油雾浓度传感器、位移传感器等。

本项目主要学习船舶机舱中常用传感器、压力传感器及机舱中使用的特殊传感器的工作原理，并通过仿真掌握机舱传感器的安装、使用与调试。

 项目分析

在本项目中，学生可以通过基础知识的学习掌握常用传感器、压力传感器及机舱中的几种特殊传感器的结构、工作原理和应用，结合仿真软件进行仿真试验，通过观察试验现象和数据学习传感器的特性，并掌握传感器在实际中的安装、应用及调试。

 相关知识和技能

1. 掌握传感器的定义、组成、特性及指标等基本知识；
2. 掌握热工量的检测方法及常用传感器、机舱中的几种特殊传感器的结构和工作原理；
3. 掌握常见各种机舱传感器的安装、应用和调试方法。

任务一　传感器基础知识

任务目标

1. 掌握传感器的定义、组成、作用与分类；
2. 掌握传感器的静态特性、动态特性及技术指标。

任务分析

本任务主要学习传感器的基本知识，包括作用、组成、性能指标等，传感器在机舱设备和其他机电设备中的主要应用。为了加深学生对传感器作用、性能指标等内容的理解，设计了根据技术指标为加热炉选取传感器这一工作任务，在完成任务的同时学会利用传感器特性进行分析问题、解决问题的方法，从而掌握传感器的基础知识。

知识准备

一、传感器的定义与组成

1. 传感器的定义

传感器是指能够感受规定的被测量，并按照一定的规律转换成可输出信号的器件或装置。

从传感器的定义可知，传感器是一种测量装置，能够完成信号获取的任务。传感器的输入量就是被测量，被测量可以是物理量、生物量、化学量等各种形式。传感器的输出量是某种物理量，通常情况下，传感器以电信号的形式进行输出，如电压、电流、频率等。传感器的输入输出有着对应的关系，并有一定的精度要求。

2. 传感器的组成

传感器一般由敏感元件、转换元件和转换电路三部分组成，如图 2-1-1 所示。

图 2-1-1　传感器的组成

(1) 敏感元件。敏感元件是指传感器泛指能直接感受、获取被测量并能输出与被测量有确定函数关系的其他物理量的元件，它是整个传感器的核心元件。在完成非电量到电量的变换时，并非所有的非电量都能利用现有手段直接转换成电量，敏感元件在接受被测量后输出一种易于转换为电量的非电量。

(2) 转换元件。转换元件又称为传感元件，其作用是把输入非电量转换成与输入有确定关系的其他物理量的输出，它是传感器不可缺少的重要组成部分。

(3) 转换电路。转换电路又称为测量电路，其作用是将转换元件输出的电信号进行处理，如放大、滤波、线性化和补偿等，以转换成易于处理的电压、电流或频率等参数。

3. 传感器技术的发展

(1) 传感器的应用。传感器把代表机械本体的工作状态、生产过程等工业参数转换成电量，以便采用控制装置使控制对象按给定的规律变化，推动执行机构适时地调整机械本体的各种工业参数，使之处于自动运行状态，并实行自动监控和自动保护。显然，传感器是机械本体与控制装置的"纽带"和"桥梁"。

随着自动化等新技术的发展，传感器的使用数量越来越大，一切现代化仪器、设备基本离不开传感器。传感器的应用领域大致有以下几个方面：

① 在机械制造业中，需要利用传感器来测量刀架、床身等有关部位的振动、机械阻抗等参数以检验系统的动态特性。在超精加工中，要求对零件尺寸在线检测与控制，只有具有"耳目"

作用的传感器才能提供有关信息。

②在农业生产中，必须掌握农作物的分布情况，以此预防并判断灾情；掌握森林资源，观察海洋环境；农、林、渔产品的储藏、流通、病虫害诊断等。所有这些工作都离不开传感器。

③在汽车工业中，传感器已经不仅限于测量车速、距离、转速等参数，在一些新设如安全气囊、防滑系统、防抱死系统、电子燃料喷射、电子变速控制等装置中都安装了相应的传感器。有资料显示，美国某汽车生产厂曾在一辆汽车上安装了90余只传感器来测量不同的参数。

④在家用电器中，电厨具、空调器、电冰箱、洗衣机、安全报警器、电熨斗、照相机、音像设备等都用到了传感器。

⑤在机器人技术中，生产用的单能机器人用传感器检测位置、角度等；智能机器人用传感器感受视觉和触觉等。在日本，机器人成本的1/2是耗费在传感器上面的。

⑥传感器还在医学、环境保护、航空航天、遥感技术和军事等方面得到越来越多的应用。

⑦传感器在船舶上的应用十分广泛，船舶设备的正常运行、船舶航行等都离不开传感器，如机舱内各种设备运行的温度、压力、位移、流量、液位、速度等信号都是通过不同的传感器获得的。

(2) 开发新型传感器。传感器的工作原理是基于各种理化效应，由此启发人们进一步探索具有新效应的敏感功能材料，并以此研制出具有新原理的新型物性型传感器件。这是发展高性能、多功能、低成本和小型化传感器的重要途径。例如，利用量子力学效应研制的低灵敏阈传感器用来检测微弱的信号；利用核磁共振吸收效应研制的磁敏传感器，可将灵敏阈提高到地磁强度的 10^{-7} 倍；利用约瑟夫逊效应研制的热噪声温度传感器，可测 10^{-6} K 的超低温；利用光子滞后效应做出了响应速度极快的红外传感器等。另外，利用化学效应和生物效应开发的、可供实用的化学传感器和生物传感器，更是有待开拓的新领域。研究发现，狗的嗅觉灵敏度是人的 10^6 倍，鸟的视觉能力是人的8～50倍，蝙蝠、飞蛾、海豚的听觉（主动型生物雷达—超声波传感器）也比人敏锐得多。这些动物的感官功能，超过了当今传感器技术所能实现的范围。通过研究它们的感官机理，开发出来的仿生传感器，也是传感器引人注目的发展方向。

(3) 采用新工艺。发展新型传感器离不开新工艺的采用。新工艺的含义范围很广，这里主要指与发展新兴传感器联系特别密切的微细加工技术。该技术又称为微机械加工技术，是近年来随着集成电路工艺发展起来的，它包括离子束、电子束、分子束、激光束和化学刻蚀等用于微电子加工的技术，目前已越来越多地用于传感器领域。

(4) 传感器的集成化。传感器的集成化是利用集成电路制作技术和机械加工技术，将多个传感器集成为线型传感器或二维面型传感器，具体有以下3种类型：

①将多个功能相同的敏感元件集成在一起，检测被测量的分布信息。

②将多个功能相近的敏感元件集成在一起，扩大传感器的测量范围。

③将多个功能不同的敏感元件集成在一起，测量不同参数，实现综合测量，如压力、静压、温度三变量传感器，气压、风力、温度、湿度四变量传感器。

(5) 传感器的智能化、网络化。智能传感系统采用计算机加工技术和大规模集成电路技术，将敏感元件、处理电路、微处理器单元集成在一块芯片上，也称为集成智能传感器。智能传感器具有自检测、自补偿、自诊断、存储和记忆功能。例如，电子血压计，智能水表、电表、煤气表、热量表，它们由传感器与微型计算机有机结合，构成智能传感器，用软件来实现系统功能。

二、传感器的分类

在实际工程应用中,传感器的种类很多。同一种被测量可以用不同的传感器来测量;而同一种原理的传感器通常又可以测量多种物理量。因此,传感器的分类方法较多,目前尚没有统一的分类标准。

(1)按被测量分类。按被测量分类可分为位移、力、力矩、转速、振动、加速度、温度、压力、流量、流速等传感器。

(2)按传感器测量原理分类。按传感器测量原理分类可分为电阻、电容、电感、光栅、热电偶、超声波、激光、红外、光导纤维等传感器。这种分类方法表明了传感器的工作原理,有利于传感器的设计与应用。

(3)按传感器能量转换情况分类。按传感器能量转换情况分类可分为能量变换型(发电型)和能量控制型(参量型)两种。能量变换型传感器在进行信号转换时不需要另外提供能量,可将输入信号能量变换为另一种形式能量输出,如热电偶传感器、压电式传感器等。能量控制型传感器在工作时必须有外加电源,如电阻、电感、电容传感器等。

(4)按传感器工作原理分类。按传感器工作原理分类可分为结构型传感器和物性型传感器等。结构型传感器是指被测量变化时引起传感器结构发生变化,从而引起输出电量变化。物性型传感器是利用物质的物理或化学特性随被测参数变化的原理构成的,一般没有可动结构部分,易小型化,如各种半导体传感器。

三、传感器的基本特性

在生产过程和科学试验中,要对各种各样的参数进行检测和控制,就要求传感器能感受被测非电量的变化并不失真地变换成相应的电量,这个要求是否达到取决于传感器的基本特性,即输出输入特性。传感器的基本特性通常可以分为静态特性和动态特性。下面分析传感器特性的方法也同样适用测量系统。

1. 传感器的静态特性

静态特性是指输入的被测量不随时间变化或随时间变化缓慢时,传感器的输出量与输入量的关系,主要有线性度、灵敏度、分辨力和迟滞性等。

(1)线性度。线性度是指传感器的输出与输入之间数量关系的线性程度。输出与输入关系可分为线性特性和非线性特性。从性能看,希望传感器的输出与输入具有线性关系,即理想输入关系。但实际传感器的输入与输出关系大多为非线性。

在实际使用中,为了标定和数据处理的方便,希望得到线性的输入与输出关系,因此引入各种非线性补偿环节来使传感器的输出与输入关系为线性或接近线性。但如果传感器非线性不明显,输入量变化范围较小时,可用一条直线近似地代表实际曲线的一段,使传感器输入、输出特性线性化,所采用的直线称为拟合直线,如图2-1-2所示。

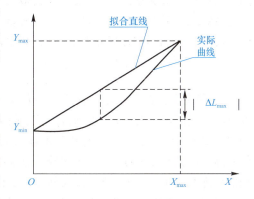

图2-1-2 线性度示意

传感器的线性度是指在全量程范围内实际特性曲线与拟合直线之间的最大偏差$|\Delta L_{max}|$与输

出量程范围之比。线性度也称为非线性误差,用 γ_L 表示,即

$$\gamma_L = \frac{|\Delta L_{\max}|}{y_{\max} - y_{\min}} \times 100\%$$

式中　$|\Delta L_{\max}|$——最大非线性误差;

　　　$y_{\max} - y_{\min}$——输出量程范围。

(2)灵敏度(S)。灵敏度是指传感器在稳态工作情况下,传感器输出量增量 Δy 与测量增量的 Δx 比值,即 $S = \Delta y / \Delta x$。它是输出与输入特性曲线的斜率。如果传感器的输出和输入之间呈线性关系,则灵敏度 S 是一个常数。灵敏度的量纲是输出、输入的量纲之比。例如,某位移传感器在位移变化 1 mm、输出电压变化为 50 mV 时,则其灵敏度应表示为 0 mV/m。当传感器的输出、输入的量纲相同时,灵敏度可理解为放大倍数。

(3)分辨力。分辨力是指传感器在规定测量范围内检测被测量最小变化量的能力。只有当输入量的变化超过了分辨力量值时,传感器的输出才会发生变化。分辨力越小,表明传感器检测非电量的能力越强。分辨力的高低从某一个侧面反映了传感器的精度。对于模拟(指针)式仪表、分辨力就是面板刻度盘上的最小分度(一格),而对于数字仪表,分辨力就是仪表最小显示数字的一个单位字。

(4)迟滞性。传感器在正(输入量增大)、反(输入量减小)行程中输入与输出曲线不重合的现象称为迟滞,如图 2-1-3 所示。

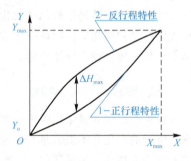

$$\gamma_H = \pm \frac{1}{2} \frac{\Delta H_{\max}}{y_{\max}} \times 100\%$$

式中　$\Delta H_{\max}$——正、反行程之间输出的最大差值;

　　　$y_{\max}$——满量程输出。

必须指出,正、反行程的特性曲线是不重合的,且反行程特性曲线的终点与正行程特性曲线的起点也不重合。迟滞会引起分辨率变差或造成测量盲区,故一般希望迟滞越小越好。

图 2-1-3　迟滞特性

(5)重复性。重复性是指当传感器在相同工作条件下,输入量按同一方向全量程连续多次测试时,所得特性曲线不一致的程度。如图 2-1-4 所示,正行程的最大重复性偏差为 $\Delta R_{\max 1}$,反行程的最大重复性偏差为 $\Delta R_{\max 2}$。重复性误差取这两个最大偏差中较大的一个($\Delta R_{\max}$),再与满量程输出 $y_{\max}$ 的百分比表示,即

$$\gamma_R = \frac{\Delta R_{\max}}{\Delta y} \times 100\%$$

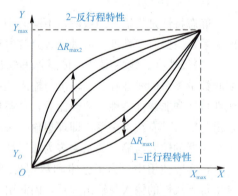

(6)稳定性。稳定性是指在规定条件下,传感器保持其特性恒定不变的能力,通常是对时间而言的。理想情况下,传感器的特性参数是不随时间变化的。

图 2-1-4　重复特性

但实际上,随着时间的推移,大多数传感器的特性都会发生缓慢的改变。这是因为敏感元件或构成传感器的部件,其特性会随时间发生变化,从而影响了传感器的稳定性。

稳定性一般以室温条件下经过一规定时间间隔后,传感器的输出与起始标定时的输出之间的差异来表示,称为稳定性误差。稳定性误差可用相对误差表示,也可用绝对误差表示。

2. 传感器的动态特性

传感器的动态特性是指其输出对随时间变化的输入量的响应特性。一个动态特性好的传感器，其输出将再现输入量的变化规律，即具有相同的时间函数。在动态的输入信号情况下，输出信号一般不会与输入信号具有完全相同的时间函数，这种输出与输入之间的差异就是所谓的动态误差。

影响传感器动态特性的主要是传感器的固有因素，如温度传感器的热惯性等，不同的传感器，其固有因素的表现形式和作用程度不同。另外，动态特性还与传感器输入量的变化形式有关。传感器的输入量随时间变化的规律有各种各样，通常传感器动态特性是从时域和频域两个方面分别采用瞬态响应法和频率响应法进行分析。

四、传感器的选用

现代传感器的原理与结构千差万别，如何根据具体的测量目的、测量对象及测量环境合理地选用传感器，是在组建测量系统时首先要解决的问题。当传感器确定之后，与之相配套的测量方法和测量设备也就可以确定了。测量结果的成败，在很大程度上取决于传感器的选用是否合理。

选择传感器主要考虑其静态特性、动态响应特性和测量方式等方面的问题，而静态特性又包括灵敏度、线性度、精密度等指标，动态响应特性包括稳定性、快速性等指标。

1. 灵敏度选择

一般来说，传感器灵敏度越高越好，因为灵敏度越高，传感器所能感知的变化量越小，即只要被测量有一个微小变化，传感器就会有较大的输出。但是，在确定灵敏度时，还要考虑以下几个问题：

(1) 当传感器的灵敏度过高时，对干扰信号也会很敏感。因此，为了既能使传感器检测到有用的微小信号，又能使噪声干扰小，要求传感器的信噪比(S/N)越大越好。

(2) 与灵敏度紧密相关的是量程范围。过高的灵敏度会影响其适用的测量范围。

(3) 当被测量是向量时，情况就复杂些。如果是一个单向量，就要求传感器纵向灵敏度越高越好，而横向灵敏度越低越好；如果被测量是二维或三维向量，那么还要求传感器的交叉灵敏度越低越好。

2. 准确度和精密度

衡量测量结果优劣常用精密度来表示。有的传感器随机误差小，精密度高，但不一定准确。同样，准确度高的传感器不一定精密。在选用传感器时，要着重考虑精密度，因为准确度可用某种方法进行补偿，而精密度是传感器本身固有的。

3. 动态范围和线性度

动态范围是由传感器本身决定的，线性和非线性是相对应的。若配用一般测量电路，线性很重要；若用微型计算机进行数据处理，则动态范围需要重点考虑。即使非线性很严重，也可用计算机等对其进行线性化处理。

4. 响应速度和滞后性

对所使用的传感器，希望其动态响应快，时间滞后少，但这类传感器的价格相应就会偏高一些。

5. 测量方式

传感器在实际条件下的测量方式，也是选择传感器时应考虑的重要因素。例如，接触与非接触测量、破坏与非破坏性测量、在线与非在线测量等，条件不同，对测量方式的要求也不同。

6. 其他方面

其他方面主要包括传感器的安装现场条件、使用环境、信号传输距离等因素。

📋 任务实施

在本任务中,要实时监测一个加热炉的温度:测量温度范围为 50 ℃～80 ℃,检测结果的精度要求达到 1 ℃。现有 3 种带数字显示表的温度传感器,它们的量程分别是 0 ℃～500 ℃、0 ℃～300 ℃、0 ℃～100 ℃,精度等级分别是 0.2 级、05 级、1.0 级,为了满足测量需要,选择合适的传感器。在选择温度传感器时,主要从技术指标和成本两个方面进行考虑。

1. 技术指标分析

技术指标以测量精度为主要因素,分别计算各自的最大相对误差,然后进行比较。

(1) 若选用量程为 0 ℃～500 ℃、精度等级为 0.2 级的温度传感器,则它的最大示值相对误差:

$$\gamma = \frac{\Delta}{A_0} \times 100\% = \pm \frac{500 \times 0.2\%}{80} \times 100\% = \pm 1.25\%$$

(2) 若选用量程为 0 ℃～300 ℃、精度等级为 0.5 级的温度传感器,则它的最大示值相对误差:

$$\gamma = \frac{\Delta}{A_0} \times 100\% = \pm \frac{300 \times 0.5\%}{80} \times 100\% = \pm 1.857\%$$

(3) 若选用量程为 0 ℃～100 ℃、精度等级为 1.0 级的温度传感器,则它的最大示值相对误差:

$$\gamma = \frac{\Delta}{A_0} \times 100\% = \pm \frac{100 \times 1.0\%}{80} \times 100\% = \pm 1.25\%$$

由精度计算可见,量程为 0 ℃～300 ℃、精度等级为 0.5 级的温度传感器的示值相对较大,精度低;量程为 0 ℃～500 ℃、精度等级为 0.2 级和量程为 0 ℃～100 ℃、精度等为 1.0 级的温度传感器示值相对误差相同。

2. 综合分析与选择

从成本考虑,量程为 0 ℃～500 ℃、精度等级为 0.2 级的温度传感器在测量 80 ℃时,精度较低,且 0.2 级精度的仪器价格较高。综合以上分析,选用量程为 0 ℃～100 ℃、精度等级为 1.0 级的温度传感器比较合适。

🧰 任务总结

本任务主要学习了传感器的基础知识,并通过运用传感器的技术指标、特性来选取合适的传感器这一实际操作来加深对传感器性能指标的理解。在任务实施的过程中,在以误差为选取依据的同时还要兼顾成本等其他因素,要根据实际情况进行综合分析,选取最适合的传感器。

任务二 温度传感器

🧰 任务目标

1. 了解机舱常用温度传感器的工作原理;
2. 掌握热电阻式和热电偶式温度传感器的校验方法。

任务分析

本任务主要学习温度传感器的基本知识,包括作用、组成、性能指标等,温度传感器在机舱设备和其他机电设备中的主要应用。为了加深学生对温度传感器的作用、性能指标等内容的理解,利用模拟试验软件进行仿真,从而掌握温度传感器的基础知识。

知识准备

船上常用的温度传感器有热电阻、热敏电阻、热电偶及温度控制器,用于测量燃油温度、润滑油温度、排气温度、水温、轴承温度及温度调节等。各种温度传感器的比较见表2-2-1。

表 2-2-1 各种温度传感器的比较

形式	传感器种类	优点	缺点	使用范围/℃
接触式	玻璃液体传感器	结构简单、使用方便、测量准确、价格低	容易破损,一般只能现场指示,不能远传	-50～600
	双金属传感器	结构简单、机械强度大、价格低	精度低、滞后大、不能远传	-80～600
	压力式传感器	结构简单、价格低、防爆、耐震	精度低,测温点与显示距离不能太远	-30～600 液体型 0～250 蒸汽型
	电阻传感器	精度高,便于远距离、多点、集中测量和自动控制	不能测量高温	-200～850 铂电阻 -50～150 铜电阻 -50～300 热敏电阻
	热电偶传感器	测温范围广,精度高,便于远距离、多点、集中测量和自动控制	需要冷端温度补偿,低温段测量精度较低	300～1 600 铂铑—铂 -50～1 000 镍铬—镍硅 -40～800 镍铬—铜镍
非接触式	光学传感器	便携、可测高温、测温时不破坏被测物体温度场	不能远距离测量	900～2 000
	辐射传感器	不破坏温度场,能远距离测量和自动控制	只能测高温,低温误差大	100～2 000

一、热电阻式温度传感器

1. 热电阻测量原理

该传感器是根据金属导体或半导体材料的电阻值随温度的升高而增大,且在检测范围内它们之间能够保持良好线性关系的特性制造的。热电阻传感器的结构及测量原理如图 2-2-1 所示。

它由电阻丝(感温元件)1、内导线2、绝缘管3、保护套管4、接线座5和接线盒6组成。

在热电阻测量电路中,由 R_1、R_2、R_3、R_t 组成测量电桥的四臂,E 为直流电源电压,U_{ab} 为电桥输出电压,R_3 为可调电阻,可调整电桥平衡。

当电桥输出端有放大器时,由于放大器的输入阻抗很高,所以,可以认为电桥的负载电阻为无穷大,输出电压为电桥输出端的开路电压。此时,桥路的输出电压为

$$U_{ab} = \frac{R_1 R_3 - R_2 R_t}{(R_1 + R_2)(R_3 + R_t)} E$$

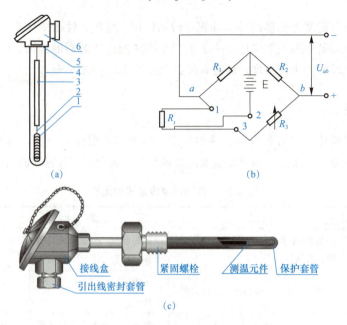

图 2-2-1　热电阻传感器的结构与测量原理

1—电阻丝；2—内导线；3—绝缘管；4—保护套管；5—接线座；6—接线盒

当电桥平衡时，$R_2 \cdot R_t = R_1 \cdot R_3$，则输出电压 $U_{ab} = 0$。当某一桥臂电阻发生变化时，电桥就会失去平衡，电桥输出电压也不等于 0，且在一定条件下，输出电压的大小可以反映桥臂上电阻阻值的变化。

假设电桥桥臂各电阻阻值的变化值为 ΔR_1、ΔR_2、ΔR_3、ΔR_t，则电桥的输出为

$$U_{ab} = \frac{(R_1 + \Delta R_1)(R_3 + \Delta R_3) - (R_2 + \Delta R_2)(R_t + \Delta R_t)}{(R_1 + \Delta R_1 + R_2 + \Delta R_2)(R_t + \Delta R_t + R_3 + \Delta R_3)} E$$

若电桥桥臂初始电阻值相等，即 $R_1 = R_2 = R_3 = R_t$ 且 $\Delta R \ll R$，则输出电压为

$$U_{ab} = \frac{E}{4R}(\Delta R_1 - \Delta R_2 + \Delta R_3 - \Delta R_t)$$

当电桥桥臂电阻只有 R_t 有变化量时，测量电桥把测温元件 R_t 的电阻值变化转换成电压信号或电流信号，且该信号与所检测的温度成比例，故根据输出信号的大小就可知温度值，并可用仪表显示出来。感温电阻 R_t 安装在所要检测的管路或设备中，离测量电桥较远。连接感温电阻的 2 根导线的电阻值将会随环境温度的变化而变化，这样会引起一定的测量误差。为了减小测量误差，在实际电路中采用"三线制"接法。将感温电阻的 2 根连线分别接在相邻的桥臂上，如图 2-2-1(b)所示，且要求三线的电阻为规定值 5 Ω，这样 2 根导线阻值变化可基本抵消，保证了测量精度。

2. 热电阻材料的特点

优点：测量精度高，在 13.8 ℃～630.74 ℃范围内，铂电阻温度计作为实用标准温度计，不需要冷端温度补偿，且信号便于远传，所以，电阻温度计在温度测量中占有重要的地位。

缺点：不能测量太高的温度，感温部分体积大、热惯性大，不能测量某一点的温度，只能测量一个区域的平均温度；在应用时，需要外电源供电。因此，在某些情况下就会受到限制，

而且连接导线的电阻易受环境温度的影响,而产生测量误差。

(1)铜电阻。铜容易加工提纯,价格低;它的电阻温度系数很大,且电阻与温度呈线性关系;在测温范围-50 ℃~150 ℃内,具有很好的稳定性。其缺点是温度超过150 ℃后易被氧化,氧化后失去良好的线性特性;另外,由于铜的电阻率小,为了要绕得一定的电阻值,铜电阻丝必须较细,长度也要较长,故铜电阻体积较大,机械强度较低。

我国工业上常用的铜电阻有两种类型,分度号为Cu_{50}和Cu_{100}。这两种热电阻在0 ℃时的电阻值分别为$R_0=50\ \Omega$和$R_0=100\ \Omega$。

(2)铂电阻。金属铂是一种比较理想的材料,它的化学稳定性好,能耐较高的温度,容易得到高纯度的铂。又因为它的电阻率较大,所以,温度计的感温部分可以做得小些。另外,它的测量精度高,应用温度范围广(-200 ℃~+650 ℃),性能可靠,可做标准测温装置。其缺点:在还原性介质中,特别是在高温下很容易被从氧化物中还原出来的蒸气所玷污,容易使铂丝变脆,并改变它的电阻与温度之间的关系。另外,电阻与湿度的关系线性度不好,即$R_t=R_0(1+at+bt^2)$,其中$a=3.97\times10^{-3}\ \Omega/℃$,$b=-5.85\times10^{-7}\ \Omega/℃^2$。我国工业常用铂电阻温度计有$Pt_{100}$和$Cu_{50}$。其中$Pt_{100}$分度简表见表2-2-2。

表2-2-2 Pt_{100}铂热电阻分度简表($R_0=100\ \Omega$)

温度/℃	0	10	20	30	40	50	60	70	80	90
	温度值									
-200	17.28	—	—	—	—	—	—	—	—	—
-100	59.65	55.52	51.38	47.21	43.02	38.80	34.56	30.29	25.98	21.65
-0	100.00	96.03	92.04	88.04	84.03	80.00	75.96	71.91	67.84	63.75
0	100.00	103.96	107.91	111.85	115.78	119.70	123.60	127.49	131.37	135.24
100	139.10	142.95	146.78	150.60	154.41	158.21	162.00	165.78	169.54	173.29
200	177.03	180.76	184.48	188.18	191.88	195.56	199.23	202.89	206.53	210.17
300	213.70	217.40	221.00	224.59	228.17	231.73	235.29	238.83	242.36	245.88
400	249.38	252.88	256.36	259.83	263.29	266.74	270.18	273.60	277.01	280.41
500	283.80	287.18	290.55	293.91	297.28	300.58	303.90	307.21	310.50	313.79
600	317.06	320.32	323.57	326.80	330.03	333.25	—	—	—	—

3. 热电阻材料在船舶上的应用

热电阻传感器适用测量温度较低的场所,如检测气缸冷却水温度,发电机绕组温度,润滑油温度、主轴泵温度、燃油温度,尾管轴承温度,量程范围大致为0 ℃~200 ℃(图2-2-2)。

图2-2-2 船舶上热电阻传感器应用

4. 热敏电阻传感器

它是根据热敏电阻的阻值随温度的变化呈显著的负阻性原理制造的。

热敏电阻的导电性能是由于内部载流子密度和迁移率决定的。当温度升高时，晶体内原子外部的束缚电子在热能激发下大量变为载流子，使载流子密度增大，导致电阻下降。热敏电阻具有很高的负电阻温度系数(-0.02 ℃~ 0.06 Ω/℃)，故其电阻温度关系是非线性的，其温度特性曲线和检测原理如图 2-2-3 所示。其中 R_1、R_2、R_3 为电桥的 3 个桥臂，另一桥臂 R_t 为热敏电阻，置于被测温度场中。当测温时，R_t 接入，由于 R_t 随温度变化使电桥不平衡产生电流，由此来模拟温度。

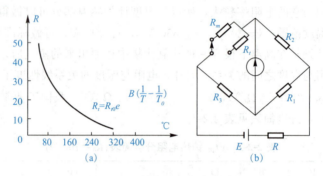

图 2-2-3　热敏电阻测量电桥原理
(a)温度特性；(b)测量电桥

热敏电阻具有高灵敏度、体积小和负的电阻温度特性等优点，被广泛地应用于监测轴承温度和活塞冷却水是否中断等场所。但因特性很不一致，互换性差，使应用受到限制。目前，热敏电阻的使用温度范围为-50 ℃$\sim +300$ ℃。

二、热电偶式温度传感器

1. 热电偶的结构及特性

热电偶式传感器是由两根不同的金属导体(或半导体)材料焊接而成的。焊接端称为热端(工作端)，与导线连接端称为冷端(自由端)。当测温时，热端插在需要测温的地方，冷端置于室温中。若热、冷两端温度不同，则在热电偶回路中产生热电势 E，用电流表将该导线的两端连起来，电流表中就有电流流过，这种现象称为汤姆逊效应，即热电效应，如图 2-2-4 所示。对于一定的热电偶材料，当冷端温度不变(国际统一规定为 0 ℃)时，其热电势 E 随热端温度的升高而增大，且热电势与温度成单值函数关系，因此用仪表测出此热电势的值，便可确定被测温度值。各种热电偶的外形不相同，但其基本结构通常均由热电偶元件、绝缘管、保护套管和接线盒等主要部分构成。

$$E_{AB}(T, T_0) = E_{AB}(T) - C = \varphi(T)$$

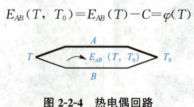

图 2-2-4　热电偶回路

(1)热电偶元件。组成热电偶元件的两根热偶丝称为热电极，正负热电极的常用材料见

表 2-2-3。热电极的直径由材料的价格、机械强度、电导率、热电偶的使用条件和测量范围等决定。贵金属电极丝的直径一般为 0.3~0.65 mm，普通金属电极丝的直径一般为 0.5~3.2 mm，其长度由安装条件及插入深度而定，一般为 350~2 000 mm。

表 2-2-3 常用热电偶

热电偶名称	型号	分度号		热电极材料		测温范围/℃	
		新	旧	正极	负极	长期使用	短期使用
铂铑$_{30}$—铂铑$_6$	WRR	B	LL—2	铂铑$_{30}$合金	铂铑$_6$合金	300~1 600	1 800
铂铑$_{10}$—铂	WRP	S	LB—3	铂铑$_{10}$合金	铂	—20~1 300	1 600
镍铬—镍硅	WRN	K	EU—2	镍铬合金	镍硅合金	—50~1 000	1 200
镍铬—铜镍	WRE	E	—	镍铬合金	铜镍合金	—40~800	900
铁—铜镍	WRF	J	—	铁	铜镍合金	—40~700	750
铜—铜镍	WRC	T	CK	铜	铜镍合金	—40~300	350

（2）绝缘管。绝缘管也称绝缘子，用于防止两根热电极短路。选用的材料可根据使用温度范围而定，其结构形式通常有单孔、双孔及四孔的瓷管和氧化铝管等。常用材料有石英管（1 200 ℃）、瓷管（1 400 ℃）、纯氧化铝管（1 700 ℃）。

（3）保护套管。为使热电极免受化学侵蚀和机械损伤，确保使用寿命和测温的准确性，通常将热电偶元件套上绝缘管再装入保护套管。保护套管材料的选择一般根据被测介质、测温范围、插入深度、环境条件及测温的时间常数等因素来决定。对保护套管材料和结构形式的要求：保证它能耐高温、能承受温度的剧变、耐腐蚀、有良好气密性和足够的机械强度、高的导热系数、在高温下不会分解出对热电偶有害的气体等。常用的保护套管材料有无缝钢管、不锈钢、耐高温陶瓷和石英管等。

（4）接线盒。热电偶接线盒用于连接热电偶和导线，由接线端子和外壳组成。外壳一般由铝合金制成，并分为普通式和密封式两种形式。为了防止灰尘和有害气体进入热电偶保护套管，接线盒的出线孔和盖子均用橡胶垫片和垫圈加以密封。接线盒内用于连接热电极和导线的螺钉必须紧固，以免产生较大的接触电阻而影响测量的准确性。普通型热电偶式传感器结构如图 2-2-5 所示。

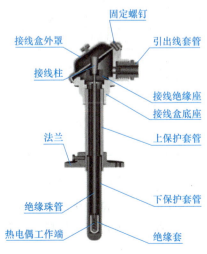

图 2-2-5 热电偶式传感器结构

2. 热电偶的种类及分度

我国常用热电偶分为标准热电偶和非标准热电偶两大类。所谓的标准热电偶就是国家标准规定了其热电势与温度的关系、允许误差、有统一的标准分度表的热电偶，它有与其配套的显示仪表可供选用。非标准化的热电偶在使用范围或数量级上均不及标准化热电偶，一般也没有统一的分度表，主要用于某些特殊场合的测量。对于标准化热电偶，我国从 1988 年 1 月 1 日起，热电偶和热电阻全部按 IEC 标准生产，并指定 S、B、E、K、R、J、T 七种标准化热电偶为我国统一设计型热电偶。热电偶材料有正、负极之分。其极性判别方法有两种：一是可根据导体材料的颜色；二是采用热电势法判别，即热端加热，两冷端接入毫伏表，若读数增加，则接仪表正端为正极，另一端为负极。铂铑$_{10}$－铂热电偶(WRLB)：铂铑合金和纯铂分别为热电偶两个极，铂铑为正极，铂为负极。铂铑合金中铂占 90%，铑占 10%。长时间测温范围为 0 ℃～1 300 ℃，在良好的使用环境下可短时测量 1 600 ℃的高温。这种热电偶的优点是测量精度高，便于复制；其缺点是热电特性是非线性的。铂铑－铂热电偶与热电势的对应关系(也叫作分度表)见表 2-2-4。

表 2-2-4 铂铑—铂热电偶与热电势的对应关系

工作端温度/℃	0	10	20	30	40	50	60	70	80	90
	热电势/mV									
0	0.000	0.056	0.113	0.173	0.235	0.299	0.364	0.431	0.500	0.571
100	0.643	0.717	0.792	0.869	0.946	1.025	1.106	1.187	1.269	1.352
200	1.436	1.521	1.607	1.693	1.780	1.867	1.955	2.044	2.134	2.224
300	2.315	2.407	2.498	2.591	2.684	2.777	2.871	2.965	3.060	3.151
400	3.250	3.346	3.441	3.538	3.634	3.731	3.828	3.925	4.023	4.121
500	4.220	4.318	4.418	4.517	4.617	4.717	4.817	4.918	5.019	5.121
600	5.222	5.324	5.427	5.530	5.633	5.735	5.839	5.943	6.046	6.151
700	6.256	6.361	6.406	6.572	6.677	6.784	6.891	6.999	7.105	7.213
800	7.322	7.430	7.539	7.648	7.757	7.867	7.978	8.088	8.199	8.310
900	8.421	8.534	8.646	8.758	8.871	8.985	9.098	9.212	9.326	9.441
1 000	9.556	9.671	9.787	9.902	10.019	10.136	10.252	10.370	10.488	10.605
1 100	10.723	10.824	10.961	11.080	11.198	11.317	11.437	11.556	11.676	11.795
1 200	11.915	12.035	12.155	12.275	12.375	12.515	12.636	12.756	12.875	12.996
1 300	13.116	13.236	13.356	13.475	13.595	13.715	13.835	13.955	14.074	14.193
1 400	14.313	14.433	14.552	14.671	14.790	14.910	15.092	15.148	15.266	15.385
1 500	15.504	15.623	15.742	15.860	15.979	16.097	16.216	16.334	16.451	16.569
1 600	16.688									

3. 热电偶冷端补偿

在工程测量中，由于冷端距热端近且随温度变化，若热端测量温度不变而室温升高，则因热、冷端之间温差减小使热电势 E 也减小，影响了测量精度。为了消除由此造成的误差，采用以下的冷端补偿措施。

(1)恒温法。恒温法是准确度很高的冷端处理方法，用清洁的水制成冰屑与清洁的水相混合盛于冰点槽的保温瓶内,并使其达到平衡而保持恒定的 0 ℃,但使用比较麻烦,需要保持冰、水两相。

(2)机械零点。仪表的机械零点为仪表输入电势为零时,指针停留的刻度点,也就是仪表的起始点。仪表机械零点调整法比较简单,如热电偶冷端温度波动频繁,变化较大,不宜采用此方法。

(3)计算修正。将 t_0 的仪表实测读数与相应的校正值代数相加得 $EAB(t,0)$,然后从分度表查得被测温度 t_0 值。这种方法只适用试验室。

(4)补偿导线法。利用中间导体定律,在工作端与冷端添加导线,避免工作端影响冷端,但还会受室温影响。其适用测量温度较高的环境,如图 2-2-6 所示。

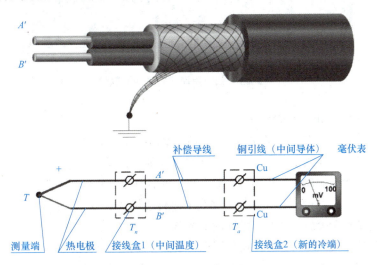

图 2-2-6 补偿导线法

(5)电桥补偿法。利用直流不平衡电桥产生的电势来补偿热电偶冷端温度变化而引起的热电势的变化值。

热电偶式传感器适用测量温度较高的场所,如对船舶柴油机各气缸排气温度、主机缸套表面温度及材料温度就是用这种传感器监测的。热电偶是目前接触式测温中应用最为广泛的温度传感器。微型热电偶适用动态快速测量。

任务实施

1. 铂电阻温度特性仿真

(1)试验目的。了解铂电阻的特性与应用。

(2)试验原理。利用导体电阻随温度变化的特性,热电阻用于测量时,要求其材料电阻温度系数大,稳定性好,电阻率高,电阻与温度之间最好有线性关系。常用铂电阻和铜电阻,铂电阻在 0 ℃~630.74 ℃以内,电阻 R_t 与温度 t 的关系为

$$R_t = R_0(1 + At + Bt^2)$$

R_0 是温度为 0 ℃时的电阻。要试验 $R_0 = 100\ \Omega$,$A = 3.968\ 4 \times 10^{-2}/℃$,$Bt^2 = -5.847 \times 10^{-7}/℃^2$,铂电阻现是三线连接。其中,一端接两根引线主要为消除引线电阻对测量的影响。

(3)仿真试验步骤(图 2-2-7)。

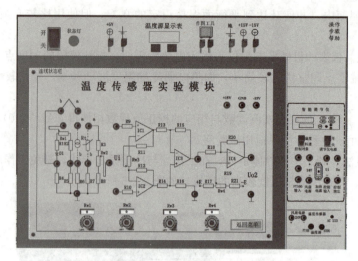

图 2-2-7 铂电阻温度特性仿真软件

①连接台上±15 V电源线和底线。
②连接作图工具两端到 Uo2 输出端口,并单击图标,弹出作图工具窗口。
③打开电源开关,并调节 Rw4,将 Y 轴上的红点原点调零。
④调好后,自动完成部分接线,打开智能调节仪的温度开关和电源开关。
⑤连接台上的+5 V电源线和地线(参考仿真软件使用说明书)。
⑥调节温度源显示表的"+""-",则输出波形。
⑦试验做好后,可以单击保存或清除图标,来保存或清除保存的波形。
⑧要重新做试验则单击电源开关的"关",要返回主菜单则单击"返回菜单"。

2. 热电偶测温试验

(1)试验目的。了解热电偶测温特性与应用。
(2)试验原理。当镍铬-镍硅(镍铝)两种不同的金属组成回路,产生的两个接点有温度差、会产生热电势,这就是热电效应。温度高的接点就是工作端,将其置于被测温度场配以相应电路就可间接测得被测温度值。
(3)仿真试验步骤(图 2-2-8)。

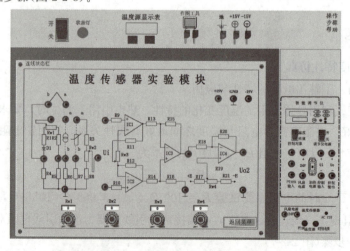

图 2-2-8 K型热电偶温度特性仿真软件

①连接台上±15 V电源线和底线。
②连接作图工具两端到 Uo2 输出端口，并单击图标，弹出作图工具窗口。
③打开电源开关，并调节 Rw4，将 Y 轴上的红点原点调零。
④调好后，自动完成部分接线，打开智能调节仪的温度开关和电源开关。
⑤调节温度源显示表的"＋""－"，则输出波形。
⑥做好试验后，可以单击保存或清除图标，来保存或清除保存的波形。
⑦要重新做试验则单击电源开关的"关"，要返回主菜单则单击"返回菜单"。

任务总结

本任务主要对温度传感器中的热电阻传感器、热电偶传感器进行介绍，并利用仿真软件进行模拟实训过程，旨在加深学生对温度传感器的原理与应用等知识掌握，为后期船舶设备中温度测量与监控内容做准备。

任务三　压力传感器

任务目标

1. 掌握常用压力传感器工作原理及应用；
2. 掌握压力传感器的安装与调试方法。

任务分析

本任务主要学习压力传感器的基本知识，包括作用、组成、性能指标等，压力传感器在机舱设备和其他机电设备中的主要应用。为了加深压力传感器作用、性能指标等内容的理解，利用模拟试验软件进行仿真，从而掌握压力传感器的基础知识。

知识准备

船舶上常用的压力传感器元件有弹性压力元件和应变片，它们输出的压力信号可供压力开关、压力显示仪表、压力调节器进行压力检测和控制。

一、弹性压力传感器

船用弹性压力传感元件有膜片、膜盒、弹簧管、波纹管等，它们都是利用了弹性元件受力变形而起作用的原理。弹性式压力计是利用各种形式的弹性元件，在被测介质压力的作用下，使弹性元件受压后产生弹性变形的原理而制成的测压仪表。这种仪表具有结构简单、价格低、读数清晰、工作可靠、测量范围广及有足够的精度等优点。

1. 弹性元件

弹性元件是一种简易可靠的测压敏感元件。当测压范围不同时，所用的弹性元件也不一样，常用的几种弹性元件的结构如图 2-3-1 所示。

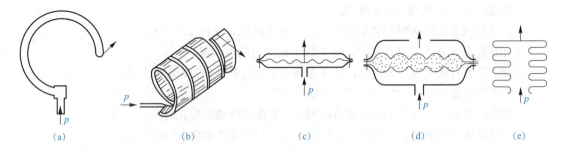

图 2-3-1　弹性元件的结构

(a)单圈弹簧管；(b)多圈弹簧管；(c)膜片式弹性元件；(d)膜盒；(e)波纹管式弹性元件

(1)弹簧管式弹性元件。弹簧管式弹性元件的测压范围较宽，可测量高达 1 000 MPa 的压力。单圈弹簧管是弯成圆弧形的金属管子，它的截面做成扁圆形或椭圆形，如图 2-3-1(a)所示。当通入压力 p 后，它的自由端就会产生位移。这种单圈弹簧管自由端位移较小，因此，能测量较高的压力。为了增加自由端的位移，可以制成多圈弹簧管，如图 2-3-1(b)所示。

(2)薄膜式弹性元件。薄膜式弹性元件根据其结构不同还可以分为膜片与膜盒等。它的测压范围较弹簧管式低。图 2-3-1(c)所示为膜片式弹性元件，它是由金属或非金属材料做成的具有弹性的一张膜片(有平膜片与波纹膜片两种形式)，在压力作用下能产生变形。有时也可以由两张金属膜片沿周围对焊起来，制成一薄壁盒子，内充液体(如硅油)，称为膜盒，如图 2-3-1(d)所示。

(3)波纹管式弹性元件。波纹管式弹性元件是一个周围为波纹状的薄壁金属筒体，如图 2-3-1(e)所示。这种弹性元件易于变形，而且位移较大，常用于微压与低压的测量(一般不超过1 MPa)。

2. 弹簧管压力表

利用弹性元件组成弹簧管压力表的测量范围极广，品种规格繁多。按其所使用的测压元件不同，弹簧管压力表可分为单圈弹簧管压力表与多圈弹簧管压力表。按其用途不同，除普通弹簧管压力表外，还有耐腐蚀的氨用压力表、禁油的氧气压力表等。它们的外形与结构基本上是相同的，只是所用的材料有所不同。

其中，单圈弹簧管压力表是弹性式压力计的典型代表。若增加附加装置，如记录机构、电气变换装置、控制元件等，则可以实现压力的记录、远传、报警、自动控制等。弹性式压力计可以用来测量几百帕到数千兆帕范围内的压力，因此在工业上应用非常广泛。

弹簧管压力表的结构如图 2-3-2 所示，图中所示为单圈弹簧管，它是一根弯成270°圆弧的椭圆截面的空心金属管子。管子的自由端被带有铰轴的塞子 5 封闭，管子的另一端固定在接头 4 上。当通入被测压力 p 后，由于椭圆形截面在压力 p 的作用下，将趋于圆形，弯成圆弧形的弹簧管随之产生向外挺直的扩张变形。由于变形，使弹簧管的自由端产生位移。输入压力 p 越大，产生的变形也越大。由于输入压力与弹簧管自由端的位移成正比，所以，只要测得自由端的位移量，就能反映压力 p 的大小，这就是弹簧管压力计的基本测量原理。弹簧管自由端的位移量一般很小，直接显示有困难，所以必须通过放大机构才能指示出来。具体过程：弹簧管自由端的位移通过拉杆 6 使扇形齿轮 7 做逆时针偏转，于是指针 9 通过同轴的小齿轮 8 的带动而做顺时针偏转，在刻度盘 11 的刻度标尺上显示出被测压力 p 的数值。由于弹簧管自由端的位移与被测压力之间具有正比关系，因此，弹簧管压力表的刻度标尺是线性的。游丝 10 用来克服因扇形齿轮和中心齿轮之间的传动间隙而产生的仪表变差。

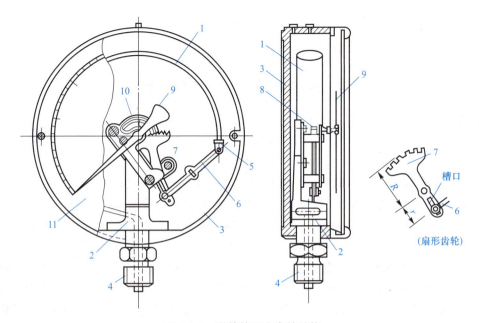

图 2-3-2 弹簧管压力表的结构

1—弹簧管；2—支座；3—外壳；4—接头；5—带有铰轴的塞子；
6—拉杆；7—扇形齿轮；8—小齿轮；9—指针；10—游丝；11—刻度盘

在弹簧管压力表使用过程中，常需要将压力控制在某一范围内，即当压力低于或高于给定范围时，生产过程有可能出现问题，甚至可能发生危险。这时，就应采用带有报警或控制触点的压力表。将普通弹簧管压力表稍加变化，便可成为电接点式压力仪表(图 2-3-3)，它能在压力偏离给定范围时，及时发出信号，以提醒操作人员注意或通过中间继电器实现压力的自动控制。

图 2-3-3 电接点式压力仪表

二、电测式压力传感器

在船用压力检测传感器中通常采用电测式压力传感器，由于它能输出标准电信号，因而易于显示传输和控制。它主要有电容式压力传感器、应变式压力传感器、压电式压力传感器等几种类型。其中以应变效应原理的应变式压力传感器使用最为普遍，为了方便数据传输与处理，常将应变式传感器集成在变送器中使用。

1. 电容式压力传感器

电容式压力传感器由敏感元件和转换元件为一体的电容量可变的电容器和测量电路组成，

其变量之间的转换关系原理如图 2-3-4 所示。

图 2-3-4　电容式压力传感器转换关系原理

由物理学可知，当忽略电容器边缘效应时，对图 2-3-4 所示平行极板电容器，电容量为

$$C=\frac{\varepsilon S}{d}$$

可见，在 S、d、ε 3 个参量中，改变其中任意一个参量，均可使电容量 C 改变。也就是说，如果被检测参数(如位移、压力、液位等)的变化引起 S、d、ε 3 个参量中之一发生变化，就可利用相应的电容量的改变实现参数测量。据此，电容式传感器可分为极距变化型电容传感器、面积变化型电容传感器、介质变化型电容传感器 3 大类。

下面以 CECY 型电容式压力传感器为例，如图 2-3-5 所示。它的基本部件由平膜片和两个固定极板组成，形成两个电容。平膜片(可动电极)将工艺流程的被测压力变换为微小位移，再由差动电容将位移变换成直流电流信号，传感器本体为一全封闭焊接的整体结构，在两个玻璃圆盘上各有深约 25 μm 的凹面，其上镀金，作为电容传感器的两个电极。两个凹面电极合拢形成的空隙中注满绝缘液体，不锈钢形成的平膜片夹于两圆盘之间作为电容传感器的可动电极，通过液体传送的膜片两侧压力如果相等，则膜片处于中间位置且与两侧固定电极距离相等，即两电容值相等，转换电路(阻容电桥)输出为零。如果膜片两侧的压力不相等，膜片将向一侧弯曲移动，两侧电容一增一减，转换电路输出与两侧压力差成正比例的信号。差动电容测量回路由后级振荡电路产生的高频电源供电，由于采用了差动电容，使得输出信号仅与中心膜片位移有关，而与电源频率及电压幅值无关。当需要进行远距离测量压力时，压力传感器可以用远传毛细管与压力测量头(又称

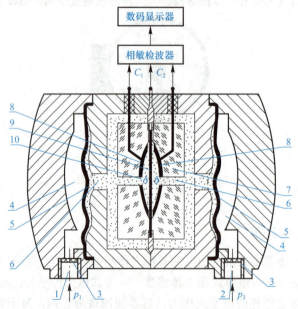

图 2-3-5　CECY 型电容式压力传感器

1—高压侧进气口；2—低压侧进气口；3—过滤片；4—空腔；5—柔性不锈钢波纹隔离膜片；
6—导压硅油；7—凹形玻璃圆片；8—镀金凹形电极；9—弹性平膜片；10—δ 腔

远传法兰)相连接。压力测量头的膜片感受被测流体的压力,经过毛细管中液体传送到传感器本体,远传毛细管长度可达 7.5 m。CECY 型电容式压力传感器应用于生产过程检测控制系统中,可测量各种性质流体的压力及开口容器的液体、密度、分界面等参数。其精度为 0.5 级,测量范围大,压力为 0～6 kPa 或 0～10 MPa,输出信号为 4～20 mADC 或 0～10 mADC。

2. 应变式压力传感器

(1)应变原理。电阻丝在外力作用下发生机械变形时,其电阻值发生变化,这种现象叫作电阻应变效应。应变式压力传感器就是利用这种效应,它是将应变电阻片(金属丝式、箔式或半导体应变片)粘贴在测量压力的弹性元件表面上,当被测压力变化时,弹性元件内部应力变化产生变形,这种变形应力使应变片的电阻也产生变化,通过对电阻的测量来测量压力。应变片的种类结构如图 2-3-6 所示,其种类及特点见表 2-3-1。

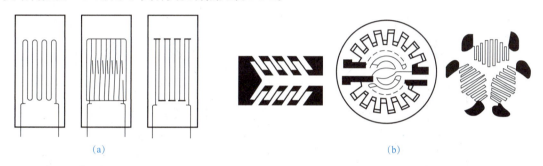

图 2-3-6　应变片的种类结构
(a)丝式应变片;(b)箔式应变片

表 2-3-1　应变片种类及特点

类型	原理	特点
丝式应变片	将金属丝按图示形状弯曲后用黏合剂贴在衬底上而成	它的结构简单、价格低、强度高,但允许通过的电流较小,测量精度较低,适用测量要求不高的场合使用
箔式应变片	该类应变片的敏感栅是通过光刻、腐蚀等工艺制成。箔栅厚度一般为 0.003～0.01 mm	其面积大,散热性好,允许通过较大的电流。由于它的厚度薄,因此,具有较好的可绕性,灵敏度系数较高。箔式应变片还可以根据需要制成任意形状,适合批量生产
金属薄膜应变片	采用真空蒸镀或溅射式阴极扩散等方法,在薄的基底材料上制成一层金属电阻材料薄膜以形成应变片	这种应变片有较高的灵敏度系数,允许电流密度大,工作温度范围较广

(2)应变式压力传感器测量电路。应变片可以把应变转换为电阻变化,为了显示和记录应变大小,还需要把电阻变化再转换为电压或电流的变化。由于应变信号一般都很微弱,故采用电桥来测量。

①单臂电桥测量电路。测量前应使电桥平衡,电路中一般选用 4 个阻值近似相同的电阻,4 个电阻的任何一个都可以是应变片电阻,使输出电压通过电桥分压后 $U_o=0$。如图 2-3-7 所示,其中一个电阻换成应变片,由于受力变形后其阻值改变为 $R+\Delta R$,其他电阻阻值不变,通过计

算得出 U_o 值。单臂工作时，输出电压与应变片电阻变化率之间是近似的线性关系，实际上是非线性关系。这会带来非线性误差。

单臂电桥测量电路：

$$U_o = U_C - U_D = \frac{R}{R+\Delta R+R}U_i - \frac{R}{R+R}U_i = \frac{-\Delta R}{4R+2\Delta R}U_i$$

②双臂电桥测量电路。双臂电桥测量电路，改变4个电阻的对称两个电阻为应变片电阻，如图2-3-8所示。其中一个电阻换成应变片，由于受力变形后其阻值改变为 $R+\Delta R$，与其对应的另一个电阻换成应变片，由于受力变形后其阻值改变为 $R-\Delta R$，通过计算得出 U_o 值。通过计算说明双臂工作时，如果差动双臂应变大小一致（极性相反），则不存在（或很小的）非线性误差，并可起到温度补偿作用。

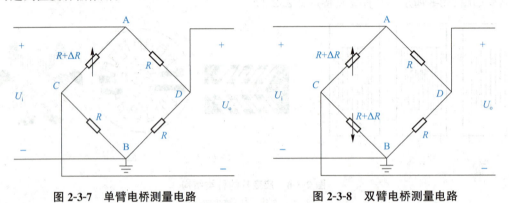

图 2-3-7　单臂电桥测量电路　　　　图 2-3-8　双臂电桥测量电路

双臂电桥测量电路：

$$U_o = U_C - U_D = \frac{R-\Delta R}{R+\Delta R+R-\Delta R}U_i - \frac{R}{R+R}U_i = \frac{-\Delta R}{2R}U_i$$

③四臂电桥测量电路。四臂电桥测量电路，改变4个电阻为应变片电阻，如图2-3-9所示。其中电阻变换应该是彼此对应关系，通过计算得出 U_o 值。通过计算说明四臂工作时，输出量进一步增大，便于计算与处理。

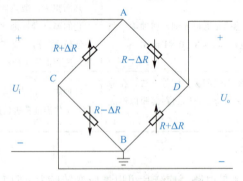

图 2-3-9　四臂电桥测量电路

四臂电桥测量电路：

$$U_o = U_C - U_D = \frac{R-\Delta R}{R+\Delta R+R-\Delta R}U_i - \frac{R+\Delta R}{R+\Delta R+R-\Delta R}U_i = \frac{-\Delta R}{R}U_i$$

(3) 应变式压力传感器应用。应变式压力传感器是压力传感器中应用比较多的一种传感器，它一般用于测量较大的压力,广泛应用于测量船舶管道内部压力、内燃机燃气的压力、压差和喷射压力、发动机和导弹试验中的脉动压力,空压机上的压力开关、主机润滑油油压、主机进气口气压等。

以电子秤(图 2-3-10)为例进行介绍。其中多采用粘贴应变式压力传感器的悬臂梁。当力 F(如苹果的重力)以垂直方向作用于电子秤中的铝质悬臂梁的末端时,梁的上表面产生拉应变,下表面产生压应变,上、下表面的应变大小相等符号相反。粘贴在上、下表面的应变片也随之拉伸和缩短。得到正负相间的电阻值的变化,接入桥路后,就能产生输出电压。

图 2-3-10 电子秤

3. 压电式压力传感器

(1)工作原理。压电式压力传感器是基于压电效应的传感器。它的敏感元件由压电材料制成。压电材料受力后表面产生电荷。此电荷经电荷放大器和测量电路放大和变换阻抗后就成为正比于所受外力的电量输出。压电式压力传感器用于测量力和能变换为力的非电物理量。它的优点是频带宽、灵敏度高、信噪比高、结构简单、工作可靠和质量轻等;缺点是某些压电材料需要防潮措施,而且输出的直流响应差,需要采用高输入阻抗电路或电荷放大器来克服这一缺陷。

某些物质,当沿着一定方向对其加力而使其变形时,在一定表面上将产生电荷,而外力去掉后,又会重新回到正常的不带电状态,这种现象称为正压电效应。如果在这些物质的极化方向施加电场,这些物质就在一定方向上产生机械变形或机械应力,当外电场撤去时,这些变形或应力也随之消失,这种现象称为逆压电效应或称为电致伸缩效应。

(2)压电材料。明显呈现压电效应的敏感功能材料称为压电材料。压电单晶体,如石英、酒石酸钾钠等;多晶压电陶瓷,如钛酸钡、锆钛酸铅、铌镁酸铅等,又称为压电陶瓷。另外,聚偏二氟乙烯(PVDF)作为一种新型的高分子物性型传感材料得到广泛的应用。

(3)压电式压力传感器应用。压电式压力传感器的应用领域很广泛,如在电声学、生物医学和工程力学等领域的应用。它能够测量发动机里面的燃烧压力,也能够应用在军事方面。它可以测量在膛中的枪炮子弹在击发的那一刻,膛压的改变量及炮口所受到的冲击波压力。它能够测量很小的压力,也能够测量大的压力。由于它的使用寿命很长、质量较轻、体积较小、结构较简单,因此,它所涉及的领域远远不止这些。它在对建筑物、桥、汽车和飞机等的冲击和振动的测量,也是非常广泛的,特别是在宇航和航空的领域里,它的地位是很特殊的。

任务实施

1. 直流全桥电子秤测量试验

(1)连接虚拟试验模板上的±15 V电源导线(将红、黑、蓝 3 个插针分别拉到相应的插孔处,连线提示状态框提示"连线正确",错误则提示"连线错误,请重新连线"。每次连线正确与否,都有提示)。

(2)连接作图工具两端到 Uo2 输出端口,并单击作图工具图标,弹出作图工具窗口。

(3)打开图中左上角的电源开关,指示灯呈黄色。

(4)当 15 V 电源和示波器导线连接正确后,在由 X、Y 轴构成的作图框中的 Y 轴上将出现一个红色基准点。

(5)调节 Rw3 到某值,再调节 Rw4 将红色的基准点调节到坐标轴原点位置,此时,部分连线将自动完成。

(6)连接虚拟试验模板上的±4 V 电源线,红色基准点再次偏离原点,调节 Rw1,将红色零点调回原点位置(正确接线如图 2-3-11 所示)。

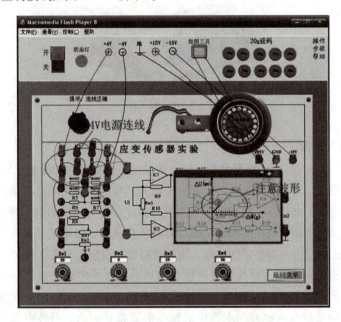

图 2-3-11 直流全桥电子秤测量试验

(7)将虚拟试验模板上的砝码逐个拖到托盘上,作图框中将逐段输出波形(注意:若有导线未连,则砝码无法拖动,同时波形输出后,电位器将不可在调节,如要调节,则需重新做试验)。

(8)单击作图框中的"保存",保存已知质量砝码的输出波形(保存的波形为蓝色),将托盘上的砝码逐个放回原位。

(9)将未知质量的物体拖到托盘上,则输出一段(红色)波形,比较红、蓝两输出波形即可估计未知物体的质量,此为本试验的目的。

(10)如果对本次试验不满意,可单击电源开关的"关",则所有的控件、按钮恢复初始状态,即可重新做试验。

(11)如果想结束本试验,则单击虚拟试验模板右下角的"返回菜单",返回主菜单界面。

🧰 任务总结

本任务针对压力传感器介绍了弹性压力传感器、应变式压力传感器的工作原理与应用,并通过模拟试验软件进行仿真,加深学生对各种压力传感器特性的了解,为船舶压力检测与控制奠定基础。

任务四　液位传感器

任务目标

掌握常用浮力液位传感器、超声波液位计、差压式液位计的工作原理、安装及使用方法。

任务分析

本任务主要学习液位传感器的基本知识，包括作用、组成、性能指标等，液位传感器在机舱设备和其他机电设备中的主要应用。为了加深学生对液位传感器的作用、性能指标等内容的理解，利用模拟试验软件进行仿真，从而掌握液位传感器的基础知识。

知识准备

目前，船舶上常用的液位传感器有浮力式、差压式、电容式、超声波式等。利用它们可检测淡水、燃油、滑油、货油、压载水等的储存量，液位继电器则广泛用在低液位检测与报警中。

一、浮力式液位计

浮力式液位计根据浮子高度随液位高低而改变或液体对浸沉在液体中的浮筒（或称沉筒）的浮力随液位高度变化而变化的原理来测量液位。浮力式液位计有两种：一种是维持浮力不变的液位计，称为恒浮力式液位计，如浮球式、浮标式、磁翻板式等；另一种是在检测过程中浮力发生变化的液位计，称为变浮力式液位计，如浮筒式（也称为沉筒式）液位计等。

1. 恒浮力式液位计

(1)钢带浮子液位计（图 2-4-1）。钢带的线位移变为钉轮的角位移，在钉轮轴上安装转角传感器或变送器，可实现液位信号的远传。其适用大型储罐宽液位测量，测量范围为 0～20 m。钢带浮子液位计为这种检测提供了可靠的、安全的检测手段和方法。其具有外观设计新颖、体积小、电源电压范围大、适应性强、安装简便、现场安装不用动火、无论是在用或新建设备均能很容易安装使用的特点。由于仪表的钢带是在罐内自成内环，因此，受外界温度影响变化小，且仪表测量精度不受液体密度和温度变化的影响。

图 2-4-1　钢带浮子液位计

(2)浮球液位计(图 2-4-2)。浮球液位计的测量部分由浮球与平衡杆和平衡锤组成力矩平衡机构,因此浮球可以自由地随液位的变化而升降。当液位改变时,浮球的位置发生相应的变化,通过球杆带动主轴转动,表头内角位移传感器与主轴通过齿轮啮合,将液位的变化转换成相应的刻度指示。

图 2-4-2　浮球液位计

(3)磁性浮子液位计(图 2-4-3)。磁性浮子液位计通过与工艺容器相连的筒体内浮子随液面(或界面)的上下移动,由浮子内的磁钢利用磁耦合原理驱动磁性翻板指示器,用红、蓝两色(液红气蓝)明显直观地指示出工艺容器内的液位或界位。

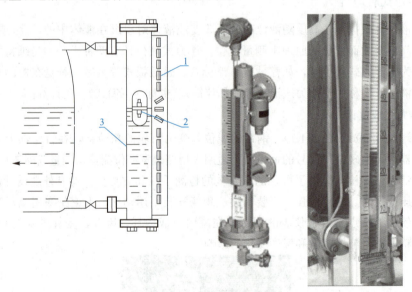

图 2-4-3　磁性浮子液位计
1—指示翻板;2—磁性浮子;3—连通容器

2. 变浮力式浮筒液位计

浮筒式液位计属于一种变浮力式液位传感器,它的浮体——浮筒沉浸在液体中,当液面上下变化时,浮筒被液体浸没的深度不同,所受浮力也不同。因此,通过检测浮筒所受浮力的变化,可以测定液面的变化。UTD型浮筒式液位计(图 2-4-4)就是利用这种原理测量的。它主要由传感器和显示仪表两部分组成。浮筒1通过弹簧2被固定在一定高度上,浮筒的上端有直杆与一个差动变压器 3 的铁芯 4 相连。当液体刚接触浮筒低面时,浮筒的质量全部被弹簧平衡。当液位变化时,浮筒的弹簧力和浮力的合力作用下,将产生位移,从而带动铁芯偏离变压器初始平衡位置,输出与液位变化相对应的电压信号,再经转换器输出标准信号用于显示和控制。

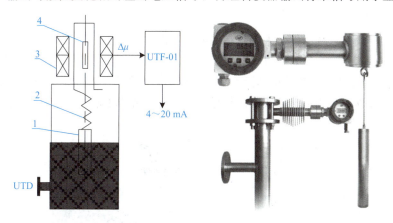

图 2-4-4　UTD 型浮筒式液位计

1—浮筒；2—弹簧；3—差动变压器；4—铁芯

二、差压式液位计

1. 差压式液位计工作原理

差压式液位计是根据液体中某点的静压力与该点离液面的深度成正比的原理制成的。需测出该点的压力或压力差方可知道液面的高度,并经电动差压传感器变成电信号作为检测信号在仪表中显示。其工作原理如图 2-4-5 所示。

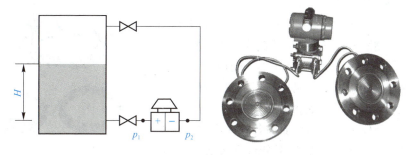

图 2-4-5　差压式液位计工作原理

对于密闭容器中的液位,由于液面以上部分的容器空间中尚有空气存在,因此要用差压传感器来测量密闭容器内的液位。差压传感器的正压室通过引压管与容器下部取压点相通,其负压室与容器上部液面以上部分的密封空间相通,若测量敞口容器内的液位,则差压传感器的负压室应与大气相通。有时为避免引压管中液柱高度不恒定面影响测量结果,在管的上端安设平衡容器,在管中充满被测液体,以减小测量误差。

在使用差压变送器或差压计测量液位时,一般来说,其压差 Δp 与液位高度 H 之间有如下简单关系：$\Delta p = H \rho g$ 这属于一般的"无迁移"情况。当 $H=0$ 时,作用在正、负压室的压力是相等的。

但是在实际应用中,往往 H 与 Δp 之间的对应关系不那么简单。为防止容器内液体和气体进入变送器而造成管线堵塞或腐蚀,并保持负压室的液柱高度恒定,在变送器正、负压室与取压点之间分别装有隔离罐，并充以隔离液。若被测介质密度为 ρ_1，隔离液密度为 ρ_2（通常 $\rho_2 > \rho_1$），这时

$$\Delta p = H\rho_1 g - (h_2 - h_1)\rho_2 g$$

2. 差压式液位计安装

差压式液位计由差压变送器、毛细管和带密封隔膜的双法兰组成，如图 2-4-6 所示。密封隔膜的作用是防止管道中的介质直接进入差压变送器。它与变送器之间是靠注满液体（一般采用硅油）的毛细管连接起来的，当膜片受压后产生微小变形后，变形位移或频率通过毛细管的液体传递给变送器，由变送器处理后转换成输出信号。其可用于测量液体、气体和蒸汽的流量、液位、密度和压力。

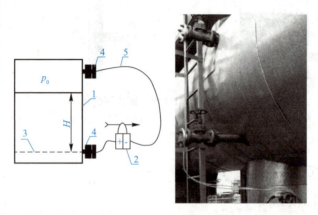

图 2-4-6　差压式液位计

1—容器；2—差压计；3—液位零面；4—法兰；5—毛细管

3. 投入式液位传感器

投入式液位传感器（图 2-4-7）是一种测量液位的压力传感器，基于所测液体静压与该液体高度成比例的原理，采用隔离型扩散硅敏感元件或陶瓷电容压力敏感传感器，将静压转换为电信号，再经过温度补偿和线性修正，转化成标准电信号，一般适用石油化工、冶金、电力、制药、供水排水、环保等系统和行业的各种介质的液位测量。投入式液位变送器的传感器部分可直接投入液体，变送器部分可用法兰或支架固定，安装使用极为方便。

图 2-4-7　投入式液位传感器

投入式液位传感器采用固态结构，无可动部件，具有高可靠性，使用寿命长，不受被测介质起泡、沉积、电气特性的影响宽范围的温度补偿。投入式液位变送器具有电源反相极性保护及过载限流保护。

三、电容式液位计

1. 电容式液位计工作原理

同轴金属管电容式液位计如图 2-4-8 所示。两内外金属管分别为电容器的内电极和外电极，被测液位的液体则作为电容器两极间介质。介质常数一定，当被测液位变化时，电容器电容量随之变化，且与液位成比例，用测量仪表显示电容量的变化即可测出液位值。

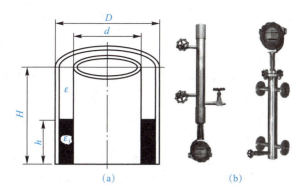

图 2-4-8　同轴金属管电容式液位计

(a)电容式液位传感器；(b)电容式液位计

此时，电容器电容值为

$$C = \frac{2\pi\varepsilon_1 h}{\ln\frac{D}{d}} + \frac{2\pi\varepsilon(H-h)}{\ln\frac{D}{d}} = \frac{2\pi\varepsilon H}{\ln\frac{D}{d}} + \frac{2\pi h(\varepsilon_1-\varepsilon)}{\ln\frac{D}{d}}$$

$$= C_0 + \frac{2\pi(\varepsilon_1-\varepsilon) \cdot h}{\ln\frac{D}{d}} = C_0 + \Delta C,\ C_0 = \frac{2\pi\varepsilon H}{\ln\frac{D}{d}}$$

式中　C_0——由传感器的基本尺寸决定的初始电容值；

　　　ε——空气介电常数。被测介质的介电常数为 ε_1；

　　　h——液面高度；

　　　H——传感器总高度；

　　　d——内筒外径；

　　　D——外筒内径。

可见，变换元件的电容增量 ΔC 正比于被测液位高度 h。

2. 电容式液位计安装注意事项

电容式液位计安装如图 2-4-9 所示。

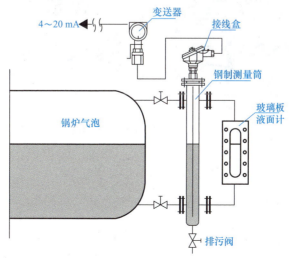

图 2-4-9　电容式液位计安装

(1)仪表内置石英绝缘护管,搬运、安装过程中要小心,不得磕碰、敲击仪表。

(2)需保证现场汽水取样管上的一次阀门(有时还带有二次阀门)的阀杆均处于水平位置,以免造成汽侧水封现象和水侧绝温现象。

(3)每台仪表都应具有独立的取样孔,不得在同一取样孔上并联多个水位测量装置,以免相互影响,降低水位测量的可靠性。

(4)安装汽水侧取水样管时,应保证管道的倾斜度不小于100∶1(以50∶1为宜),对于汽侧取样管应使取样孔侧高,对于水侧取样管应使取样孔侧低。

(5)仪表的汽水侧取样管不得在纵向或是水平方向做任何形式的打弯处理,以免影响取样质量。

(6)当汽水侧取样管的中心距与仪表中心距偏差较大时,掰开或压缩管间距时需对汽水侧取样管做相应的热处理以消除应力。

(7)汽水侧取样管、取样阀门和仪表本体(除探头部分)均应做高质量保温,以消除因降温造成的取样误差。

(8)需要对仪表做固定支架(支架最好出自汽包本体,而不是以外部平台为支点,以免位移变形),做支架时需对汽包所有液位计的物理零位做出相应调整。

(9)需对仪表做好排污软管(配套)的安装。

(10)若仪表为露天安装,需对接线端做一定的防护处理,避免雨水顺着导线渗至电路板。

四、超声波式液位计

超声波在不同介质中具有不同的传播速度,同时穿过不同介质分界面时还将产生反射,因此,利用超声波从发射到反射超声波的时间间隔与液面成比例的关系来确定液面高度,其原理如图2-4-10所示。液位高度与时间间隔之间的关系式为

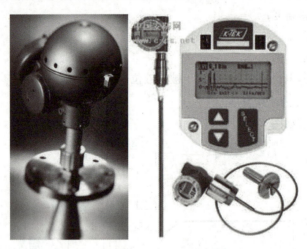

图 2-4-10 超声波液位传感器

$$H = L - n = L - \frac{c\Delta t}{2}$$

式中　H——被测液位高度;

　　　c——声速;

　　　Δt——测得时间间隔;

　　　L——超声换能器与被测液体容器底部距离。

由探头发出高频超声波脉冲遇到被测介质表面被反射回来,部分反射回波被同一换能器接收,转换成电信号。超声波脉冲以声波速度传播,从发射到接收到超声波脉冲所需时间间隔与换能器到被测介质表面的距离成正比,通过时间间隔就可以求出液位。

超声波液位传感器非接触式测量,可广泛应用于气象水位、大型油罐液位、制盐业液位、湖泊河渠液位、工业生产中料桶液位、灌装液位的测量,化工与石化储存容器及工艺储罐、制药业反应器、食品与饮料制造业、炼油工艺容器液位的测量,矿业矿山水及污水处理、水电力发电及水坝等液位的测量。还可以根据不同的需求设计出不同的超声波液位计。

五、液位继电器

液位继电器又称液位开关,用于对设定的液位高、低限进行监视,输出相应的开关量信号。目前在船上使用较多的液位继电器是浮球式液位继电器。它由浮球室、浮球及传动杆、棒状永久磁铁和磁性开关等部分组成,如图 2-4-11 所示。

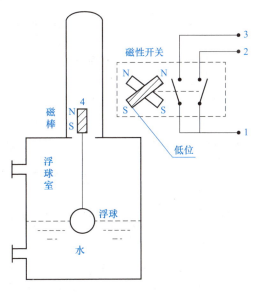

图 2-4-11 浮球式液位继电器
1、2、3—开关触点;4—磁棒

当液位较低、磁棒 4 在磁性开关的下方时,这时开关触点 1、2 闭合,1、3 断开。当液位上升时,浮球室中的浮球随之上升,通过传动杆带动磁棒 4 上移,它的 N 极先和磁性开关的小磁铁接近。按照磁铁同性相斥、异性相吸的特性,这时,小磁铁的位置不变,磁性开关的触点状态也保持原状态不变,而当液位再上升使磁棒 4 的 S 极接近磁性开关中的小磁铁时,则由于小磁铁的 N 极受吸引、S 极受排斥,使开关触点动作,则使 1、2 断开,1、3 闭合。若液位继续上升,小磁铁的位置和开关触点的状态均保持不变。这一开关量信号表示液位处于高限状态。当液位从高限下降时,磁棒 4 的 S 极先接近磁性开关中的小磁铁,这时,小磁铁的位置和开关触点的状态不变。直到液位下降到低限值时,磁棒 4 的 N 极接近磁性开关中的小磁铁,小磁铁的位置才恢复到图 2-4-11 中所示的低限状态。浮球式液位继电器常用于船舶辅助锅炉自动给水控制和低水位报警系统中。

任务实施

差压变送器的校验

(1)准备标准压力信号发生器、标准电流表、电阻箱(或 250 Ω 电阻)、24V DC 电源、连接件及导线等。

(2)将差压变送器按图 2-4-12 接线,检查线路是否正确。

(3)将差压变送器正、负压室开放通大气,接通电源稳定 3 min 后,将阻尼时间置于最小,此时,差压变送器输出应为 4 mA,否则调整零点螺钉,使之输出为 4 mA。

(4)给差压变送器正压室输入量程上限压力,负压室通大气,变送器输出应为 20 mA,若有偏差,调整量程螺钉,使之输出为 20 mA。

(5)重复步骤(3)、(4),直到符合要求为止。

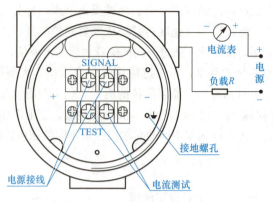

图 2-4-12 差压变送器接线

（6）将差压变送器测量范围分为 4 等份，按 0％、25％、50％、75％、100％逐点输入压力信号，变送器的输出信号值应在误差允许范围内。若超差，反复调整零点螺钉和量程零点螺钉，直至符合要求。

（7）将校验数据填入表 2-4-1 所示的校验单内，并计算出变送器的最大绝对误差和最大变差，再根据仪表量程计算出仪表的允许误差和精度等级，判断仪表是否合格，给出校验结论。

表 2-4-1 差压变送器校验单

仪表名称			精确度		出厂编号		
制造厂			最大工作压力		出厂量程		
输入		输出					
		标准值	实测值/mA				
％	kPa	mA	上行	绝对误差	下行	绝对误差	变差
备注：							
校验人：						年 月 日	

📦 任务总结

本任务主要介绍了各种液位传感器组成的液位计的工作原理与应用，特别引入差压式测量形式，明确差压变送器在热工量测量领域的重要性。

任务五　流量传感器

📦 任务目标

1. 掌握常用流量传感器的结构及其流量检测原理；
2. 了解流量传感器在船舶中主要应用。

任务分析

本任务主要学习流量传感器的基本知识，包括作用、组成、性能指标等，流量传感器在机舱设备和其他机电设备中的主要应用。为了加深学生对流量传感器的作用、性能指标等内容的理解，利用模拟试验软件进行仿真，从而掌握流量传感器的基础知识。

知识准备

船舶上常用的流量传感器有差压式、电磁式、容积式、数字式等，它们输出的信号送到调节器监测装置后，可控制各种油、水等液体流量。

一、差压式流量计

差压式流量计又称为节流式流量计，是利用液体流经节流装置时产生的压力差实现流量检测。其通常由孔板、喷嘴等节流装置及测量压差的显示仪表组成。节流装置通常安装在水平管道中，如图 2-5-1 所示。

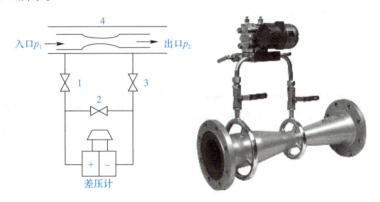

图 2-5-1　差压式式流量计
1—取压阀；2—平衡阀；3—取压阀；4—节流装置

当连续液体流过管道内的节流装置时，节流装置的面积比管道的截面面积小，使液体的流通面积突然缩小，流速形成局部收缩，流速增加，液体压力降低。因此，在节流装置前后形成压力差 $\Delta p = p_1 (入口) - p_2 (出口)$。液体流量越大，通过节流装置转换成的压差信号也越大。理论证明，流量 Q 与差压 Δp 的关系式：

$$Q = K \cdot \sqrt{\Delta p}$$

因此，当液体一定时，采用标准节流件，保证 K 不变时，Q 与 Δp 的平方根成正比，所以，用差压计测出 Δp 就可测出液量的大小。

二、其他形式流量计

按照工作原理不同，流量计又可分为超声波流量计、电磁流量计、科里奥利质量流量计、转子流量计、旋涡流量计、涡轮流量计、椭圆齿轮流量计等，其工作原理、特点及应用见表 2-5-1。用于液体流量和气体流量测量的流量计，在船舶上对于船舶燃油流量测量、压载水流量测量、滑油系统流量测量、主机进气量等测量中得到广泛应用。

表 2-5-1　其他形式流量计的工作原理、特点及应用

种类	工作原理	特点及应用
超声波流量计	超声波流量计采用时差式测量原理：一个探头发射信号穿过管壁、介质，另一侧管壁后，被另一个探头接收到，同时，第二个探头同样发射信号被第一个探头接收到，由于受到介质流速的影响，两者存在时间差，根据推算可以得出流速和时间差之间换算关系，进而可以得到流量值	一种非接触式仪表，它既可以测量大管径的介质流量也可以用于不易接触和观察的介质的测量。它的测量准确度很高，几乎不受被测介质的各种参数的干扰，尤其可以解决其他仪表不能解决的强腐蚀性、非导电性、放射性及易燃易爆介质的流量测量问题
电磁流量计	在一段用非导磁材料制成的管道外面，安装有一对磁极 N 和 S，用以产生磁场。当导电液体流过管道时，因液体切割磁力线而产生感应电势。此感应电势由与磁极垂直方向的两个电极引出。当磁感应强度不变，管道直径一定时，这个感应电势的大小仅与液体的流速有关，而与其他因素无关	动态响应快，流量计结构简单，应用范围广，不受被测流体的温度、压力、密度、黏度等参数的影响，不需进行参数补偿。测量具有一定电导率的酸、碱、盐溶液以外，还可测量泥浆、矿浆、污水、化学纤维等介质的流量。不能测量电导率很低、高温高压介质流量，系统复杂、成本高，并且电磁流量计易受外界电磁干扰的影响
科里奥利质量流量计	当液体在振动管中流动时，管子受到科里奥利效应力作用。管子的入口段管与出口段管在振动的时间先后上会出现差异（差异是由于入口段和出口段液体流向是相反的），这叫作相位时间差。这种差异与流过管子的液体质量流量的大小成正比	准确性、重复性、稳定性高，在液体通道内没有阻流元件和可动部件，因而其可靠性好，使用寿命长，还能测量高黏度液体和高压气体的流量。在石油、化工、冶金、建材、造纸、医药、食品、生物工程、能源、航天等工业部门，其应用也越来越广泛。被专家誉为 21 世纪的主流流量计
转子流量计	转子流量计与前面所讲的差压式流量计在工作原理上是不相同的，差压式流量计是在节流面积（如孔板孔口截面面积）不变的条件下，以差压变化来反映流量的大小。转子流量计是根据节流原理测量液体流量的，但是它是改变液体的流通面积来保持转子上下的差压恒定，故又称为变流通面积恒差压流量计，也称为浮子流量计	具有结构简单、直观、压力损失小、维修方便等特点。转子流量计适用测量通过管道直径 $D<150$ mm 的小流量，也可以测量腐蚀性介质的流量。使用时流量计一般安装在垂直走向的管段上，液体介质自下而上地通过转子流量计，经特殊设计的转子流量计可以水平安装或上进底出垂直安装
旋涡流量计	旋涡流量计是利用有规则的旋涡剥离现象来测量液体流量的仪表。在液体中垂直插入一个非流线型的柱状物作为旋涡发生体。当雷诺数达到一定数值时，会在柱状物的下游处产生两列不对称但有规律的交替旋涡，称为卡曼涡列。而旋涡频率与液体流速有关	结构简单而牢固，无可动部件，可靠性高，长期运行十分可靠。安装简单，维护十分方便。检测传感器不直接接触被测介质，性能稳定，寿命长。输出是与流量成正比的脉冲信号，无零点漂移，精度高。测量范围宽，量程比可达 1∶10。压力损失较小，运行费用低，更具节能意义

续表

种类	工作原理	特点及应用
涡轮流量计	当流体通过涡轮叶片与管道之间的间隙时，由于叶片前后的压差产生的力推动叶片，使涡轮旋转。在涡轮旋转的同时，高导磁性的涡轮就周期性地扫过磁电感应转换器的磁钢，使磁路的磁阻发生周期性的变化，线圈中的磁通量也跟着发生周期性的变化，线圈中便感应出交流电信号。交变电信号的频率与涡轮的转速成正比，也即与流量成正比。这个电信号经前置放大器放大后，送往显示仪表，以便累积或指示流量	测量精确度高，测量范围宽，适用流量大幅度变化的场合，反应迅速，可测脉动流，重复性好，压力损失小，耐高压、耐腐蚀，结构简单，安装使用方便，无零点漂移，抗干扰能力强。 对被测介质清洁度要求较高，受液体流速分布畸变和旋转流等影响较大，流量计前后应有较长的直管段，液体密度、黏度对流量特性的影响较大，当液体密度、黏度发生变化时，需要重新标定或者进行补偿
椭圆齿轮流量计	椭圆齿轮在被测液体的压差作用下产生转矩，带动两齿轮交替转动，并把两齿轮与壳体之间的月牙容积中的被测液体由进口排至出口，且齿轮每转半周，就向出口排出两个充满液体的月牙容积的流量。一般可通过传动机构带动积算器，或经齿轮轴可驱动干簧继电器发出反映流量大小的电脉冲信号，并由检测仪表显示	流量测量与液体的流动状态无关，它依靠被测介质的压头推动椭圆齿轮旋转而进行计量。因此被测介质的黏度越大，泄漏误差越小，对测量越有利。椭圆齿轮流量计计量精度高，适用高黏度介质流量的测量，但不适用于含有固体颗粒的流体（固体颗粒会将齿轮卡死，以致无法测量流量）。如果被测液体介质中夹杂有气体时，也会引起测量误差

任务实施

差压式流量计的安装

1. 节流装置安装

节流装置安装不正确，是引起差压式流量计测量误差的重要原因之一。在安装和使用节流装置时，应注意以下事项：

(1)必须保证节流装置的开孔和管道的轴线同心，并使节流装置端面与管道的轴线垂直。

(2)在节流装置前后长度为两倍于管径(2D)的一段管道内壁上，不应有凸出物和明显的粗糙或不平现象。

(3)任何局部阻力(如弯管、三通管、闸阀等)均会引起流速在截面上重新分布，引起流量系数变化。所以，在节流装置的上、下游必须配置一定长度的直管。

(4)标准节流装置(孔板、喷嘴)，一般都用于直径 $D \geqslant 50$ mm 的管道。

(5)被测介质应充满全部管道并且连续流动。

(6)管道内的流束(流动状态)应该是稳定的。

(7)被测介质在通过节流装置时应不发生相变。例如，液体不蒸发和析出气体，气体不冷凝等。当流过节流装置的液体出现气液混相时，将会使测量造成很大误差。譬如说，测量饱和蒸气流量的差压计，当蒸气由于温度降低而冷凝，使蒸气中夹杂水滴时，将会使测量结果完全失真，这是使用中要特别注意的。

在安装节流装置时，除要注意上面所讲的节流装置安装使用方面的问题外，还必须注意节流装置的安装方向。一般来说，节流装置露出部分所标注的"＋"号一侧，应当是液体的入口方向。当用孔板作为节流装置时,应使液体从孔板90°锐口的一侧流入。

在使用中,要保持节流装置的清洁,如在节流装置处有沉淀、结焦、堵塞等现象,也会引起较大的测量误差,必须及时清洗。

另外,节流装置使用过久,特别是在被测介质夹杂有固体颗粒等机械物情况下,或由于化学腐蚀,都会造成节流装置的几何形状和尺寸的变化。对于使用广泛的孔板来说,它的入口边缘的尖锐度会由于冲击、磨损和腐蚀而变钝。这样,在相等数量的液体经过时所产生的压差 Δp 将变小,从而引起仪表指示值偏低。故应注意检查、维修,必要时应换用新的孔板。

2. 导压管安装

导压管要正确地安装,防止堵塞与渗漏,否则会引起较大的测量误差。对于不同的被测介质,导压管的安装也有不同的要求,下面结合几类具体情况来讨论。

(1)测量液体流量时,应该使两根导压管内都充满同样的液体而无气泡,以使两根导压管内的液体密度相等。这样,由两根导压管内液柱所附加在差压计正负压室的压力可以互相抵消。为了使导压管内没有气泡,必须做到:

①取压点应该位于节流装置的下半部,与水平线夹角 α 应为 $0°\sim 45°$,如图2-5-2所示(如果从底部引出,液体中夹带的固体杂质会沉积在引压管内,引起堵塞,也属不宜)。

②引压导管最好垂直向下,如条件不允许,导管也应下倾一定的坡度(至少1:20),使气泡易于排出。

③在引压导管的管路内,应有排气装置。如果差压计只能装在节流装置之上时,则须加装集气罐,如图2-5-3中的放空阀3与集气罐6。这样,即使有少量气泡,对差压 Δp 的测量仍无影响。

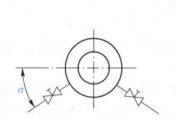

图 2-5-2 测量液体流量时的取压点位置

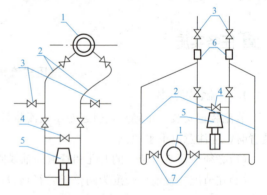

图 2-5-3 测量液体流量时的连接图

1—节流装置;2—导压管;3—放空阀;4—平衡阀;
5—差压变送器;6—集气罐;7—切断阀

(2)测量气体流量时,上述的这些基本原则仍然适用。尽管在引压导管的连接方式上有些不同,其目的仍是要保持两根导管内液体的密度相等。为此,必须使管内不积聚气体中可能夹带的液体,具体措施如下:

①取压点应在节流装置的上半部;

②引压导管最好垂直向上,至少也应向上倾斜一定的坡度,以使引压导管中不滞留液体;

③如果差压计必须安装在节流装置下,则须加装集液罐和排放阀,如图2-5-4所示。

(3)测量蒸气流量时,要实现上述基本原则,必须解决蒸气冷凝液的等液位问题,以消除冷凝液液位的高低对测量精度的影响。最常用的连接方法如图2-5-5所示。取压点从节流装置的水平位置引出，并分别安装凝液罐 2。这样，两根导管内都充满了冷凝液，而且液位一样高，从而实现了差压 Δp 的准确测量。

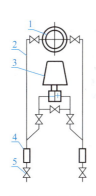
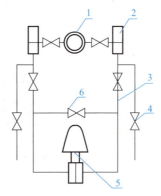

图 2-5-4　测量气体流量时的连接图
1—节流装置；2—导压管；3—差压变送器；
4—集液罐；5—排放阀

图 2-5-5　测量蒸气流量时的连接图
1—节流装置；2—凝液罐；3—导压管；
4—排放阀；5—差压变送器；6—直通阀

从凝液罐至差压式流量计的接法与测量液体流量时相同。

3. 差压式流量计安装

差压式流量计(或差压变送器)安装或使用不正确也会引起测量误差。

由引压导管接至差压计或变送器前，必须安装切断阀 1、2 和平衡阀 3，俗称三阀组，如图 2-5-6 所示。差压计是用来测量差压 Δp 的，但如果两切断阀不能同时开闭时，就会造成差压计单向承受很大的静压力，有时会使仪表产生附加误差，严重时会使仪表损坏。为了防止差压计单向承受过大的静压力，必须正确使用三阀组。在启用差压计时，应先开平衡阀 3，使正、负压室连通，受压相同，然后打开切断阀 1、2，最后关闭平衡阀 3，差压计即可投入运行。差压计需要停用时，应先打开平衡阀，然后关闭切断阀 1、2。当切断阀 1、2 关闭时，打开平衡阀 3，便可进行仪表的零点校验。

测量腐蚀性(或易凝固等不适宜直接进入差压计的)介质的流量时，必须采取隔离措施。最常用的方法是使用某一种与被测介质既不互溶也不起化学变化的中性液体作为隔离液，同时起传递压力的作用。当隔离液的密度 ρ'_1 大于或小于被测介质密度 ρ_1 时，隔离罐分别采用如图 2-5-7 所示的两种类型。差压式流量计现场安装如图 2-5-8 所示。

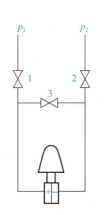
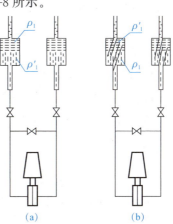

图 2-5-6　差压计三阀组的安装
1、2—切断阀；3—平衡阀

图 2-5-7　隔离罐的两种形式
(a) $\rho_1 < \rho'_1$；(b) $\rho_1 > \rho'_1$

图 2-5-8 差压式流量计现场安装

任务总结

本任务介绍了多种流量计的工作原理与应用,通过各种视频与动画清晰了解不同物质在流量测量时使用相应的流量计进行测量。

任务六 转速传感器

任务目标

1. 掌握转速传感器的种类及检测原理;
2. 了解转速传感器在主机转速系统的应用。

任务分析

本任务主要学习转速传感器的基本知识,包括作用、组成、性能指标等,转速传感器在机舱设备和其他机电设备中的主要应用。为了加深学生对转速传感器的作用、性能指标等内容的理解,利用模拟试验软件进行仿真,从而掌握转速传感器的基础知识。

知识准备

在机舱中需要检测转速的设备有主机、发电机原动机和废弃透平增压器等,检测主机转速一般可用测速发电机和磁脉冲传感器。检测发电机原动机和废气透平增压器转速时因其转速较高,通常都采用磁脉冲式转速传感器、光电式转速表和霍尔式转速传感器。

一、测速发电机

测速发电机是一种测量转速模拟信号的传感器。它将主机转速(一般是由主机轴经皮带轮或齿轮带动测速发电机)成比例地转变成电压信号。测速发电机有直流和交流两种形式。

1. 直流测速发电机

直流测速发电机是指直流永磁测速发电机,电路原理如图 2-6-1 所示,其转子轴经链轮、链条与主机推进轴连接,当主机推进轴转动时,发电机产生电压,其输出电压为

$$U = E - I_a R_a = C_e \phi n - I_a R_a$$

式中　E——发电机的电势；

　　　I_a——发电机的电枢电流；

　　　R_a——发电机的点电枢阻；

　　　n——发电机的转速；

　　　ϕ——发电机的恒磁磁通；

　　　C_e——常数。

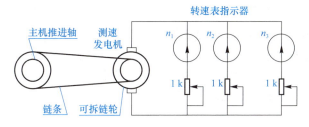

图 2-6-1　直流发电机测速系统

$I_a R_a$ 表示电枢绕组及换向电刷接触电压的压降，其数值比发电机电势 E 小得多，故可忽略不计，且为其常数时，则认为

$$U \approx C_e \phi n = kn$$

因此，直流测速发电机的输出电势 E 与发电机的转速成正比，即与主机推进轴的转速成正比（K 为比例系数）。U 的大小反映了主机转速的高低，U 的极性反映了主机的转向。其输出特性如图 2-6-2 所示。

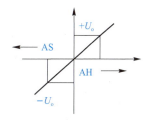

图 2-6-2　直流测速发电机输出特性

直流测速发电机电路简单，但由于它存在电刷等部件而易引起故障，故在新型船舶上越来越多地采用交流测速发电机。

2. 交流测速发电机

交流测速发电机的测速原理与直流测速发电机基本相同，在此不再赘述，但由于它的输出电压信号是交流的，需要对它进行相敏整流、滤波后变成直流电压信号。同样，该电压信号的大小反映了主机转速的高低，其极性反映了主机的转向。测速发电机测得的转速信号可送至转速表指示主机的转速和转向，但作为转速的反馈信号和逻辑信号不可使用负向电压的转速信号，需要经过整流将倒车负极性电压信号转换成正极性电压信号，如图 2-6-3 所示。

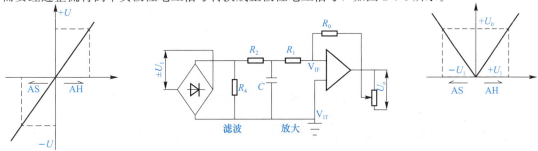

图 2-6-3　测速机信号整流电路与输出特性

在图 2-6-3 中，整流回路由相敏整流、滤波输出及放大环节组成。当正车转向时，U_{1F} 为负值；当倒车转向时，U_{1F} 为正值。输出级放大器的输出式为

$$U_o = -KU_{1F}$$

式中　K——放大系数。

在主机遥控系统中，常将转速信号作为启动过程控制所需信号，如换向、启动、转速等控制信号均是从测速系统中拾取的。

二、磁脉冲式转速传感器

磁脉冲式转速传感器是由磁头、脉冲整形放大电路、频率电压转换电路、滤波电路等组成。磁头的结构如图 2-6-4 所示。它有一个软铁探测磁极，是由内装一永久磁铁探头的螺旋管组成，非导磁性外壳对线圈组件起保护作用。磁头是产生脉冲信号的部件，它所产生的脉冲频率（10 Hz～10 kHz 脉冲）与转速成比例。

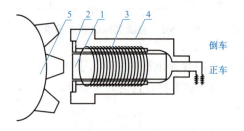

图 2-6-4　磁头的结构
1—衔铁；2—卡扣；3—线圈；4—外壳；5—内齿

在主机的主轴或凸轮轴上装一个齿轮（可利用盘车齿轮，最佳特性齿轮是左右的齿节距为 2.5 mm、齿高则为 1/2 的齿节距），将磁头对准齿轮的齿顶固定，磁头与齿顶之间保持一个较小的间隙（1～5 mm）。当齿轮转动时，磁头将交替对准齿顶和齿根，即可输出脉冲信号；同时会引起线圈内磁通的变化，从而在线圈中产生感应电动势。每转一个齿，磁通变化一次，每秒磁通变化的次数称为磁通变化的频率 $f = Z \cdot n/60$。磁通的变化率就是感应电动势 E 的变化率，从而可由测得的感应电动势的变化率来获得转速信号。

磁头获得感应电动势的脉冲信号较弱，其波形也不理想。所以，将磁头输出的脉冲信号经整形放大电路后转换成同频率的有较大幅值的矩形波，再将该矩形波送至微分电路，可产生同频率的尖峰脉冲信号。用该信号去触发单稳态电路，可得到脉冲宽度和幅值均为恒定的矩形波。如图 2-6-5 所示，最终将转速信号变换成电压信号。

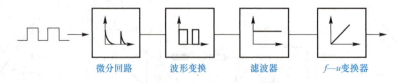

图 2-6-5　频率-电压转换器波形

为了检测主机的转向，需安装两个脉冲传感器，且它们之间要相差 1/4 或 3/4 个周期。两个磁头所获得的脉冲信号经整形放大后分别送 D 触发器的 D 端和时钟脉冲端。由输出端 Q 和 $\overline{Q}$ 哪个是"1"信号来判断主机正传和反转。如图 2-6-6 所示，当齿轮按图方向正车转动时，D 触发

器 D 端的正脉冲总比 CP 端超前 1/4 周期，即 CP 端来正脉冲时，D 端总是"1"信号，所以，触发器输出端 Q 保持"1"信号，$\overline{Q}$ 保持"1"信号，表示主机在正车方向运动。当主机倒车时则反之。该传感器是属于非接触式测速元件，它无相对磨损部件，故具有结构简单牢固（测平均转速）、运动可靠、使用寿命长、精度高等优点。

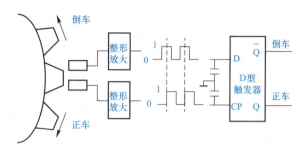

图 2-6-6　磁脉冲传感器主机转向检测原理

三、光电式测速传感器

利用光电元件产生正比于转速的脉冲信号，可以实现非接触测量。光电式测速传感器常用透射式与反射式两种类型，其原理如图 2-6-7 所示。

图 2-6-7　光电式测速传感器
（a）透射式；（b）反射式

1. 透射式光电测速传感器

透射式光电测速传感器设有读数盘和测量盘，两者之间存在间隔相同的缝隙。透射式光电测速传感器在测量物体转速时，测量盘会随着被测物体转动，光线则随测量盘转动不断经过各条缝隙，并透过缝隙投射到光敏元件上。透射式光电测速传感器的光敏元件在接收光线并感知其明暗变化后，即输出电流脉冲信号。透射式光电测速传感器的脉冲信号，通过在一段时间内的计数和计算，就可以获得被测量对象的转速状态。

2. 反射式光电测速传感器

反射式光电测速传感器是以红外发光二极管做光源，所发射红外线投射到被测转轴上，如被测转轴上有反光镜，则光线被反射后射向光敏元件（光敏三极管），输出反映转速的电脉冲信号。反射式光电转速表使用方便，不需要增加负荷，但使用时需要调节焦点，要求传感器靠近被测轴，并且输出信号较弱。

四、霍尔式转速传感器

霍尔式转速传感器是利用霍尔效应来工作的一类传感器的总称。其基本原理如图 2-6-8 所示。厚度为 d 的 N 型半导体薄片上垂直作用了磁感应强度为 B 的磁场,若在一个方向上通以电流 I,则在垂直于 B 和 I 的方向上产生一感应电动势,该现象称为霍尔效应;所产生的电动势称为霍尔电动势;半导体薄片称为霍尔元件。输出的霍尔电动势 U_H 正比于磁感应强度 B 和电流 I 的乘积。

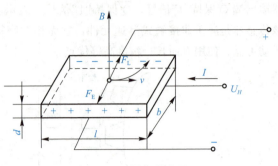

图 2-6-8 霍尔效应原理

利用霍尔元件可实现非接触转速测量。其结构:磁性圆盘固定在被测转轴上,圆盘边缘上等距离地镶嵌有永久磁钢,相邻磁钢的极性相反。由磁导体和置于磁导体间隙中的霍尔元件组成测量头,测量头两端的距离与圆盘上两相邻的磁钢之间的距离相等。磁导体尽可能安装在磁钢边上。当圆盘转动时,霍尔元件即输出正负交变的周期电压,如图 2-6-9(a)所示。还有一种霍尔转速表是在被测转轴上安装一齿轮状的磁导体,静止固定的马蹄形永久磁铁正对齿端,霍尔元件粘贴在磁极的端面上。当测量时,齿轮状磁导体随轴转动,使霍尔元件磁路中的磁阻发生周期性变化。在周期性变化磁场作用下,霍尔元件输出一系列频率与转轴转速成比例的单向电压脉冲,如图 2-6-9(b)所示。霍尔式转速表通过对霍尔元件输出脉冲计数而算出转速。为了提高测量精度,可以适当增多磁钢数目,但若磁钢排列过密、间距过短,则测量高度时,霍尔元件频率响应不够,将导致丢失脉冲信号。

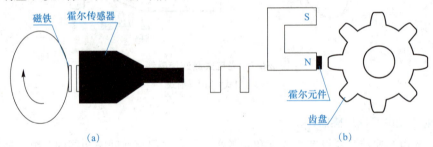

图 2-6-9 霍尔传感器转速测量

📖 任务实施

主机转速监测系统认识及调整

1. 电动转速表系统组成

船舶在海上航行时,为了使驾驶人员和机舱工作人员及时了解船舶主机的转速,在机舱内、驾驶室、轮机长室均装有远距离测量主机转速的仪表,称为电动转速表。它是通过电气装置将主机的转速在各个操纵位置上用电表的形式显示出来的仪表。其原理如图 2-6-1 所示,它由转速传感器、指示器、链轮和链条等组成。

该转速传感器是直流测速发电机,其输出的电压与转速成正比。该转速传感器的数量须根据主机推进轴的根数确定,通常装在轴承口。

指示器是磁电式直流电压表,用于测量测速发电机输出电压。其刻度不是电压值,而是主机推进轴每分钟的转速值,且应选取最高值不小于主机推进轴额定转速的110%。转速表指示器的数量须根据主机部位及与主机运行有关舱室的数目来确定。指示器通常安装在驾驶室、主机操纵台旁、集控室、轮机长室等,在驾驶室内的指示器应选用带内照明的型号,并考虑尽量远离磁罗经。接线时不可将照明电源线与测速电压线接错,否则会烧坏表头,连接指示器与传感器的电缆线阻值不应超过 100 Ω。

链条和链轮是用来连接发电机转子轴和主机推进轴的附件,链轮分为可拆链轮和不可拆的整体链轮。可拆链轮装在主机推进轴上,整体链轮装在发电机轴上。

根据转速传感器的原理,在电压表上刻以每分钟的转速值,则主机推进轴的每分钟转数在电压表上就可以得到相应的读数。但因船上指示器不知在哪几个部位和舱室,它们离发电机的距离各不相等,各个指示器的压降就不相等。这样同样的转速在不同指示器上的转速值不相同,这是不符合事实的。为了使并接在同一个发电机的几个指示器安装在不同距离时,都能显示出一致的转速,在各个指示器内装有调整电阻 R,以便给距发电机较远的指示器加入较小的电阻值,而给距发电机较近的指示器加入较大的电阻值,于是,各指示器的端电压相等,指示出一致的读数。

2. 电动转速表系统调整

电动转速表系统用于指挥部位、操机部位检查主机推进轴的转速,借以确定船舶的速度。该系统的调试分为内场调试和外场调试两种。内场调试是该系统在出厂前进行试验和调试,外场调试即码头及航行试验,在此重点介绍外场调试方法。

(1)试验前检查绝缘电阻及测速发电机的安装质量。

(2)主机开机后,在各转速位置上校验系统的指示器误差。首先用机械方法测定主机转速实际值,然后与各指示器读数进行比较,计算出各点误差。误差公式为

$$误差 = \frac{指示器显示值 - 实际值}{实际值} \times 100\%$$

误差应小于±1%。

(3)未经内场调试的电动机转速表可在码头试验时开动主机进行调整。

调整传感器的内磁环,使发出的电压 U 符合公式:

$$U = \frac{主机转速实际值}{转速指示器限量值} \times 发电机额定电压$$

①若电压 U 与转速 n 的关系无法调整至上述要求,则传感器有故障,应拆检修理;

②若几个指示器读数相同,但与转速实际值误差稍大于允许值,可再微调发送器分磁环减小误差;

③若几个指示器读数各不相同,应调整每个指示器的调整电阻 R,使读数与主机转速实际值相同。

(4)已做内场调试的电动转速表在船上安装后一般不必重新调整,即可满足技术要求,但在码头试验或航行试验中应进行误差测定,若最大误差大于规定值,应在船上重新进行调整。

任务总结

本任务对常见转速传感器进行介绍,并通过仿真软件进行模拟仿真实验过程,明确各种转速传感器的工作原理,结合各自特点介绍了船舶上转速测量时使用的注意事项。

任务七 船舶物质含量测量

🧰 任务目标

1. 了解船舶物质含量传感器的种类；
2. 掌握曲轴箱油雾浓度监测报警系统的功能、监测原理及调试使用方法。

📋 任务分析

本任务主要学习物质含量传感器等船舶其他传感器的基本知识，包括作用、组成、性能指标等，船舶物质含量传感器在机舱设备和其他机电设备中的主要应用。

📚 知识准备

船舶柴油机曲轴箱油雾浓度的高低，是衡量主机运行过程是否正常的重要标志之一。在曲轴箱中，润滑油油滴由于蒸发为气态形成油雾，它与空气混合会形成可燃性气体。当油雾浓度超过正常标准时，可能会引发曲轴箱爆炸事故。为了保证主机安全运行，一般柴油主机都装有曲轴箱油雾浓度监测报警系统，一旦油雾浓度超过正常标准时，立即发出声光报警信号，并使主机自动降速或停车。

一、黏度测量

黏度计是将燃油黏度转换为压差信号来检测的，其原理如图 2-7-1 所示。齿轮泵放在加热器出口的燃油管中，由于电动机拖动，转速恒定，因此从管道中吸取少量燃油，此后经毛细管排出的油量也是恒定的。由于毛细管直径小（约几毫米），而长度较长，对黏性燃油流通时产生阻力，使毛细管两端有压差。在毛细管中按层流状态流动，故毛细管两端压差 Δp 与燃油黏度的关系方程为

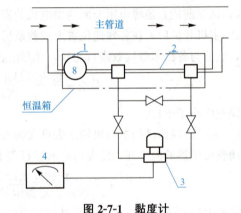

图 2-7-1 黏度计
1—齿轮泵；2—毛细管；3—压差传感器；4—显示仪表

$$\mu = \frac{\pi d^4 \cdot \Delta p}{128 QL} = C \cdot \Delta p$$

式中 L——毛细管长；
d——管直径；
Q——流量。

因此，当毛细管尺寸、流量一定时，燃油黏度 μ 与毛细管两端压差 Δp 成正比。故只要测出 Δp 就可反映燃油黏度，并通过压差传感器进行信号转换后送入显示仪表。

二、各种物质含量检测传感器

1. 氧含量传感器

氧含量传感器用于检测气体中的氧含量，特别是对油轮封舱惰性气体的氧含量进行检测，

防止油轮发生爆炸。在船上检测氧含量多用热磁传感器,它是利用氧的顺磁性原理制成的。

所谓氧的顺磁性就是氧气不同于其他气体,在遇到磁场作用时要向磁场里面运动且分子的磁极方向顺着磁场方向有序排列。图 2-7-2 所示是热磁式传感器的原理。

热磁式传感器由检测通道、电桥和放大器组成。检测通道由环形管和水平管组成。水平管绕两组铂丝作为加热电阻 R_1 和 R_2,它们和锰铜丝绕制的电阻 R_3 和 R_4 构成测量电桥的四臂,R_0 是调零电阻。在靠近线圈 R_1 的边缘放置永久磁铁,两个磁极形成一个不均匀磁场。当含有氧的待测气体进入检测通道时,水平管左端靠近磁场,氧气的磁化率高,而水平管右边磁化率低,从而形成一个从左向右的排斥力(称磁风)。于是线圈 R_1 和 R_2 被冷却程度不同,氧含量越多,R_1 和 R_2 温差越大,即电阻值相差越大,测量电桥输出的电压信号也越大。

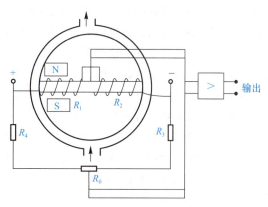

图 2-7-2 热磁式传感器原理

2. CO_2 含量传感器

CO_2 含量传感器多用于监视锅炉膛内燃烧情况,多采用热导式。它是利用含有 CO_2 的气体导热率小于纯空气的导热率的特性研制的,其原理如图 2-7-3 所示。它由采样陶瓷过滤器、凝水器、过滤器和测量电桥组成。电桥上四臂均由铂丝烧制。电源对电阻丝加热,R_1 和 R_3 置于电桥的测量气室中,R_2 和 R_4 置于标准气室中,其内为空气。由于导热率不同,故电阻丝与纯空气之间的导热量大于含 CO_2 气体与电阻丝之间的导热量,所以电阻值不同。这样电桥输出的电压信号就与 CO_2 含量成正比。

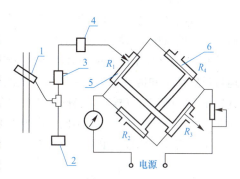

图 2-7-3 CO_2 含量传感器原理
1—陶瓷过滤器;2—凝水器;3—过滤器;
4—抽气泵;5—测量气室;6—标准气室

3. 含盐量传感器

含盐量传感器多用于锅炉水、冷凝器水、海水泵的淡水含盐量的检测。它是利用盐浓度与溶液的电阻成反比这一特性设计的,其原理如图 2-7-4 所示。当溶液浓度越大时,电桥输出的电压也越大。由于电极在溶液中腐蚀较重,所以,测量电桥多用交流电桥。

4. 污水中含油量传感器

为了防止海水被油污染,保护海洋生物资源和海岸环境,必须对船舶排出的污水进行含油量检测。国际海事组织规定,船舶排出舷外的水中,含油量不得超过

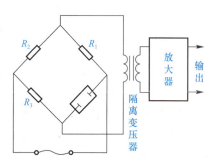

图 2-7-4 含盐量传感器原理

15 ppm。若超过这个值,控制系统须发出声光报警,管理人员要检查系统的工作情况,并排除故障,直到水中含油量达标为止。通常多用光学方法检测水中含油浓度,如浑浊度法、红外线吸收法、紫外线吸收法和利用光散射法等。下面仅对红外线吸收法测量水中含油量做介绍。

根据油分与四氯化碳吸收各种波长的红外线的能力不同来检测水中含油浓度的方法称为红

外线吸收法。油分对于波长为 3.4～3.5 μm 的红外线几乎可以全部吸收,而对其他波长的红外线吸收很少,四氯化碳则对各种波长的光线几乎全不吸收。根据这一原理,在 pH 值低于 4 的检测液中加入四氯化碳后,通过检测器吸收红外线的差异来反映水中含油浓度。

它由光源、比较单元、检测单元、放大单元及显示记录仪表等部分组成。来自红外光源的光线经回转扇形板变成周期性的红外线,同时送入测量单元和基准单元。由于基准单元与红外线吸收无关,进入的红外线能全部送到检测器的基准室。在检测单元中送入配有四氯化碳溶剂的检测液,它吸收的红外线与检测液含油浓度有关,由于存在油分而减少了送到检测器中测量室的红外线。金属电容上、下室由于接受光照强度不同,使两室内气体膨胀不同,由此而引起的压力差将随检测液中含油浓度而变化,而压力差的变化将改变金属电容的电容值,经放大器后输出指示含油浓度的检测信号。当含油浓度超过规定值的上限时,便会发出声光报警。

三、曲轴箱油雾浓度的监测

目前,船上所有的油雾浓度监测系统种类很多,但原理相近。现仅以 GRAVINERMK-4 型为例进行介绍。该装置由油雾浓度探测器、监测控制电路等组成。

1. 油雾浓度探测器

油雾浓度探测器采集及测量原理如图 2-7-5 所示。采样切换阀 6 自动地轮流接通柴油机各缸曲轴箱。抽风机从某缸中抽取的气样送入测量浓度管 7,同时把各缸气样混合后送入平均浓度管 4。同一光源 2 发出的光束分为两路,一路通过测量浓度管 7,另一路通过平均浓度管 4,分别通过反射镜 1 和透镜 3 照射在两组光电池 5 上。如果由于某种原因某一曲轴箱内的油雾浓度有异样增大,则该缸气样经切换阀进入测量管后,它的平均浓度管的油雾浓度存在较大差异。这时照在两光电池上的光通量不同,产生的光电势也不同,其电势差压信号经放大器和控制电路输出报警信号,使报警单元发出报警,并使柴油机降速或停车。

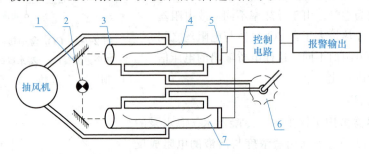

图 2-7-5 油雾浓度气样采集及测量原理

1—反射镜;2—光源;3—透镜;4—平均浓度管;5—光电池;6—采样切换阀;7—测量浓度管

采样切换阀用作传动机构定时和轮流接通每个缸的曲轴箱。传动机构是由驱动电动机经减速装置和星形从动轮控制采样切换阀动作。驱动电动机经减速装置使限动凸轮转动,星形从动轮每个齿可在凸轮的凸面上滑动。当凸轮转到从动轮对准的凹面时,拨销就拨动从动轮一个齿位。于是,测量浓度管经切换阀就接通一缸气样,凸轮每转 1 周(接通每缸销)的时间是 4 s。在从动轮的轴上装有阀位指示器。

2. 监测控制电路

油雾浓度监测控制电路原理如图 2-7-6 所示。它是继电器控制电路,图中各触点是相应继电器断电时的状态。合上电源开关 SW,控制电路接通电源,同时接通驱动电动机 MOT 的电源,电动机开始工作,传动机构和星形从动轮使采样切换阀定时地轮流接通每个缸曲轴箱,抽取气样送测量浓度管,平均浓度管进入的是各缸曲轴箱混合气样。在光源照射下,电池 B_{10} 和 B_9 分别接受经测量浓度管和平均浓度管射来的光线。这两个电池在电路中相当于两个可变电流源且反相连接。当两个管的油雾浓度相等时,流过电流表的电流为零。若测量管的浓度偏低,B_{10} 产生的电流比 B_9 大,电流表 A 指针会向 0~2 方向(左向)偏转;若测量浓度高于平均浓度,光电池 B_{10} 产生的光电流比 B_9 小,电流表 A 指针会向 0~18 方向(右向)偏转,且浓度差越大,偏转量也越大。当浓度达到临界值时,与电流表 A 指针联动的触头 M 合于右端并被磁性触电吸附不能脱开,继电器 KA 通电,触头 KA_1 合于右、绿色指示灯 HLG 熄灭,红色指示灯 HLR 点亮,表示主机有故障。触头 KA_2 合于右,继电器 KC 断电,其触头 KC_1 和 KC_2 均合于右,发出故障信号。继电器 KD 通电,触头 KD_1 断开采样切换阀的驱动电动机继电停转,使采样切换阀停在故障曲轴箱阀位处,同时 KD_2 闭合使主机停车。

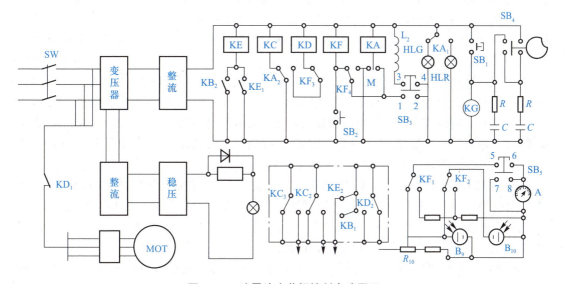

图 2-7-6 油雾浓度监视控制电路原理

排除故障恢复正常后,要进行复位操作。此时,按下复位按钮 SB_3(面板 12),SB_3(1、2)断开,(3、4)闭合,继电器 KA 断电,触头 KA_1 合于左面,红色故障灯 HLR 熄灭,绿色正常运行灯点亮。线圈 L_2 通电产生一个反磁作用,使与电流表指针联动的触头 M 与右端断开保持在中间位置。SB_5(5、6)断开,(7、8)闭合。电流表短路使浓度指示表复位,触头 KA_2 合于左面,继电器 KC 通电,其触头 KC_1 和 KC_2 均合于左面,撤销报警信号。继电器 KD 断电,其触头 KD_1 闭合使驱动电动机 MOT 通电转动,采样切换阀在此轮流接通各缸曲轴箱,KD_2 合于右面,消除停车信号。

📋 任务实施

MK-4 型曲轴箱油雾浓度检测系统面板认识与操作

(1)人工定点检测。如图 2-7-7 所示,按下 SB_1 按钮(11),触头 PB_{18} 闭合,传动机构中的电磁离合器脱开,星形从动轮脱齿。这时,操作人员可转动面板上的阀位指示器,任意选定一个缸曲轴箱检测点进行油雾浓度检测(脱齿机构图中未画出)。SB_1 触点闭合,继电器 KG 通电。这时星形从动轮已经脱齿。限动凸轮不再定时切换阀位,微动开关 SB_4 也就不再有切换动作。

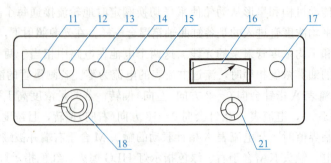

图 2-7-7　MK-4 型曲轴箱油雾浓度监测系统面板示意

如果不按 SB_1 按钮(不进行人工定点检测),微动开关 SB_4 受限动凸轮控制,由于 SB_4 定时的左右位接通,通过电阻电容充放电保持继电器 KG 通电,不会发生阀位切换不正常报警。

当星形从动轮脱齿后,SB_4 无论合于左位或右位,继电器 KG 都会通电。因此按 SB_1 按钮后,由于 SB_1 闭合使星形从动轮脱齿,同时 SB_1 闭合保持继电器 KG 通电,防止因 KG 断电发出阀位切换不正常的误报警。

(2)报警功能检测。将 SB_2 按钮按下,继电器 KF 通电,触头 KF_4 闭合自保,KF_1、KF_2 均合于右端,光电池 B_9 产生的光电流不会流过电流表,只有光电池 B_{10} 产生的光电流流过电流表,这时表针会指在极限刻度"18",发出各种报警信号,其动作过程如前述。但因继电器 KF 通电,其触头 KF_3 断开,继电器 KD 不会通电,即星形从动轮不会脱齿,也不会发生停车信号。功能检测后确认功能正常,可经复位按钮 SB_3 进行复位。

电源光路出现故障时,继电器 KB 断电,其触头 KB_2 合于右面,继电器 KE 通电,其触头 KE_1 闭合自保,触头 KB_1 和 KE_2 均动作断开则发出电源灯有故障信号(该路断线,触头 KB_1、KE_2 有一个闭合,不会发出电源灯故障信号)。当人为切断电源时,虽然 KB_2 会断开,但因继电器 KE 断电,其触头 KE_2 闭合,仍不会发出误报警。

(3)调零。按下按钮 SB_1,人工阀位指示器置于"0"位。这时测量管与基准管均通大气,两管浓度相同,两管光电池产生的电流差为零,电流表应指示"0",若不指"0",可调整电位器(扭动调零按钮 21)使电流表指针为零,如图 2-7-7 所示。

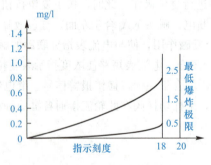

图 2-7-8　油雾浓度灵敏度曲线

(4)灵敏度检查。MK-4 型监测系统给出了灵敏度曲线(图 2-7-8)。左纵坐标为油雾浓度,用毫克/升(mg/L)表示,右纵坐标为报警和停机的低限百分数,横坐标是电流表指示值。上曲线为最小灵敏度曲线,下曲线为最大灵敏度曲线。主机曲轴箱油雾浓度指示的灵敏度应在这两条曲线之间调整。特殊的机型有特殊的灵敏度曲线。调整过程如下:

①主机正常运行1.5~2 h后。

②调零。

③人工调阀位指示器转到"L"位,基准浓度管里为混合气样,测量浓度管通大气。电流指针应指在"8"上或略高于"8",否则需要调整电阻R_{10}使其达到要求。

任务总结

本任务介绍了船舶物质含量传感器等船舶其他常见传感器,分析了曲轴箱油雾浓度监测报警系统的功能、监测原理及调试使用方法。将船舶中其他常见的传感器简单给予讲解,保障学生对船舶中所能接触到的传感器有一个大致的了解。

项目小结

本项目主要学习船舶机舱中温度传感器、压力传感器、液位传感器、转速传感器、流量传感器、黏度传感器、污水中含油量和含盐量传感器、氧含量传感器、CO_2含量传感器、油雾浓度传感器、位移传感器等常用传感器、差压变送器及机舱中使用的特殊传感器的工作原理与应用,结合仿真软件进行仿真试验,通过观察试验现象和数据学习传感器的特性,并掌握传感器在实际中的安装、应用及调试。

练习与思考

一、选择题

1. 波纹管常用作_____传感器,它根据_____原理工作,下列正确的选项是(   )。
   A. 压力 压力不同输出电阻不同   B. 温度 温度不同输出电压不同
   C. 温度 温度不同输出电阻不同   D. 压力 压力不同输出电压不同

2. 测量主机转速,通常采用的有(   )。
   A. 离心式   B. 磁力式   C. 磁脉冲式   D. 机械式

3. 热电偶中产生热电势的条件是(   )。
   A. 两热电极材料相同   B. 两热电极材料不同
   C. 两热电极的两端温度不同   D. 两热电极的两端温度相同

4. 在温度传感器中,船上常采用热电阻和热敏电阻,当检测温度升高时,它们的阻值将分别(   )。
   A. 增大,增大   B. 减小,减小   C. 增大,减小   D. 减小,增大

5. 在用磁脉冲传感器检测主机转速时,两个磁头布置的位置要相差(   )个齿。
   A. 1/4   B. 1/2   C. 1   D. 2

6. 电流型变送器输出的信号范围是(   )mA。
   A. 0~20   B. 0~50   C. 4~50   D. 4~20

7. Pt_{100}热电阻的阻值在(   )是100 Ω。
   A. 0 ℃   B. 25 ℃   C. 50 ℃   D. 100 ℃

8. Pt_{100}热电阻的材料是(   )。
   A. 铜   B. 铂   C. 镍   D. 康铜

9. 输出电势信号的感温元件是( )。
   A. Pt_{100}　　　　B. 热电偶　　　　C. Cu_{100}　　　　D. 光电温度计
10. 下列关于热电偶说法错误的是( )。
    A. 热电偶不会产生接触电势
    B. 热电偶的热电极材料不均匀将导致测量误差
    C. 热电偶补偿导线能消除冷端温度变化对测温的影响
    D. 补偿导线与热电偶连接端的温度差不能超过0 ℃

二、判断题
1. 氧含量传感器在船舶上主要用于检测气体中的氧气含量,特别是对油轮封舱惰性气体的氧含量进行检测。( )
2. 船舶柴油机曲轴箱油雾浓度的高低,是衡量主机运行过程是否正常的重要标志之一。( )
3. 气动差压变送器能把所测量的差压信号转换成20 mA的标准电流信号。( )
4. 船舶检测主机排烟温度的传感器一般是热电阻式。( )
5. 电磁式流量传感器可测量柴油的流量。( )
6. 在电磁感应式压力传感器中,差动变压器的作用是把位移信号转换成电动势信号。( )
7. 电容式压力传感器往往做成差动结构,是为了提高传感器的灵敏度。( )
8. 霍尔式转速表把被测量的转速信号,转换为霍尔电动势的大小。( )
9. 黏度计是利用燃油黏度大小与燃油流经节流装置前后的压力差成比例的关系来进行测量的。( )
10. 电动差压变送器能把所测量的差压信号转换为(0.02～0.1)MPa的标准压力信号。( )

三、简答题
1. 何为热电偶?其工作原理是什么?
2. 使用热电偶测温要进行冷端温度补偿的方法有哪些?
3. 何为热电阻传感器?其工作原理是怎样的?如何提高测量精度?
4. 什么是热电阻的分度表?什么是热电偶的分度表?
5. 在采用热电阻进行温度测量时,"三线制"接线方式是指什么?
6. 什么是差压变送器的调零和调量程?
7. 什么是正迁移?什么是负迁移?
8. 简述电磁流量计的工作原理。
9. 氧含量传感器的工作原理如何?它应用在船舶上什么场合?
10. 磁脉冲式转速传感器的工作原理是什么?其输出信号与被测转速之间的关系如何?

项目三　机舱常见报警系统

项目描述

船舶报警信号系统是指当出现可能会导致危及人员、船舶、机器、设备或货物等安全情况时，能实现船舶内部声光警示、呼叫等功能的设备系统。不同的报警信号系统担负不同的报警任务，如火灾报警系统在船舶发生失火、失事等紧急状态时，及时发出报警和施救信号；机舱监测报警系统在各种机器、设备出现故障时，及时发出自动报警信号及船上有关工作部位的简单联络信号等。

船舶报警系统的报警信号形式有音响式、灯光式和声光组合式，可根据不同工作环境和不同规范要求来选用。音响式报警设备主要有电铃、汽笛、电笛、蜂鸣器、广播等，多用在一般舱室或公共场所；灯光式报警设备主要有各种指示灯、报警灯，主要用在防止噪声干扰的区域；声光组合式报警设备常用带灯电铃，主要用在机舱。

本项目将学习船舶通用紧急报警系统、轮机员安全报警系统、船舶火灾报警系统、机舱组合报警系统和机舱监测报警系统 5 个船舶常见报警系统的组成、功能、工作原理和功能试验操作方法。

项目分析

在学习船舶常见报警系统的组成、功能、工作原理及试验方法的基础上，深入理解并掌握这些系统的运行管理和操作技能，逐步培养系统运行维护、故障分析与排除等解决实际问题的能力。

相关知识和技能

1. 船舶通用紧急报警系统的组成、功能与试验操作；
2. 轮机员安全报警系统的组成、功能、电路原理与试验操作；
3. 船舶火灾报警系统的组成、功能与试验操作；
4. 机舱组合报警系统的组成、功能与试验操作；
5. 机舱监测报警系统的组成、功能及报警点调试操作。

任务一　船舶通用紧急报警系统

🧰 任务目标

1. 了解船舶通用紧急报警系统的作用、组成、分布和技术要求；
2. 熟悉船舶通用报警控制器面板，掌握通用紧急报警系统的功能；
3. 熟练识读船舶通用紧急报警系统图和系统接线图，了解它与其他系统之间的接口关系；
4. 能够按照图纸要求，完成系统安装检查、功能试验、运行维护等操作。

📇 任务分析

通过本任务学习，主要培养训练船舶通用紧急报警系统的安装检查、功能试验和运行维护三个方面的技能。首先应该明确系统作用、设备组成、实物形式和安装位置，在此基础上重点学习系统的具体功能、报警触发方式、报警信号形式，以及它与其他船舶电气系统之间的接口关系，再通过设备实物操作训练，达到熟悉系统控制面板和功能试验操作的任务目标。

📚 知识准备

一、船舶通用紧急报警系统的作用、组成及分布

船舶通用紧急报警系统(Marine General Emergency Alarm System)，是在船舶发生重大海损事故或发生火灾等紧急情况下，对全体船员和旅客发布紧急总动员和集合的报警系统。

船舶通用紧急报警系统由通用报警控制器、报警器电源箱、警报装置、遥控按钮盒、连接电缆等组成。通用报警控制器和电源箱通常安装在驾驶室内，控制器面板上需有指示警报装置正常工作的指示灯。警报装置的信号器采用报警铃、报警灯，分散安装在全船各处。通常报警铃安装在全船有人到达且又能听清楚声响信号的地方，红色报警灯安装在需要免除声响干扰的无线电室和广播室；在噪声大的舱室(如舵机舱)，除安装报警铃外，还需要安装报警灯作为辅助信号。以杭州华雁电子数码公司产品为例，系统组成框图如图 3-1-1 所示。

二、船舶通用紧急报警系统的技术要求

根据中国船级社《钢质海船入级规范》(2018)及其修改通报第四篇第一章，以及 MSC.48(66)国际救生设备规则(LSA)及 MSC.218(82)第六章，国际海事组织 A.1021(26)决议《2009 报警器和指示器规则》等要求。船舶通用报警器必须满足以下要求：

(1)为发出通用紧急报警信号，所有客船和 500 总吨及以上货船应设有船舶号笛或汽笛以及附加电铃或小型振膜电警笛或其他等效设备组成的通用紧急报警系统(图 3-1-2)。

(2)在客船上该报警信号应能分别向船员和乘客，以及同时向两者发出。

(3)除船舶号笛或汽笛外，该报警系统应能自驾驶室和其他要害位置(例如，消防控制站、救生艇筏登乘位置等)进行操作，并应在被触发后一直保持报警状态，直至人工将其关闭或由于公共广播系统工作而暂时中断。

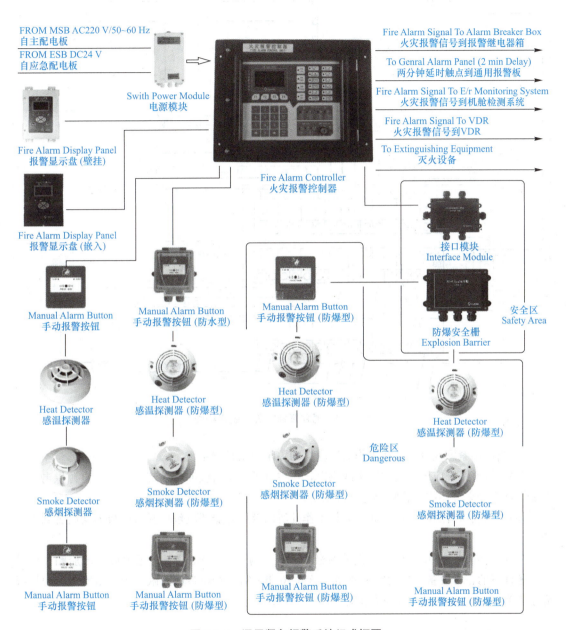

图 3-1-1　通用紧急报警系统组成框图

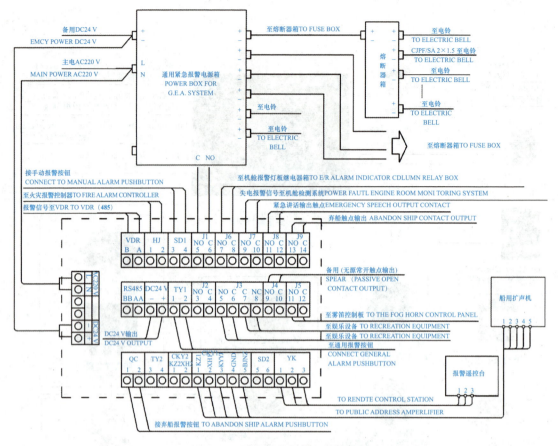

图 3-1-2 通用紧急报警系统接线图

(4) 当通用紧急报警系统在工作时，应自动关闭娱乐音响系统。

(5) 该报警系统应由专门的馈电线供电，在主电源失电后应能自动转换至应急电源供电。在客船上该报警系统还应由临时应急电源供电。

(6) 在全船所有起居处所、通常船员工作处所以及对客船还应包括开敞甲板上均能听到该报警信号。

(7) 在内外部处所中，该紧急报警的最小声压级应为 80 dB(A)，并至少应高出船舶在中等气候条件下的正常设备运转情况下的环境噪声 10 dB(A)。在舱室内睡眠位置和浴室内的声压级应至少为 75 dB(A)，并至少应高出环境噪声 10 dB(A)。

三、船舶通用紧急警报装置的控制原理

在客船或客货船上，通用警报装置设计成独立 2 组，1 组对船员，1 组对旅客。

通用警报装置的控制方式分为直接控制方式和间接控制方式。前者是在驾驶室按下关闭器时，全船警钟、警灯通过关闭器触头直接接通电源，发出音响和灯光信号。它适用警钟安装数量不多，馈电干线电流容量不大的船舶上。后者是在控制器电路上安装接触器，由驾驶室的关闭器或按钮进行控制。全船警钟和警灯通过接触器常开触头的闭合，接通电源，发出音响和灯光信号。它适用警钟数量多，馈电干线电流容量较大，总馈电线截面较粗，警钟电源接至驾驶室再进行馈电有困难的船舶。通用警报装置控制原理线路如图 3-1-3 所示。

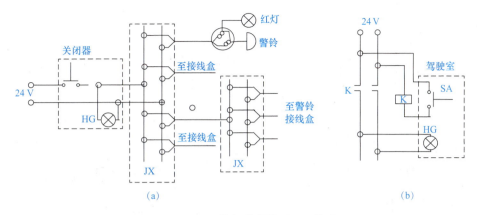

图 3-1-3　通用警报装置控制原理线路
(a)直接控制；(b)间接控制

任务实施

一、船舶通用报警控制器面板及警报装置认识

认识组成报警系统的各主要设备实物及其安装位置。图 3-1-4 所示为某品牌通用报警控制器面板及警报装置带灯电铃。

图 3-1-4　通用报警控制器面板及警报装置带灯电铃
(a)报警控制器面板；(b)警报装置带灯电铃

二、船舶通用紧急报警系统安装检查

识读报警系统图、系统接线图等相关图纸文件进行系统安装接线检查。以杭州华雁电子数码公司为某船配置的通用紧急报警系统为例，其系统图如图 3-1-5 所示。

对照图纸，确认报警系统各部分设备安装完整、接线正确无误；线路绝缘检查正常；确认报警系统与公共广播系统、雾笛系统、机舱组合报警系统、火警系统等接口接线正确、完整。

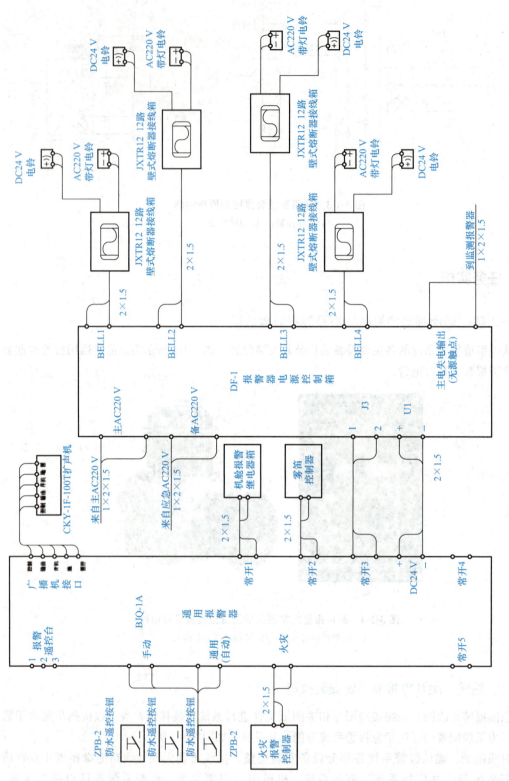

图 3-1-5 通用紧急报警系统图

三、船舶通用紧急报警系统的功能及其试验操作

1. 船舶通用紧急报警系统的功能

(1)手动报警。在报警控制器面板上提供了手动报警按钮,可发出手动人工报警信号,它属于点动报警,即依按键的长短报警。

(2)自动报警,也称为通用报警或弃船报警。一旦自动报警被触发,会向全船发出7短1长循环输出的声光报警信号(注:以上信号短声为1 s,长声为5 s,间隔1 s),同时公共广播系统被自动关闭,机舱组合报警灯箱、报警铃和雾笛控制器会接通电源,也会进行同频率的声光报警,以便通知全船人员。

(3)接收火警信号,发出声光报警。由火灾报警系统发出的火警信号在经过一定的延时(一般设为2 min)后,会被送入通用紧急报警系统,以便借助于通用报警系统的报警灯、电铃发出声光报警。

2. 船舶通用紧急报警系统的功能试验操作

(1)电源供电试验:电源箱采用两路AC220 V供电,主电源优先,当主电源失电时,自动切换为应急电源供电,同时,输出一个主电源失电信号(无源触点)到监测报警系统。电源供电试验可以分别单独合上主电源开关和应急电源开关,观察电源供电情况。

(2)按下通用报警系统面板上的手动按钮,通用报警器工作,报警灯、电铃发出声光报警;松开按钮,报警停止,属于点动控制。

(3)自动按钮属于带自锁的开关型按钮,一旦触发,在复位之前,将保持报警状态。按下自动按钮,报警灯点亮,报警铃按照7短1长的音调循环持续地输出报警。同时,该报警以无源触点的形式被送入雾笛控制板、广播、机舱报警灯柱。按下"消音"按钮,报警控制器上蜂鸣器消声。按下"复位"按钮,报警器复位。

(4)发生火灾报警且延时2 min后,火警信号以无源触点的形式被送入通用报警,通用报警系统报警灯及铃工作,音调连续。进行功能试验时,可用短接线短接的方法模拟火警输入信号,观察报警系统灯铃工作是否正常。

任务总结

本任务通过对船舶通用紧急报警系统的作用、组成和功能的学习,引导学生重点掌握通用紧急报警系统的安装检查和功能试验操作过程,理解并熟记通用报警的信号特点及它与其他船舶电气系统之间的接口关系。

任务二 轮机员安全报警系统

任务目标

1. 了解轮机员安全报警系统的功能、组成及分布;
2. 掌握轮机员安全报警系统的报警工作过程;
3. 掌握轮机员安全报警系统的电路工作原理,具备一定的故障分析排除能力;
4. 能按照图纸要求,完成系统安装检查、功能试验操作。

📋 任务分析

通过本任务学习，主要培养训练轮机员安全报警系统的安装检查、功能试验和运行维护三个方面的技能。首先应该明确系统功能、设备组成、实物形式和安装位置，在此基础上重点学习系统的报警工作过程和电路原理，并通过设备实物操作，达到任务技能目标。

📚 知识准备

一、轮机员安全报警系统的功能及组成

随着船舶建造水平的发展，大量高科技设备得到应用，使很多设备的运行已不再需要人工看护和操纵，出现了无人机舱或一人机舱，人们只需在必要的时候对机舱设备进行巡检就可以了。因此，为了保证轮机员的安全，产生了轮机员安全报警系统。

当轮机员下机舱工作前，开通此系统就可以保证轮机员安全地工作。如果在工作期间出现了人身的伤害，不能在固定时间内（通常为 27 min）将本系统复位时，本系统就会发出报警，报警信号同时会被送至机舱组合报警灯柱，称为预报警；如果再过一段时间（通常为 3 min）还没有复位，真正的轮机员安全报警就会发生，监测报警系统会通过延伸报警等方式将报警信号送至驾驶室和相关船员房间及公共场所，提醒大家进入机舱救人。反之，值班轮机员能够在固定时间内复位本系统，则本系统将会重新报警计时，直到轮机员安全离开机舱关闭本系统时，本系统才不再进行报警计时。该系统的采用大大提高了轮机员的人身安全系数，有的船厂将其称为死人报警。

轮机员安全报警系统（Engineer Safety Alarm System）主要由轮机员安全报警系统主机（面板和控制回路）、启停按钮箱、复位按钮箱、轮机员安全报警复示器组成，如图 3-2-1 所示。其中，轮机员安全报警系统主机通常安装在集控室，启停按钮箱安装在机舱内某个区域的入口处，复位按钮箱安装在机舱内一个区域的多部位，报警复示器则一般安装在驾驶室。

二、轮机员安全报警系统的工作原理

由于每个厂家的电路原理大同小异，这里仅以一种继电器控制实现的报警电路图 3-2-2 为例，介绍该系统的工作原理。

由图 3-2-2 可以看出，在控制回路中的 K_2 旋钮开关和机舱入口位置的启动停止按钮，它们的关系是并联的，都可以将本系统启动和停止。当启动按钮按下时，继电器 KM_2 动作。KM_1 继电器经 KM_3 继电器的常闭触点（1、9）和 KM_2 继电器的常开触点（5、9）闭合而动作，并经自身的触点 KM_1（5、9）自保，启动/停止按钮箱的指示灯 H_1 由于 KM_1 继电器的触点（6、10）闭合，并经 KM_6 继电器的常闭触点（8、11）供电灯点亮，表示系统开始工作。同时 KM_1 继电器的触点（7、11）闭合，使控制板上的指示灯 H_2 也得电灯点亮。此时，时间继电器 KT_1 经 KM_8 继电器的常闭触点（1、9）得电开始延时。

当延时到设定时间时，时间继电器 KT_1 动作，它的延时闭合触点（1、3）闭合使继电器 KM_5、KM_6 和时间继电器 KT_2 线圈得电，KM_6 继电器的常闭触点（8、11）断开，切断遥控启动/停止按钮箱上指示灯 H_1 的电源，指示灯熄灭。KM_5 继电器的常开触点（8、11）闭合，将信号传送至机舱组合报警灯柱，整个机舱出现声光报警，并且 KM_5 继电器的触点使报警灯板的蜂鸣器发出声响。

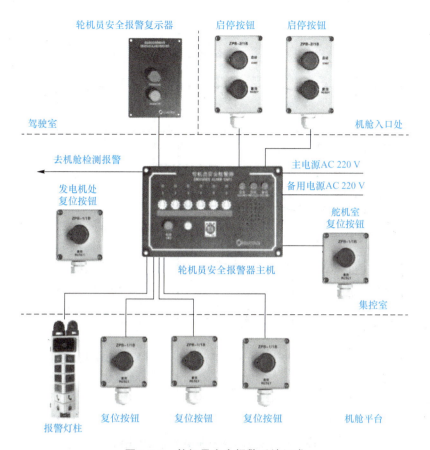

图 3-2-1　轮机员安全报警系统组成

如果经过 3 min 没有复位或停止系统的操作,时间继电器 KT_2 将延时动作,它的常开触点 (8、11)闭合,将信号传至机舱监测报警系统,机舱监测报警输送至延伸报警系统,送到公共场所和值班轮机员房间,通知船员下机舱救人。

如果在 KT_1 时间继电器延时过程中,复位按钮箱的复位按钮被按下或控制板上的 T_1 复位按钮被按下,继电器 KM_3 动作,它的常闭触点(1、9)断开,切断时间继电器 KT_1 的电源。当复位按钮松手后,继电器 KM_8 失电,它的常闭触点(1、9)闭合,恢复对时间继电器 KT_1 供电,重新进行报警计时。如果系统启动后的任何时间内,在控制板或启动/停止按钮箱按下停止按钮,KM_3 继电器得电动作,它的常闭触点(1、9)断开,切断 KM_1 继电器的电源,KM_1 继电器自保点(5、9)脱开,同时因 KM_1 的常开触点(11、7)断开,切断时间继电器 KT_2 电源,控制板上的指示灯 H_2 熄灭,KT_1 的常开触点(6、10)切断启动/停止遥控按钮箱上指示灯 H_1 的电源,指示灯熄灭,表示值班轮机员安全离开机舱。

任务实施

一、轮机员安全报警系统安装检查及功能试验

对照系统图、系统接线图(图 3-2-2)、系统说明书等,对轮机员安全报警系统进行安装检查与功能试验。

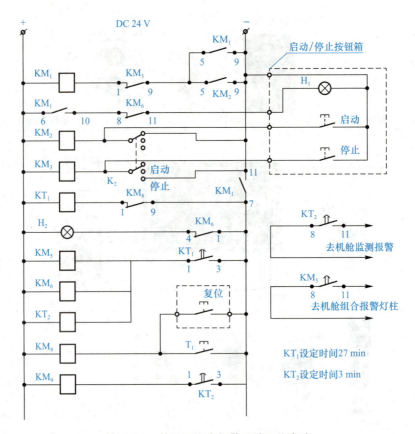

图 3-2-2　轮机员安全报警系统工作电路

1. 通电前的安装检查

(1) 检查所有元件接线是否正确、牢固。要求安装正确、牢固、清洁干净、系统完整。

(2) 测量电源侧无短路现象，极性正确，绝缘良好。

(3) 为了调试方便将时间继电器 KT_1 的延时时间 27 min 调至 2 min，KT_2 调至 1 min。

2. 功能试验

(1) 控制板功能调试。系统运行启动：测量电源 24 V 电压正常后将电源送上，扭动启动/停止旋钮开关 K_2 至启动位置，KM_2 继电器动作，KM_1 继电器动作，其常开触点(7、11)闭合，面板上系统运行指示灯 H_2 点亮，遥控启动/停止按钮箱上指示灯 H_1 点亮。

(2) 预报警功能试验。时间继电器 KT_1 延时 2 min 后触点动作，继电器 KM_6 动作，其常闭触点(8、11)断开，切断遥控启动/停止按钮箱上指示灯 H_1 的电源，指示灯熄灭。KM_5 继电器动作送至机舱组合报警灯柱的信号闭合输出。同时集控台上蜂鸣器发出声音报警。

再将启动/停止旋钮开关 K_2 旋至"停止"位置，蜂鸣器声响停止，面板指示灯 H_2 熄灭，然后将启动/停止旋钮开关重新旋至"启动"位置，KM_2 继电器动作，KM_1 继电器动作，面板上指示灯 H_2 点亮，时间继电器 KT_1 延时，在 KT_1 延时未到 2 min 时，将复位按钮 T_1 按下，继电器 KM_8 动作，使时间继电器 KT_1 失电断开。当松开 T_1 复位按钮后，因继电器 KM_8 没有自保触点，所以 KM_8 失电断开，其常闭触点又重新闭合，时间继电器 KT_1 动作而又重新开始延时。

(3) 外部遥控按钮及复位按钮检查调试。将控制板电源送上后，在机舱入口遥控启动/停止按钮箱处，将启动按钮按下，按钮箱上的指示灯和控制板上的指示灯点亮；按下停止按钮，按钮上的指示灯和控制板上的指示灯都熄灭，重新按下启动按钮，等 2 min 后集控室的蜂鸣器发出声音报警，至机舱报警灯柱的信号闭合输出，1 min 后至机舱监测报警的信号闭合输出，指示灯熄灭，然后至复位按钮箱处按每个复位按钮，看 KT_1 时间继电器是否有复位重新计时的过程。全部调试好后，将时间继电器恢复至原来的值。

二、轮机员安全报警系统电路故障分析及排除

(1)遥控启动/停止按钮中只有一个按钮好用时，检查遥控按钮的公共线连接是否正确。

(2)遥控按钮和控制板上启动操作没有反应时，检查遥控启动/停止按钮是否接于常闭触点，是则改为常开触点。

(3)按启动/停止按钮箱的按钮和控制板上启动操作后，时间继电器 KT_1 没有动作时，检查遥控复位按钮是否接于常闭触点，是则改为常开触点。

(4)启动操作后，遥控启动/停止按钮指示灯点亮，控制板上指示灯不亮时，检查电源极性是否接反，是则改正。

🧰 任务总结

本任务的学习重点在于理解并掌握轮机员安全报警系统的功能、电路原理和报警工作过程。在此过程中，涉及 27 min、3 min 两个时间，预报警、正式报警两种报警，机舱组合报警系统、机舱监测报警系统两个系统，并通过进一步分析回答下面两个问题：轮机员安全报警系统为什么与这两个系统有联系？它们是如何进行联系的？这样可以帮助学生迅速整体把握轮机员安全报警系统。

任务三　船舶火灾报警系统

🧰 任务目标

1. 了解船舶火灾报警系统的分类、组成；
2. 识别各种火警探测器，掌握火灾报警系统功能；
3. 能按照图纸要求，完成系统安装检查、功能试验、常见故障排除等操作。

⌨ 任务分析

通过本任务学习，了解常见船舶火灾报警系统的设备组成、分布、功能，在此基础上重点掌握各种火警探测器的安装与检测方法，并通过设备实物操作达到能进行火警系统功能试验和运行维护的技能目标。

📚 知识准备

一、船舶火灾报警系统概述

1. 船舶火灾报警系统的功能

(1)船舶火灾报警系统(Fire Detector & Alarm System)能在火灾初期，将燃烧产生的烟雾、

热量、火焰等物理量，通过火灾探测器变成电信号，传输到火灾报警控制器。火灾报警控制器接收到火警信号后进行声光报警并显示报警的区域或位置。

(2)船舶火灾报警系统本身线路检测，发出故障报警。

(3)船舶火灾报警系统报警信号输出：火警信号送入通用紧急报警、机舱组合报警灯柱、机舱监测报警系统等。

(4)发出联动控制信号，控制相应的防火设备，如关闭相应分区的防火风闸和梯道的防火门，或视需要关闭相应分区内的风机、启动自动灭火装置等。

2. 船舶火灾报警系统的类型

按照船舶火灾报警系统控制器的工作原理划分，船舶火灾报警系统可分为以下几种类型：

(1)逻辑回路主机式。这种主机是较早期产品，它是由分立的或集成的电子元件组成，全部工作(检查探测回路状态、确认报警、显示报警、输出报警、控制防火设备及自身故障检测等)都由模拟或数字电路来完成。其工作可靠性好，动作迅速，可维修，价格低。但智能化程度低，功能简单，灵敏度低，抗扰动能力差。

(2)可编程控制器主机式。当探测回路探测到火灾时，将火灾信号转化为电信号，输入主机的输入电路，输入电路把模拟量的电信号转化为数字量信号。可编程控制器不停地巡回检测各输入回路，当检测到某个回路信号变化时，则对其进行分析，若在去掉抖动干扰后报警仍然存在，可编程控制器将确认此报警并输出报警，同时控制防火设备灭火。可编程控制器还可以对系统自身的故障进行检查，并将故障输出。其具有一定的智能性，可以对各种输入信号进行综合分析，排除各种干扰，得到的结果有较高的灵敏性和正确性。系统功能增多、增强，人机交流界面更明了，系统自检能力高，操作人工作量减少。

(3)微型计算机主机式。由微型计算机主机担负中央控制任务，报警信号由报警器发出，分别安装于驾驶室、机舱操纵室、火警站、各个交通要道等处所，并覆盖全船，形成完善的火灾报警系统。这种主机的工作原理与可编程控制器主机式基本相同，它具有可编程控制器主机的全部优点，不仅更准确、灵敏、功能更强，而且可以通过更新软件来进行系统升级，因此，已成为当下的主流产品。

3. 船舶火灾报警系统的规范要求

根据中国船级社《钢质海船入级规范》(2018)及其修改通报第四篇第二章，国际海事组织决议 A.1021(26)《2009 报警器和指示器规则》，MSC.311(88)修正的《国际消防安全系统规则第九章》，EN54－2：1997《探火与失火报警系统第二部分：控制和显示设备》等对船舶火灾报警系统技术要求如下：

(1)火灾报警系统的电源应保证系统在任何时间均不断电。当采用蓄电池供电时，其容量需考虑使用 1 周以上，为了轮换使用还需要设置备用蓄电池组。

(2)客船和客货船上的火灾报警信号应将旅客和船员分开，设计成独立的两组。

(3)在油船上安装的火灾报警系统，不能选用有电火花发生的装置。

(4)火灾报警系统的报警路数根据防火警戒区来确定。防火警戒区通常按甲板、船舷、水密隔堵、舱室面积和防火等级要求进行划分，每一戒区为一路。

(5)火灾报警系统适用的船舶：所有航行于国内的海上客船，总吨位大于 1 000 吨的海上机动货船，油船，用以装载棉花、麻、亚麻、火柴及其他易燃物的干货船。

二、船舶火灾报警系统构成

1. 船舶火灾报警器构成

船舶火灾报警系统无论采用哪种主机，它们在系统构成上大致相同，主要有主机、遥控显示器、探头回路、报警回路、防火设备回路和电源回路，如图 3-3-1 所示。

随着船舶自动化程度的不断提高，船上的工作人员越来越少，机舱、集控室等易于失火的舱室和场所实现了无人值班，因而对船舶火灾报警系统提出了更高的要求。主机（又称中央控制板）是整个火灾报警系统的控制中心，多安装于驾驶室或火警控制站，它对全船的火警探测器进行统一的监测处理，一旦发生火灾，可立即向全船（特别是驾驶室、机舱操作室、火警站、交通要道等处）的火灾报警器发出火灾报警信号。同时在主机的控制下，按一定的程序控制灭火装置自动进行灭火工作，及时扑灭火灾。

(1)在使用中，火灾报警系统对电源的可靠性要求很高，电源必须能长时间地供给系统工作，因此，火灾报警系统的主电源是应急配电板供给的交流电。应急电源是充放电板供给的直流电。同时，在系统主机内有一套整流充电装置将交流电变压整流后，为蓄电池充电。当主电源和应急电源都无法为系统供电时，蓄电池将释放电能，继续为系统供电，并由电源模块控制各部分报警系统供电，电源模块的主要作用是在某个总线支路中出现短路可以自动屏蔽该区域，以保障其他区域报警正常运行。

(2)由图 3-1-1 可以看出，整个火警系统呈放射状分布，而中心是主机，它既是接线的中心，又是工作的中心。全部的元件都与其相连，全部的信号都在这里汇总，全部的分析处理都在这里完成。也可以通过接口模块进行区域扩展，并保障区域间的报警信号不会因为特殊情况相互干扰。

(3)遥控显示板最多可有 3 块，安放在集控室、货控室及船舶办公室等处。在遥控显示板上可以读到火警报警信息、故障报警信息和进行报警复位、消声。

(4)自动火警探头按类型可分为感温探头、感烟探头和感火焰探头 3 类。一个火灾报警系统可连接多条探头回路，而一条回路可存在多种类型探头和火警控钮。通过这些探头和按钮的合理搭配，可以探测全船的火灾情况。

(5)报警输出设备包括 24 V/220 V 报警笛、故障蜂鸣器、报警输出继电器等，通过这些设备，火警系统可以将报警信号传递到全船各个角落。针对船上各种干扰（噪声）区域，应选用不同类型报警器，如报警笛、报警铃、报警灯等。

(6)防火设备包括自动停止风机、防火门电磁铁、自动灭火器等。当探测到火灾后，系统将马上控制这些设备动作：切断空气、隔离火灾区域、自动灭火，在操作人员处理之前有效地控制和消灭火灾。

2. 火警探测回路

火警探测回路的数量是由船舶防火警戒区的数目和防火等级确定的。防火警戒区划分方法一般是以各层甲板和左右舷边界进行划分的。《国际海上人命安全公约》规定：一个分区的探测器所服务的处所不得同时包括船舶的左、右舷，不得多于一层甲板，也不得超过一个主竖区。

一套火警系统可以包含多条探测回路，一条探测回路可以包含多个火警探头和火警按钮。按照防火分割图，一条船被分为若干个防火区域，每条探测回路覆盖一个或几个防火区。针对各区域的特点布置探头和火警按钮，有效地监视各区域的火灾险情。

火警探头是火警探测回路中最基本、最重要的部件之一。它是根据火灾发生时的物理现象，通过感应元件采集到热、烟、光等信号，再将这些信号转化为电信号。当达到整定值时，触头自动闭合而发出报警信号传输给主机，供主机分析处理。

目前，船舶上安装的火灾报警系统，其火灾探头有手动和自动之分。自动探头包括感温、感烟和感火焰探头等多种传感器。感温探头通常安装在客船和油船上；感烟探头通常安装于货船上；感火焰探头多用于高度火灾危险区。手动探头多为玻璃按压按钮(DK-7)式，发信时敲碎玻璃装置就可以接通报警。

3. 火警按钮

火警按钮属于手动(人工)探头，是一个装在铁盒内的按钮，盒盖镶有玻璃，利用玻璃压下按钮，铁盒边附有一个小锤。常见火警按钮实物如图 3-3-1 所示。火警按钮通常安装在经常有人出现或易于看见的场所，如门口、走廊、扶梯口、逃生通道、餐厅等。遇有火灾时，用小锤敲破玻璃，使按钮复位，即可发出火灾报警。

图 3-3-1　火警按钮

火警按钮的优点是结构简单、动作可靠、维护方便。但其最大的缺点是只有在人们发现火灾以后才能进行人工报警。如果火灾发生在不易发现的舱室，就很难及时发现火情。因此，船上广泛使用了自动火警探头，即感温探头、感烟探头和感火焰探头。

《钢质海船入级规范》对火警按钮做出如下规定：

(1)火警按钮应遍及起居住所、服务处所和控制站，每个通道出口应安装一个火警按钮。在每层甲板的走廊内，火警按钮应便于到达，并使走廊任何部分与火警按钮的距离不大于 20 m。

(2)整个特种处所应按需要布设火警按钮，并在这些处所的每个出口处附近设置 1 个。火警按钮检测方法是在每个探测回路末端的探头或按钮上并联一个约 10 kΩ 的电阻。在正常情况下，主机通过检测流过电阻的微弱电流来确定回路接线是否良好，没有开路。

4. 感温探头

(1)感温探头的原理及分类。感温探头是选用对温度或温升变化率敏感的元件，如双金属片、易熔断元件、热电阻、热电偶、易膨胀液体等。利用火灾发生时舱室温度升高(升速)达到规定值时引起探头感温元件触点闭合，自动发出火灾报警信号。常见的两种感温探头如图 3-3-2 所示。

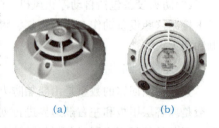

(a)　　　　　　(b)

图 3-3-2　感温探头

(a)感温探头；(b)防爆型感温探头

感温探头根据其工作原理又可分为恒温式探头和温差式探头两种。

①恒温式探头。当其周围环境温度高于动作温度时，即向集中控制室发出火警信号。整定动作温度可在 60 ℃～360 ℃ 范围内调整。其一般多用在预期环境温度剧增和无人值班的舱室，

对于一般的舱室在 70 ℃ 动作，厨房 75 ℃ 动作。该发信器的有效感温半径为 2.5 m。为了扩大防火警戒面积，提高火灾报警的灵敏度和工作的可靠性，其每一探测回路可同时并联几个感温探头，以便当火警出现时，该线路中的任何一个探头发生动作即能自动报警。

②温差式探头（包括温差式和差定温式）。其是根据监测区温度的上升率作为火灾前兆的火灾报警信号，如每分钟的温升超过 5.5 ℃ 的变化率，是目前常用的限值，作为火警信号的最低动作值。

它是由空气室、波纹片、小气孔、电触点和引出线等部分组成。当周围温度升高时，气室内的气体膨胀，企图迫使波纹片向下去闭合触点；而小气孔又将室内气体泄放出来，阻碍电触点的闭合。只有温升超过整定值，使气室内的压力升高速度超过小气孔泄放气体的速度，电触点才可闭合，发出火警信号。它适用不易感烟和感火焰探头的场所，如洗衣间、干洗房等，其要求的工作温度一般高于 30 ℃。

(2) 典型的双金属片探头。目前，应用广泛的感温探头其核心元件是双金属片温度开关，它是将两种热膨胀系数不同的薄金属片焊接在一起，将其一端固定，自由端与触点相连。当金属片受热后，膨胀率较大的金属片长度增加较大，而膨胀率小的金属片长度增加较小。这样，自由端将向一个方向弯曲，从而带动触点动作，将温度信号转化为电信号。在探头外面，朝向下方有一片传热良好的金属片，它将空气的温度收集并传导给双金属片，当温度超过设定值时，双金属片带动触点动作，由断开状态变为闭合状态。

(3) 感温探头的报警及显示。

①对于逻辑回路主机，在触点两端串联一个发光二极管（安装在探头外壳），直流电压直接加于触点和二极管两端，回路中有电流通过，主机报警，同时二极管发光指示报警位置。在火警发生后，发光二极管将一直发光，直到温度正常后触点复位，并且人工在主机上复位后才停止发光。

②对于可编程控制器主机和微型计算机主机，在触点和发光二极管之外还有附加电路，使探头的两种状态以如下方式表达出来：正常状态时流过探头较小电流（0.1 mA 级），报警状态流过探头较大电流（10 mA 级）。报警时，发光二极管发光，触点复位并在主机复位后，二极管停止发光。

③随着科技的发展，新型的感温探头不断出现。如可编程探头，通过设定探头上的地址码开关，每个探头都有一个自己的地址，当有报警发生时，在主机上将立即显示出火警发生的位置。

(4) 感温探头的温度设定及适用场所。感温探头的温度设定在出厂前已经调好，一般在一条船上会使用 3 种温度的感温探头，在常温区域（生活区、集控室、船首部等）的探头温度设定较低，通常为 50 ℃～60 ℃；在整个机舱的敞开部分采用 60 ℃～70 ℃ 的感温探头；在高温区域（分油机室、锅炉附件、桅井、厨房等）的探头温度设定在 70 ℃ 以上。

在船舶中感温探头多装于船员的住房、走廊、集控室和其他舱室面积较小的场所。每个感温探头监室的面积，《国际海上人命安全公约》规定不大于 37 m²，且两探头中心之间的最大距离为 9 m，离开舱壁的最大距离为 4.5 m。感温探头的灵敏度随安装高度的增加而降低，因此，当安装高度为 0～3 m，两探头间距以 9 m 为准时，其高度与规定间距之间的关系见表 3-3-1。

表 3-3-1 感温探头安装高度与间距参照表

安装高度/m	0～3	3～4	4～5	5～6	6～7	7～8
规定间距与标准间距(9 m)之比	1	0.84	0.77	0.64	0.52	0.4

5. 感烟探头

感烟探头(图 3-3-3)是利用火灾发生之前所出现的烟雾浓度达到规定值时引起探头感烟元件触头闭合，自动发出火灾报警信号的器件。

(1)感烟管式火警探头。感烟管式火警探头是由电光源 3、聚光镜 2、集烟管 6、抽风箱 4、放大器 5 和两个光电池 1、7 组成，其原理如图 3-3-4 所示。

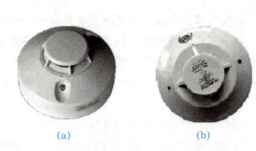

图 3-3-3　感烟探头
(a)感烟探头；(b)防爆型感烟探头

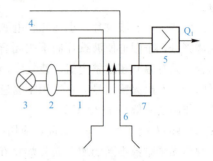

图 3-3-4　感烟管式火警探头
1、7—光电池；2—聚光镜；3—电光源；
4—抽风箱；5—放大器；6—集烟管

感烟管式火警探头工作时，由抽风箱将被监视舱室的气样吸进集烟管。无火灾时，没有烟雾，两个光电池得到的光度一样，放大器无输出，不发出报警信号。当火灾发生时，烟雾浓度变大，烟雾经过集中观察室的玻璃管时，照射到光电池 7。由于光电池 7 上的光通量受到烟雾的影响，显然光电池 1 所得的光度远大于光电池 7，它们产生的光电势不同，使光电池电桥失去平衡。它们的差值经过放大器放大后，使探头动作，其触点闭合而发出报警信号(音响和灯光)，并能指示出火灾发生的地点。同时，报警探头还具有故障报警信号。其灵敏度：光电元件上光通量受到 10%～15% 的影响时立即发出报警信号。

集烟管是报警探头的吸烟口，作为抽取火灾警戒舱室烟雾之用，它与直径为 25 mm 的烟管相连，通常布置在无人值班的防火舱室，如货舱、储藏室、仓库等处。集烟管所连接的烟管直径为 19 mm。为了扩大防火警戒区面积，提高报警探头的灵敏度和可靠性，火警探头的每个报警管路只允许并联两个集烟管，并要求集烟管布置在该警戒区的抽风口附近，以便当火警出现时，两个集烟管都可发生作用。为了防止积水和使烟顺利地被抽至报警器，应保证从集烟管到报警装置的烟道逐渐向上倾斜。

另外，还有吸风电机箱和警钟。吸风电机箱是由两台电动机组成，供日常轮换使用。电动机为直流 220 V、200 W，吸风速度为 128 m/s。警钟为直流 220 V，故障报警采用鸣音器。

(2)离子式火警探头。离子式火警探头是由内电离室 PSY_1、外电离式 PSY_2 及晶闸管 SCR_1、场效应管 V_1、三极管 V_2 等半导体元件接成的控制电路组成，其电路如图 3-3-5 所示。其内、外电离室内均存有放射性同位素镅 241 和一个电极，镅 241 发出 δ 射线使气体电离。工作时，被监视舱室气体进入外电离室，若是火灾前兆，气

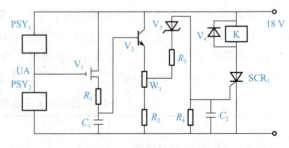

图 3-3-5　离子式火警探头电路

样中会充满烟雾,由于烟雾颗粒能吸附一部分离子,使到达外电离室 PSY_2 的电极的离子数减少(离子电流小),相当于它的等效电阻增大。内电离室 PSY_1 是封闭的,烟雾不能进入,所以,它的等效电阻与烟雾无关。这样,场效应管 V_1 的栅极电位 UA 点提高,该信号经过场效应管 V_1 的源极跟随器耦合,再经三极管 V_2 放大,由射极 X 跟随输出。如果进入外电离室的烟雾浓度达到电路的整定值,从电位器 W_1 的输出信号使稳压管 V_3 击穿,触发晶闸管 SCR_1,使其导通。那么 18 V 电源使报警继电器 K 动作,发出火警的声、光信号。由于不同场所要求的灵敏度不同,所以,电路中有一电位器 W_1 可供调节,但也不可太高,否则香烟的烟雾或灰尘也可能引起误报警。

(3)光电管式火警探头。光电管式火警探头是日常船舶上应用最广泛的感烟探头。在感烟探头的侧面是由金属网形成的烟气通道,里面是一个小暗室。在暗室中有一个光电管,在暗室外有一个发光二极管,发光二极管的光通过一面凸透镜形成光束进入暗室,但光束并不直接照射在光电管上。当微粒状的烟气进入暗室后,光束经微粒折射后照在光电管上,使光电管导通烟气信号转变为电信号。然后,探头内的辅助电路将这一通断信号转化为各自主机需要的信号,传输给主机。其特点是结构简单、安全可靠、灵敏度高、应用性强。

(4)感烟式探头的适用场所及要求。感烟管式、光电管式火灾探头只适用可见烟的检测,主要设置在机舱、货舱等监视面积较大的场所,用来探测可见烟的火灾预兆。其视角一般为140°,所以安装时要使其保护面积覆盖在其视域内。离子式火灾探头对于有形(可见)和无形(不可见)烟雾均能探测。在船舶上普遍布置在走廊、梯道、起居住所、脱险通道和机舱各处,但有人吸烟的公共场所除外。

《国际海上人命安全公约》规定:感烟式探头保护的最大地板面积为 74 m²,两探头中心间距为 11 m,离开舱壁的最大距离为 5.5 m。同时还应注意,保护面积与安装高度也有关系,公约规定的最大地板面积 74 m² 是对安装高度为 4~8 m 而言的。由于各厂家生产的离子式探测器保护面积不尽相同,所以在布置安装时,既要遵守公约,又要参照厂商的规定。同时,应避开横梁、管道等影响气流正常流通的地方和有物理性损坏探测器的位置,合理确定间距,以取得最佳效果。

6. 感火焰探头

感火焰探头(图 3-3-6)是利用火灾前兆的光波效应达到规定值时引起探头触点闭合,发出火灾报警信号的器件。常用紫外线光敏管、红外线光敏管、光敏电阻等作为检测元件。如紫外线感火焰探头的感光元件是冷阴极金属,当紫外线照射到冷阴极金属上时,使其电极上激发出大量的光电子。光电子受外场的作用加速运动,同时,电离了管内的惰性气体,促使电路导通,光电管发出火灾

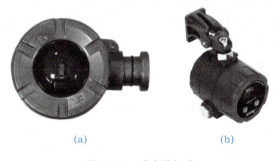

图 3-3-6 感火焰探头
(a)紫外火焰探测器;(b)双红外探测器

报警的光信号。同时,利用辅助电路能将这种变化转化为主机可识别的信号。另外,在辅助回路中有一套过滤回路,它能将其他物体发出的不同波长的紫外线,如太阳、日光灯引起的报警过滤掉。当报警发生后,安装在探头上的发光二极管,报警复位后停止发光。这种探头具有视域广泛、灵敏度高、抗干扰性强等优点。

感火焰探头适用可能发生有可见火焰、烟气较小的高度危险火灾的区域,同时在同一区域必须有感烟或感温探头作为辅助探测。由于感火焰探头的灵敏度很高,甚至有时会将其他光线

误认为火灾，所以在探测区域内不要有与探头波长相同的光线。一般安装在钻井平台上油处理区、井口、油船、化学品船上的防爆区，但不适用相应光线灯和明火作业的场所。安装时应注意探头的覆盖角，一般红外线探头的探测角为140°，紫外线探头的探测角为90°，安装时应使保护面积都处在覆盖面之内。

三、防火设备和报警输出回路

1. 防火设备

防火设备包括风机自动停止设备、防火门电磁铁、灭火器自动控制器等。根据不同船舶的特点防火设备的选择有所不同，既可以选择厂家提供的全部设备，也可以有针对性地选择部分设备。火灾报警系统有无源触点、直流有源输出、交流有源输出3种输出方式控制防火设备。

(1)风机自动停止设备：火灾报警系统的一组无源触点通过连线串接到所控制的风机控制回路中。当探测到火灾后，无源触点翻转，切断所控制的风机电源，使火灾区域因无氧而熄灭或减小。

(2)防火门电磁铁：在全船的重要防火区域使用防火门，防火门上安装有弹簧复位的闭门器和一块铁板，门电磁铁安装在墙壁与铁板相应的位置上。在正常状态下，电磁铁带电，磁力吸住铁板使闭门器无法关住防火门。火灾发生后，系统切断电磁铁电源，磁力消失，闭门器将防火门关闭。

(3)灭火器自动控制器：灭火器控制有两种方式：一种是与其他系统(二氧化碳系统、惰气系统等)相连，通过无源触点信号将火警信息传递过去，再由该系统执行动作；另一种是系统直接发出有源信号控制灭火器。灭火器的打开是气动式，在气动管路上安装一电磁阀，火警发生时，电磁阀得电打开(发出灭火报警信号)，高压气体打开灭火器，灭火剂通过管路到达火灾处灭火。

2. 报警输出回路

火灾报警系统共有两种报警输出，即故障报警和火灾报警。故障报警发生时会有声光报警和具体的故障信息同时出现，但故障报警只在主机报警板和遥控报警板处有。火灾报警输出的有源输出可以直接驱动电铃、电笛等设备；无源触点输出连接到内部通信系统和机舱组合报警系统，当报警发生时触点翻转，内部通信系统驱动的内通喇叭及组合报警转灯将火灾报警传播到全船各处。

📻 任务实施

一、火灾报警系统安装检查与功能试验

(1)在整个系统安装完成后，先对系统的完整性、接线的正确性进行检查，然后准备进行通电调试。

(2)给系统供电时要一路一路分别送电，检查每一路单独供电时的工作情况。使用蓄电池为系统供电前要对其进行充电，测量电池电压。如果电压低不能用电池供电，以免损坏电池。

(3)通电正常后，检查面板功能：先对系统进行测试(将各个测试按钮打到"TEST"位置)，检查每一个按钮、指示灯、蜂鸣器是否正常工作。

(4)检查各条外部回路：重点是检测各回路的火警探头是否正常，检查火警探头时需要使用辅助工具。

①感温探头可使用加热枪或电吹风。用加热枪时，将加热面与探头集热金属片接触，直到报警发生；用电吹风时，风筒离金属片约 3 cm，直到报警发生。探头测试结束后系统必须复位。为了使探头快速冷却复位，可用一块湿毛巾盖在金属片上，当听到内部"咔哒"一声后，探头就复位了。

②感烟探头可使用专用的测试气罐，但这种气罐成本较高，操作不太方便。在实践中，一线工人总结出了一个简单实用的方法：让会吸烟的同志用一段塑料软管(塑料套管)，将香烟直接吹到探头内，报警后还可以将探头内香烟吸出，快速复位。

③感火焰探头可用明火试验，将一约 5 cm 高火焰(打火机火焰)置于探头下方 5 m 处，微微晃动即可触发探头，发出警报。

④在检查报警探头的过程中，可以将火灾报警系统的报警输出功能和外部控制功能关闭位置。在检查报警回路和报警响度时，将报警输出功能打开，模拟一个火警信号，观察报警装置是否启动。检查防火设备控制时，将外部控制功能打开，模拟一个火警信号，观察防火设备是否启动。

二、火灾报警系统故障排查

1. 探测回路故障

当主机板上的探测回路故障指示灯点亮时，首先要确定故障位置是内部还是外部。将故障回路接线拆下，在该位置连接一个 10 kΩ 的电阻，如果故障依然存在，说明是主机内部故障，需要更换备件；如果故障指示消失，说明是外部接线或探头故障，需要对探头和电缆进行检查，在此提供两种方法以供参考：

(1)火警测试法。先将控制外部设备回路断开，按照安装图，从距离主机最近的探头开始模拟火警。如果一个探头对火警没有反应，则说明故障在这个探头或前一个探头上，或两个探头之间的连线上。

(2)测量电压法。测量每一个探头的输入输出电压，这种方法可采用二分法来加快速度：先检查位于故障回路中间的那个探头，若正常表明故障在后半段，若不正常表明故障在前半段。继续将存在故障的部分二分检查，直到查出故障。

2. 报警铃回路故障

可以将故障回路拆下，在原处接一个 1 kΩ 电阻，如果故障依然存在，说明是内部故障，应更换备件；如果故障消失，说明是外部回路故障，应检查回路接线、绝缘、设备情况。

3. 绝缘故障

绝缘故障是最难发现和排除的，下面一步一步地检查和确定故障原因。注意：在整个检查过程中不能使用兆欧表，以免破坏内部电器元件。

(1)将所有的回路开关都打到关的位置，通过回路故障测试开关进行测试。如果故障存在，则可能是电源部分故障；如果故障消失，则是外部回路绝缘故障。

(2)如果是外部故障，一个接一个打开回路开关。

(3)当故障再次出现时，说明刚刚打开的回路有故障。

(4)将故障回路接线拆下，用万用表检查绝缘，并注意是否有探头正负极反接。排除故障后恢复接线。

(5)继续步骤(2)，直到全部回路检查结束。

(6)如果故障来自供电电源，将主电源接线拆下。此时，系统由应急电源供电，如果绝缘故障消失，则故障来自主电源回路。

(7)如果故障还存在就是主机内部故障，应联系专业人员维修。

4. 电池故障

充电装置熔断丝烧毁或充电装置充电电流过小，将引起蓄电池电压过低，此时应检查熔断丝和充电电流。

5. 熔断丝故障

检查全部熔断丝。

6. 主电源供电故障

检查端子排上主电源是否中断；检查熔断丝是否熔断；检查接线端子是否接触良好。

三、总线型火灾报警系统认识

近几年来，火灾报警系统均采用了总线制编码传输技术。其是由火灾报警控制器、区域显示器(如集控室或生活区显示屏)、声光报警装置及感温或感烟智能探测器(带地址模块)、控制模块(控制消防联控设备)等组成的总线制编码传输型集中报警系统，如图 3-3-7 所示。该系统采用单片机技术，线制小，安装开通方便，在使用编码底座后，可与智能型离子感烟探测器、感温探测器、编码按钮等组成火灾自动监控系统。系统由一个中央单元、一个或几个控制单元、数个探测环路所构成。

中央单元由报警处理板、探测环路接口板、继电器板、通信接口板、开关量输入板、开关量输出板、开关量探测器接口、电源单元等部分组成。

控制单元是操作者与系统进行人机对话的装置，当系统发生火警时，左上角的火警大灯闪亮，其右侧的两组三位数码管分别显示报警的环路号和探测器号。控制单元右部的液晶显示屏显示系统的信息，液晶窗下方的键盘用于输入操作者的各种控制命令。当系统发生故障时，控制单元右下方的故障灯闪亮，其上方相应的发光二极管指示故障类型。

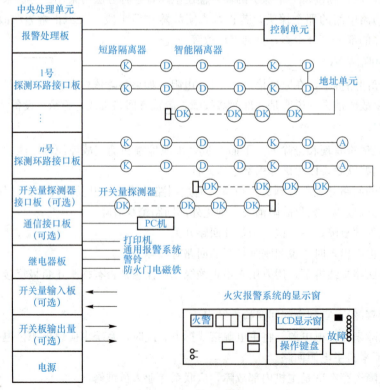

图 3-3-7　总线型火灾报警系统结构

火灾探测器的接线形式,如图 3-3-8 所示。

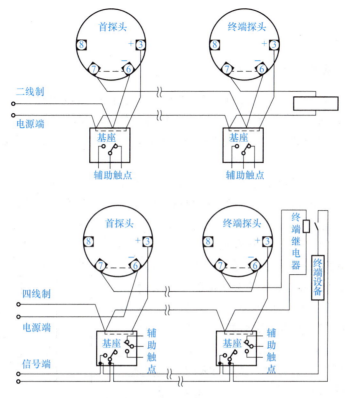

图 3-3-8　火灾探测器的接线形式

任务总结

掌握火灾报警系统的组成、功能及功能试验操作方法是本任务学习重点,理解总线型火灾报警系统的工作原理及火警探测器的连接方法是本任务学习的难点。在学习过程中,需要结合目前常用的船舶火灾报警系统设备操作训练来加以掌握。

任务四　机舱组合报警系统

任务目标

1. 了解机舱组合报警系统的组成、分布及各路报警标识;
2. 掌握机舱组合报警系统的电路工作原理;
3. 能按照图纸要求,完成系统安装检查、功能试验、常见故障排除等操作。

任务分析

通过本任务学习,主要培养训练机舱组合报警系统的安装检查、功能试验和运行维护三个方面的技能。首先应该明确系统设备的组成、分布和各路报警标识,在此基础上重点学习系统的控制电路工作原理，并通过设备实物操作，掌握系统安装检查、功能试验等操作过程。

知识准备

一、机舱组合报警系统的功能与组成

在现代船舶中，一些较重要设备的报警，如通用紧急报警、CO_2 释放报警、火灾报警、电话呼叫、车钟呼叫、机械故障报警和轮机员安全报警等，除有单独的报警板外，还将报警信号传输到机舱报警灯柱和报警灯板，发出相应的声光报警，以便通知机舱工作人员，称为机舱组合报警系统（E/R Alarm Group Light Column）。

各种报警信号被送到组合报警系统继电器箱后，再经过继电器箱的转换将这些报警信号送到机舱组合报警信灯柱和报警灯板，通知机舱内的船员。这些被送到报警灯柱和报警灯板的信号在继电器箱内是并联连接的，只要有报警信号，它们就会同时发出灯光信号和音响信号。所以，机舱组合报警系统主要由两部分组成：一是报警继电器箱，也就是系统的控制电路，负责报警信号采集，同时输出信号驱动报警灯柱（板）；二是外围报警灯柱和报警灯板，也就是系统的报警装置，通常布置于机舱、舵机舱，分油机室、集控室、锅炉舱等噪声较大的场所。机舱组合报警系统框图如图 3-4-1 所示，系统示例如图 3-4-2 所示。

图 3-4-1　机舱组合报警系统框图

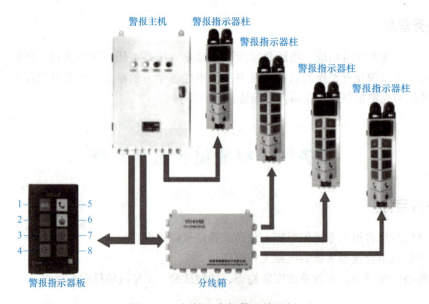

图 3-4-2　机舱组合报警系统示例

1—通用紧急报警；2—火灾报警；3—CO_2 释放报警；4—机械故障报警；
5—电话呼叫；6—车钟呼叫；7—轮机员安全报警；8—灭火喷淋

二、机舱组合报警系统控制电路的工作原理

根据报警灯柱上报警笛和灯柱本身线路的不同，电路也不同。下面介绍一种具有能够发出多种声调的电笛系统的机舱组合报警系统工作原理电路，如图3-4-3所示。

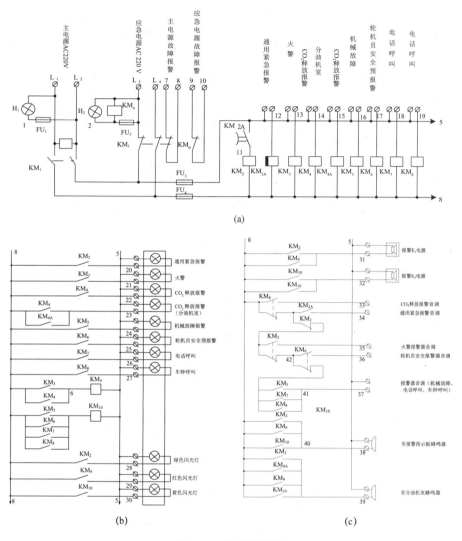

图 3-4-3 继电器箱原理

1. 两路电源供电，保证系统供电的可靠性

由图3-4-3(a)可以看出，电路中采用双路电源供电，一路由主配电板供电，另一路由应急配电板供电。当主配电板供电时H_1电源指示灯点亮，KM_1继电器得电动作，其常开触点闭合，将主配电板的电源经FU_3和FU_4熔断丝送至控制回路中；同时，KM_1继电器的常闭触点断开，切断应急配电板提供的电源。当主配电板供电中止时，KM_1继电器失电，它的常开触点断开，切断主配电板供电线路，而它的常闭触点闭合，将应急配电板电源接入控制回路中，应急电源指示灯H_2点亮，继电器KM_0动作，KM_0的常闭触点(9、10)断开使应急电源故障灯熄灭，表示已由应急电源供电，反之则表示应急电源失电报警。同样，KM_1的一个常闭触点(7、8)也有主

电源失电报警的功能,通常将这两个触点并联起来,送入机舱监测报警系统。

2. 报警过程分析

当电源供电正常时,车钟呼叫、电话呼叫、轮机员安全呼叫、机械故障报警、CO_2 报警、火灾报警、通用紧急报警中的任何一个报警信号输入后,它们所对应的 $KM_2 \sim KM_8$ 继电器动作,继电器的触点会将电源送至报警灯柱上的相对应的灯和报警笛上相对应的音调,如图3-4-4所示。这些报警信号送来的是一个开关量的触点闭合信号,当闭合信号来时(如火警信号),把接线点(5、12)短接,如图3-4-3(a)所示,继电器 KM_3 动作,其常开触点(8、21)闭合,如图3-4-3(b)所示,报警灯柱上火警灯点亮。KM_3 的另一个常开触点(8、6)闭合,使继电器 KM_9 动作,KM_9 的常开触点(8、45)闭合,如图3-4-3(c)所示。报警灯柱上的报警 E_1,电源得电,同时其常开触点(8、40)闭合,报警指示灯板上的蜂鸣器发出报警声,另一个常开触点(8、39)闭合,分油机室的蜂鸣器也发出报警声。这些报警信号不能同时发声,如果同时到达,报警信号也不可能同时发声。因为它们有一个优先发声的控制,在图中是用继电器的触点来实现的。这里优先发声的是 CO_2 释放报警,如分油机室的 CO_2 释放报警信号来时,使继电器 KM_4 动作如图3-4-3(c)所示,其常开触点(8、33)闭合,发出 CO_2 释放报警声音,而另一个常闭触点(8、43)断开,切断其他同时送来的报警信号。其次是通用紧急报警继电器 KM_2,再次是火警继电器 KM_3,轮机员安全预报警继电器 KM_6 来切断后面的报警。

3. 报警灯标识说明

从图3-4-1中可以看出,每一个报警灯柱和报警灯板上都有相对应的指示灯。报警灯柱上还有3种不同颜色的转灯,2个报警笛。当不同的报警到来时,对应的指示灯点亮,对应颜色的灯旋转,报警笛发出对应的音调。如有车钟呼叫、电话呼叫、轮机员安全报警及机械报警信号输入时黄色转灯闪亮;火警、CO_2 报警信号输入时红色转灯闪亮;有通用报警信号输入时绿色转灯闪亮。报警灯柱上的报警笛根据报警的组别发出不同的音调报警。报警电笛音调种类说明如图3-4-4所示。

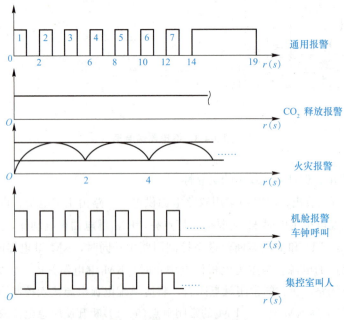

图 3-4-4　报警电笛音调种类

4. 断电延时时间继电器 KM_{2A} 的作用

如图 3-4-3 所示，由于通用紧急报警信号为 7 短 1 长，当报警信号到来时，7 短 1 长信号由 KM_2 的常闭触点直接送至报警笛，报警笛也发出 7 短 1 长的声音。而报警灯和转灯则是由继电器 KM_2 控制的。KM_2 受时间继电器 KM_{2A} 常开延时断开触点(5、11)的控制，只有 KM_{2A} 常开延时断开触点(5、11)闭合时，它才能动作。当 KM_{2A} 延时时间大于通用报警信号的间隔时间时，报警灯和转灯将长时间工作。

5. 报警笛驱动

如图 3-4-3 所示，报警灯柱上的报警笛 E_1，在通用报警、火警、CO_2 报警时鸣响。由于通用报警时继电器 KM_2 动作、火警时继电器 KM_3 动作和 CO_2 报警时继电器 KM_4 动作，它们的触点闭合使继电器 KM_9 动作，把 AC220 V 电源通过接线点 31 送至报警笛 E_1 实现的。报警笛 E_2 在车钟呼叫、电话呼叫、轮机员安全报警和机械故障时鸣响，这些报警使相应的继电器 KM_8、KM_7、KM_6、KM_5 动作。由于每一个继电器的常开触点是并联的，因此，它们其中任何一个动作都会使继电器 KM_{10} 动作，KM_{10} 的常开触点闭合，把 AC220 V 电源通过接线点 32 送至报警笛 E_2。若所有报警在同一时刻发生，则报警系统电笛驱动电路设置了优先级选择电路，此时，报警电笛只能选择优先级最高的报警信号音调发出声音报警。从图 3-4-3(c)中可以看出，报警信号的优先级：通用紧急报警、CO_2 释放报警优先级最高；次之是轮机员安全报警、火灾报警；优先级最低的是车钟呼叫、电话呼叫和机械故障报警。

任务实施

一、机舱组合报警系统设备认识及其安装位置确认

机舱组合报警系统的组成及安装位置见表 3-4-1。

表 3-4-1 机舱组合报警系统的组成及安装位置

名称	安装方式	安装部位
报警灯柱继电器箱	挂壁安装	教学室
报警灯柱	挂壁安装	教学室
机舱组合报警复示器	嵌入安装	驾控台台面
机舱组合报警复示器	嵌入安装	集控台台面
机舱声光报警输入按钮	嵌入安装	实训台台面

报警灯板及报警灯柱的安装方式如图 3-4-5 所示。

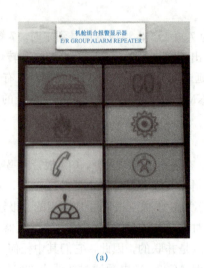

(a)   (b)

图 3-4-5　报警灯板及报警灯柱的安装方式

(a)报警灯板(嵌入式)；(b)报警灯柱(壁挂式)

二、系统安装检查

(1)检查系统完整性，包括元件检查，接线正确性和牢固性并清洁干净。

(2)由于电源是双路 220 V，需检查每一路绝缘是否良好。

(3)时间继电器 KM_{2A} 调至大于通用报警信号的最长间隔时间。

三、系统通电调试(图 3-4-3)

(1)电源供电试验：将输入信号全部脱开，检查电源正常后送电，这时能看到两个电源指示灯 H_1、H_2 点亮，KM_1 继电器动作。此时断开主电源，可以看到主电源灯 H_1 熄灭，应急电源指示灯 H_2 仍点亮，而 KM_1 继电器因失电停止动作。此时由 FU_3 和 FU_4 熔断丝处可量出应急电源的工作电压，同时可检查失电报警信号的输出情况(主电源故障报警灯点亮)。

(2)模拟报警信号的输入检查：用短接线在继电器箱内依次短接每一个报警信号输入点，如(5，12)、(5，13)等。检查报警指示灯及报警喇叭和转灯的工作情况，并在试航 90% 主机负荷时检查声音响度。

(3)报警信号的输入检查：将外部输入信号全部接入，在实际的报警点使其逐一发出报警信号，检查报警点与发出的报警是否正确。通用报警信号到来时看指示灯和转灯能否持续工作，喇叭发出的是否为 7 短 1 长的信号。

四、系统故障分析与排除(图 3-4-3)

(1)没有电源指示：检查 FU_1 和 FU_2 熔断丝及指示灯。

(2)有电源指示但没有工作电源：检查 FU_3 和 FU_4 熔断丝。

(3)报警输入信号与指示灯及报警喇叭与转灯对应不上：检查输入信号连线是否正确。

(4)指示灯与报警笛及音调与转灯对应不上：检查报警指示灯连接是否正确。

(5)报警喇叭声调不对：检查报警喇叭连线是否正确。

(6)通用报警到来时，指示灯与转灯工作不连续：检查时间继电器 KM_{2A} 延时是否太短，调整后再试。

🧰 任务总结

机舱组合报警系统的控制电路工作原理分析是本任务学习的重点与难点。其中，两路电源供电方案在船舶报警信号系统中广泛采用，具有代表性；同时，电路中断电延时时间继电器 KM_{2A} 的应用及硬件接线实现的报警优先级电路，是学习过程中需要分析清楚的细节。

任务五　机舱监测报警系统

🧰 任务目标

1. 掌握机舱监测报警系统的监测的参数类型和系统的主要组成；
2. 理解并掌握机舱监测报警系统的主要功能；
3. 了解网络型机舱监测报警系统实例(K-Chief 600)的组成及各部分作用；
4. 能进行报警点调试、报警应答、报警闭锁、值班切换等监测报警系统基本操作。

⌨ 任务分析

机舱监测报警系统是轮机自动化的重要内容，它能准确可靠地监测机舱内各种动力设备的运行状态及其参数，一旦运行设备发生故障，自动发出声、光报警信号。根据自动化程度的不同，有些系统还具有报警记录打印、参数和状态的定时或召唤打印及参数的分组显示等功能。对于无人机舱，集中监测与报警系统还能将报警信号延伸到驾驶台、公共场所、轮机长房间和值班轮机员的住所。机舱监测报警系统不仅可以改善轮机管理人员的工作条件、减轻劳动强度、及时发现设备的运行故障，而且是无人机舱的基本条件。本任务使学生在学习机舱监测报警系统组成、功能的基础上，重点掌握各类型报警点的调试、报警应答、报警闭锁和值班切换等操作技能。

📚 知识准备

一、机舱监测报警系统的监视过程及参数类型

机舱监测报警系统按集中监视工作过程分为两种。一种是连续集中监测报警系统。其特点是长期不断对机舱内各种设备的运行参数同时检测，一旦发生故障，该检测点传感器送出越限信号到集中监测系统，报警系统将报警信号送到机舱、集控室、驾驶室、公共场所及轮机长、轮机员住所等。报警信号一般设置声响报警、闪光报警等信号，有的还设有仪表指示、数字显示及打印记录。另一种是巡回监测机舱监测报警系统。其特点是对各机器设备运行参数依次进行周期性的自动检测，也称扫描显示。可以由数字电路或计算机的方式构成，同样可进行数字显示或 CRT 显示、打印记录和报警，适用检测点多的场合。

在机舱中需要监测的参数可分为开关量、模拟量两类。

(1)开关量是指只有两个状态的量。这两个状态通常表现为开关的断开和闭合，而开关的形

式可以是机械开关或继电器触点。在船舶机舱中，开关量可以反映设备的运行状态，例如，设备是处于运行状态还是停止状态、设备是正常工作还是出现故障、主机凸轮轴位置及阀门位置等。监测报警系统能对这些开关量进行显示，需要报警的则发出声光报警。

(2) 模拟量是指随时间连续变化的量，如温度、液位、压力和转速等参数的实时测量值都是模拟量。监测报警系统应能对这些模拟量进行实时显示，如果参数超过预定的范围，则应发出越限声光报警。越限声光报警超过上限报警和低于下限报警。通常，温度参数的报警为上限报警，压力参数的报警为下限报警，而液位参数的报警既有上限报警也有下限报警。应当指出的是，对于有些设备，其运行参数虽然为模拟量，但并不是将这些模拟量直接送入监测报警系统，而是通过压力继电器、温度继电器或液位开关等转换为开关量信号再送至监测报警系统。对于这类参数，监测报警系统将以开关量的形式进行处理。

二、机舱监测报警系统的组成

一个完善的集中监视与报警系统由三大部分组成：

(1) 分布在机舱各监测点的传感器。传感器分散安装在机舱各种机器和设备上，传感器检测的量被称为检测点，也称为监测点或报警点。常用传感器有温度开关及温度传感器（铂热电阻、热电偶等）；测速发电机、磁脉冲式转速传感器；压力开关与压力变送器；液位开关、液位传感器、流量开关等。

(2) 安装在集控室内的报警控制柜和监视仪表或监视屏。采集的信号包括热电阻信号；4～20 mA 信号；用以测量系统设备的压力、液位等模拟量信号；开关量信号；系统相关设备的运行状态和故障信息有无等。

(3) 安装在驾驶台、公共场所、轮机长和轮机员居室的延伸报警箱或延伸报警板。它们将故障报警信息进一步延伸送至驾驶室、轮机长室和轮机员居室、公共场所等。

典型机舱监测报警系统的组成如图 3-5-1 所示。

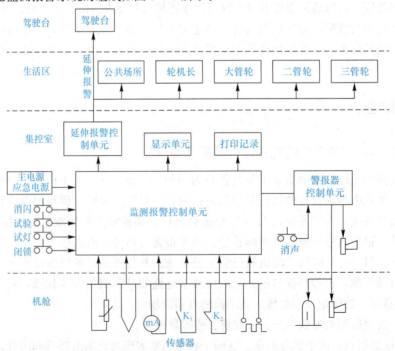

图 3-5-1　机舱监测报警系统的组成

三、机舱监测报警系统的功能

不同的监测报警系统,由于实现手段不同,在功能上也略有差异,但原则上都应该具有以下几个方面的功能。

1. 故障报警

机舱内各种设备的运行是否正常,都是与其一些相关参数是否处于所允许的上、下限范围内有关。但大多数设备一旦发生故障,其相关参数越限后将无法自行恢复正常,只有在轮机管理人员将设备修复后,才能使参数恢复正常,这一类设备故障称为通常故障(或长时故障)。有些重要设备是成对配置的,并具有自动切换功能,例如,主机滑油泵在运行泵发生故障时,能自动切换到备用泵工作。这类设备一旦参数越限时,都能通过自动切换作用,使参数重新恢复正常。将参数越限后在短时内使参数自行恢复正常的设备故障,称为短时故障。对上述两种形式的设备故障,监测报警系统会产生不同的报警过程。一般的报警处理流程如图 3-5-2 所示。

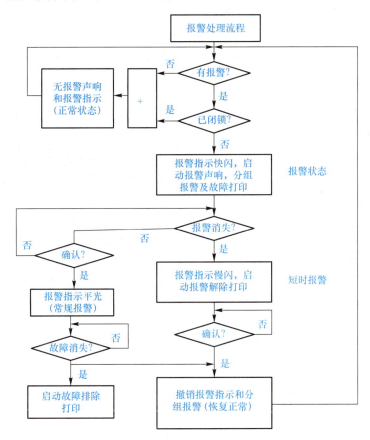

图 3-5-2 机舱监测报警一般处理流程

(1)常规故障报警。在被监视的设备运行正常时,与其相关的参数处于正常范围内,监测报警系统不发出声、光报警。当运行设备发生故障时,与其相关的参数越限,系统立即发出声响报警,同时相应的报警指示灯快速闪光。值班轮机员获悉后应马上进行应答或确认操作,于是声响报警消失,报警指示灯转换成常亮(或平光)状态,以记忆故障,直到轮机人员排除故障,使参数重新恢复正常时,报警指示灯才会熄灭。

(2)短时故障报警。当运行设备发生故障时,与其相关的参数越限,系统立即发出声、光报警。在值班轮机员尚未做出应答操作前,由于运行设备已自动切换到备用设备,使参数在短时内自行恢复了正常,此时声响报警将继续保持,而报警指示灯从快闪转换为慢闪状态(对无快、慢闪之分的系统,报警指示灯则保持闪光状态),以记忆报警状态。值班轮机员获悉后,首先进行消声操作,使声响报警停止,然后根据闪光指示灯确认故障设备后再进行消闪操作,于是,报警指示灯从慢闪转换成熄灭状态。

2. 参数显示与状态显示

参数显示是指通过模拟仪表、数字仪表或者计算机屏幕对所有监测点的运行参数进行显示,即模拟量显示。状态显示是指反映设备运行状态的开关量显示,通常采用绿色指示灯(灯泡或发光二极管)表示系统或设备的正常运行,红色指示灯表示报警状态。对于采用计算机屏幕的系统,则还可以采用"ON""OFF""HIGH""LOW""NORMAL"和"FAIL"等文本来进行状态显示。

3. 打印记录

打印记录有定时制表记录和召唤记录两种方式。定时制表记录是打印机以设定的间隔时间,自动地将机舱内需要记录的全部参数打印制表,轮机人员只要将打印纸整理成册,即可作为轮机日志。召唤记录也称随时记录,轮机人员可根据需要,随时打印即时工况参数,可进行全点或选点打印监视点的参数。

报警记录是由监测系统自动控制的,当被监测的运行设备发生故障时,自动地启动打印机将故障名称、内容和时间打印下来,而在故障排除时,自动打印故障排除时间。

4. 报警回差

一些运行设备,当它处于正常与故障的临界状态时,往往会出现时好时坏的现象,使被监测参数在报警值附近波动,从而导致报警监测系统频繁报警。为避免这种情况,常在监测报警系统中设置报警回差。报警回差是指被测量报警值与恢复正常值之间的差值。当参数越限时,系统报警,以后当被测量在报警值附近波动,只要波动幅值小于报警回差,系统不撤销报警,在应答后保持故障记忆状态,直到故障排除、被监视参数恢复正常值时,才撤销故障记忆状态,从而避免了频繁报警。

由于开关量报警是根据开关量传感器的触点是否断开来确定报警的,因此,只能在开关量传感器中设置报警回差。而模拟量报警是根据模拟量传感器输出的测量参数是否超过其报警设定值来确定报警的。

5. 延时报警

为了避免系统误报警,常设置延时报警。在液位监视报警中,常采用延时2~30 s的长延时报警,而在开关量报警中,常采用延时0.5 s的短延时报警。在延时时间之内,参数越限或触点断开不发出报警,超过延时时间若参数仍越限或触点仍断开,系统就会发出报警,这样可以有效避免误报警。

6. 闭锁报警

船舶在停港期间,主机处于停车状态,主机的冷却水系统、燃油系统和滑油系统等均处于停止工作状态,与这些系统相关的参数都会出现异常,但这是正常现象不需要报警。因此,有必要将这些监测点的报警闭锁。闭锁报警就是根据机舱设备的运行情况,封锁一些不必要报警的监视点,禁止其报警。

7. 延伸报警

延伸报警是专为无人值班机舱设置的,在机舱无人值班情况下,必须将机舱故障报警信号分组后传送到驾驶室、公共场所、轮机长和值班轮机员住室的延伸报警箱。延伸报警通常是按故障的严重程度来分组，可将全部监测点的报警信号分为以下 4 组：

(1)主机故障自动停车报警；

(2)主机故障自动减速报警；

(3)重要故障报警；

(4)一般故障报警。

有时为了简化延伸报警，在值班轮机员住室仅设置重要故障报警和一般故障报警两个报警指示灯，有的干脆只设置单一的故障指示灯。

延伸报警声可以在延伸报警箱上消声应答，也可在集控室消声应答。前者只能使延伸报警箱停止报警，机舱和集控室的报警仍在继续。而后者不仅可使所有的报警停止，而且可复位 3 min 失职报警的计时。

8. 失职报警

在机舱无人值班的情况下，监测报警系统在发出故障报警的同时启动 3 min 计时器，若值班轮机员未能在 3 min 内及时到达集控室完成消声应答，即使已在延伸报警箱上做出应答操作，仍将被认为是一种失职行为，报警系统就会向各延伸报警箱发出失职报警，以确保故障报警能及时处理，保证船舶运行安全。报警系统发出失职报警后，只能在集控室进行消声，只有复位 3 min 计时器后才会撤销失职报警。

9. 值班召唤功能

在无人值班机舱的集控台上，一般都设有一个值班选择装置，可用于机舱有人或无人值班及值班轮机员的选择，如图 3-5-3 所示。若把值班选择开关 K 转到 4 的位置，表示机舱有人值班，不需要报警的延伸。此时，24 V 电源接通驾驶室延伸箱上"机舱有人值班指示灯"，使其点亮，

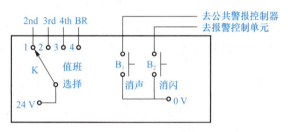

图 3-5-3 值班选择装置

而各处的延伸箱不工作。若把 K 转到 1～3 的任一位置表示机舱无人值班，驾驶室的"机舱有人值班指示灯"熄灭。当机舱无人值班时，若选择大管轮值班，此时可将选择开关 K 转到 1 的位置。于是，24 V 电源被送至大管轮处延伸报警箱。此时，所有报警均送到大管轮房间，同时驾驶室、公共场所及轮机长处的延伸箱也将出现闪光信号。大管轮获悉后，可在延伸报警箱上或集中控制室操纵台上进行确认操作。当大管轮与二管轮交接班时，可把选择开关 K 转到 2 的位置，此时，系统就会发出值班召唤报警，在驾驶室、公共场所、轮机长及二管轮处发出声光信号，待二管轮确认操作后，蜂鸣器停响，二管轮值班指示灯常亮，说明二管轮已进入值班状态，大管轮值班指示灯转为熄灭，交接班完毕。

10. 试灯

试灯用于主动检查报警指示灯的好坏。按下试灯按钮，所有报警指示灯应点亮，否则表示该灯已损坏需要更换。因此，它是轮机员交接班必不可少的操作之一。

11. 功能试验

功能试验用于主动检查监测系统工作是否正常，并在系统发生故障时，可寻找故障部位。只要按下功能试验按钮，所有监测点全部进入报警状态，如哪个监测点不进入报警状态，则表

示该监测通道有故障。对于单元组合式报警监测系统来说,故障可能发生在相应的报警控制电路或传感器或报警指示灯。如果所有指示灯均无闪光,则故障在闪光源。如果无声响报警,则故障在声响报警控制单元等,维修人员只要通过更换插板即可修复。

12. 自动检测

为了确保监测报警系统的可靠性,除试灯和功能试验两项手动监测外,对一些重要环节,如传感器、闪光源、电源电压和电源熔断丝等进行自动检测,只要其中之一发生故障,监测系统将自动发出系统故障的报警。

13. 备用电源的自动投入

要使监测系统在全船失电情况下都能正常工作,就必须配备相应的备用电源。在主电源失电或欠压时,系统能自动启动备用电源,实现不间断供电。这是保证监测报警系统可靠工作的又一重要措施。

四、网络型机舱监测报警系统实例(K-Chief 600)

1. 网络型机舱监测报警系统的特点

目前,船舶机舱监测报警系统基本上都采用计算机实现。根据计算机监控系统的结构特点,船舶机舱监测报警系统可分为集中型系统、集散型系统和全分布式系统。

集中型系统采用单台计算机的结构形式,可靠性较差,一旦计算机发生故障,则整个系统完全瘫痪。集散型系统采用集中和分散相结合的系统结构,将监视任务合理地分散成由多台计算机进行分别监视的子系统,各个子系统与上层计算机进行通信连接,以便集中管理和信息共享。

初期的集散型系统,在各个子系统内部大多采用模拟信号传输,即在子系统计算机与机旁仪表之间使用模拟量进行信号传输,所以,在机旁和子系统计算机之间需敷设大量的电缆。另外,模拟信号长距离传输所引起的干扰也较严重。典型子系统如西门子公司的 SIMOS32 型集中监视和报警系统。

后来一些公司应用传统控制网络技术对子系统进行了改造,即在控制对象附近放置现场处理单元来实现模拟信号的收发,而现场处理单元与子系统计算机之间则通过 BITBUS、RS-485 等网络进行数据交换。这种改造虽然起到了一定的效果,并已成为一个时期内船舶监测报警系统的主流,但由于传统控制网络的固有缺陷,所以,未能实现真正意义上的全分布式控制。而且各公司所建控制网络的封闭性,也阻碍了船舶现场控制设备之间互换与互操作的实现。这类系统的典型代表有西门子公司的 SIMOS IMA32C 系统和 NORCONTROL 公司(KONGSBERG 公司的前身)的 DataChief 1000 系统等。

进入 20 世纪 90 年代后,随着现场总线技术的不断完善,在新造船舶中,越来越多地采用现场总线作为各个子系统的内部控制网络,上层网络采用局域网,形成全分布式的网络型监测报警系统。

在现代远洋商船中,以挪威 KONGSBERG 公司生产的 K-Chief 系列机舱综合监控与报警系统占据的市场份额最大,K-Chief 系列主要由 K-Chief 500、K-Chief 600 和 K-Chief 700(海洋工程等特种船专用)3 个型号组成,均是在早期产品 DataChief C20(DCC20)系统上发展形成的。在新造的远洋商船中,采用 K-Chief 600 系统最多,它是一个典型的基于全分布式网络型综合监控与报警系统。本节以 K-Chief 600 系统为例进行介绍。

2. K-Chief 600 监控与报警系统的结构组成

K-Chief 600 采用现场总线(Controller Area Network，CAN)和以太网(Ethernet)相结合的网络结构形式，系统的结构组成及其布局如图 3-5-4 所示。系统中的主要设备如下：

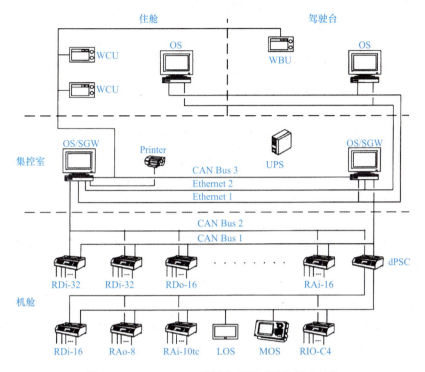

图 3-5-4　K-Chief 600 监控与报警系统的组成结构

(1)分布式处理单元(DPU)。分布式处理单元(Distributed Processing Unit，DPU)是采用模块化设计、具有通信功能的智能化远程 I/O 单元，如图 3-5-4 所示的 RDi-32、RDo-16、RAi-16、RAo-8、RAi-10tc 和 RIO-C4 等。它们分布在机舱各处，一方面作为传感器和执行器的 I/O 接口，直接与传感器和执行器相连；另一方面通过 CAN 总线与上层网络相连，从而实现上层网络对机舱设备的监视与控制。连接 DPU 和上层网络的 CAN 总线采用双冗余结构，即具有两套 CAN 总线，在图 3-5-4 中分别标示为 CAN Bus1 和 CAN Bus2。这两套 CAN 总线互为热备份，当主用网络出现故障时，备用网络自动切入工作，充分保证系统工作的可靠性。

(2)操作员站(OS)。操作员站(Operator Station，OS)由 PC、控制面板 CRP(或普通 PC 键盘)、鼠标、显示屏和打印机组成，PC 采用 Windows TM 操作系统。OS 通常设置在集控室、驾驶室和甲板舱室，常见的配置是集控室 2 台，驾驶室和轮机长室各 1 台，其他舱室是否设置可根据需要而定。其中，集控室的 2 台是必备的，其他场所为可选安装。各 OS 均配置双网卡，形成双冗余的以太网，在图 3-5-4 中分别标示为 Ethernet1 和 Ethernet2。

集控室的 2 台 OS 还兼有系统网关(System Gateway，SGW)的功能，使得局域网中的各个 OS 能够通过系统网关 SGW 与 CAN 总线相连。通过 SGW 和 CAN 总线，OS 一方面可以接收各个 DPU 单元送出的机舱现场信息，另一方面还能向 DPU 发送操作指令、控制参数和程序包。

(3)值班呼叫系统(WCS)。按照无人机舱的基本设计原则，K-Chief 600 系统在驾驶室和轮机员住所及公共场所设有延伸报警装置。驾驶室的延伸报警装置称为 WBU(Watch Bridge Unit)，而舱室及公共场所的延伸报警装置则称为 WCU(Watch Cabin Unit)。WBU 和 WCU 通过

CAN总线（在图3-5-4中标志为CAN Bus3）与OS进行通信连接，形成值班呼叫系统（Watch Calling System，WCS）。

（4）其他辅助设备。系统中的其他辅助设备包括不间断电源（UPS）、局域网交换机（SWITCH）、现场操作站（Local Operator Station，LOS）和便携式操作站（Midi Operator Station，MOS）。

①UPS确保在短时间失电的情况下能够继续给系统中提供220 V AC和24 V DC电源。

②SWITCH用于以太网内各个OS联网。

③LOS用于在机舱现场对各个DPU模块进行操作，在LOS面板上可以选择和访问挂在同一CAN总线上的任意DPU，例如，查看DPU中的过程变量、对所辖设备的现场操作、参数调整和模块自检操作等。

④MOS是一个特殊设计的移动式操作站，通过MOS面板可以方便地实现各种操作站功能，可用作LOS、OS或驾驶台值班监视系统的显示单元。

K-Chief 600是一个全计算机的分布式网络型监测报警系统，其结构在最大限度上保证了系统的安全可靠和管理维护上的方便。

3. 分布式处理单元DPU

DPU是采用模块化设计且具有通信功能的智能化远程I/O单元，所有的监视和自动功能均由这些DPU单元进行最终实施，DPU是K-Chief 600系统的核心组成部分。它们分布在机舱各处，可以直接安装在机器设备上，也可以根据需要将若干个DPU单元组装在一个控制箱内，并称为数据获取单元（SAU）。

DPU单元以微处理器为核心，采用单电路板结构。DPU一方面作为传感器或执行器的接口，对来自模拟量、开关量传感器的信号进行处理、监视和报警，或向不同设备输出模拟量、开关量控制信号。

另一方面，DPU通过双芯屏蔽电缆或双绞线等连接到冗余CAN总线，实现DPU单元之间的互联，以及DPU单元与OS和LOS之间的数据通信。OS通过网络能对DPU的工作状态进行连续监视，并可通过网络向各个DPU下载相应的软件和参数，使得不同的DPU具有相应的不同功能。例如，某些用于监视和报警、某些用于控制、某些用于安全保护或这些功能的混合。与传统系统相比，连接电缆的数量大大减少。

按照数据输入输出类型的不同，DPU模块也可分为不同的类型，主要有模拟量输入模块（RAi-16）、热电偶输入模块（RAi-10tc）、模拟量输出模块（RAo-8）、开关量输入模块（RDi-32、RDi-32A）、开关量输出模块（RDo-16）及输入输出混合模块（RIO-C1、RIO-C2、RIO-C3、RIO-C4）等。一个实际系统中所包含的模块类型及模块数量根据实际情况而定。

尽管不同DPU的输入输出类型及其功能不同，但它们都有共同的特点，主要特点如下：

（1）所有DPU模块均采用统一的机械和电气设计。作为一个例子，图3-5-5给出了模拟量输入输出模块的外观结构图和正面视图。

从图3-5-5(b)可以看出，模块的正面包括接线端子、状态指示灯和各种说明符号。其中，X10为两路24 V电源端子、X1为模拟量输入端子、X3为计数输入端子、X7为RS-422/RS-485通信端子、X8和X9分别为CAN总线1和CAN总线2的接线端子，每个端子上均标有端子号，端子的名称和端子号的编排规则适用所有DPU。例如，X1端子的编号共有3位数，其中第1位和第2位为通道号，第3位为端子号（如011~014表示第1通道的1~4号端子，161~164表示第16通道的1~4号端子）。

状态指示灯包括通道状态指示灯和模块状态指示灯，通道状态指示灯用于指示相应输入输

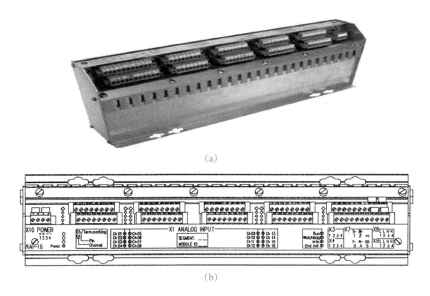

图 3-5-5 DPU 模块示例

出通道的工作状态,每个指示灯对应一个通道;模块状态指示灯有"RUN""Watch Dog""Info.""End Init."和"Power"等,它们组合起来表示模块的不同状态,见表 3-5-1。

表 3-5-1　DPU 状态指示灯的组合含义

LED指示灯名称标志	工作正常	应用程序未加载	未初始化	工作停止	电源极性错误
RUN	绿	灭	灭	灭	灭
Watch Dog	灭	红	红	红	灭
Info.	黄(闪烁)	灭	灭	灭	灭
End Init.	绿	绿	灭	绿	灭
Power	绿	绿	绿	绿	红

(2)DPU 具有参数储存功能,能够独立完成参数的监视、报警和控制。当 OS 出现故障时,DPU 的工作不受影响。

(3)DPU 具有完备的通信功能,支持双冗余 CAN 高速多主通信网络协议,具备 CAN 网络状态、容错管理功能。DPU 单元之间通过冗余的 CAN 总线进行通信。DPU 还配备一个 RS-422 或 RS-485 串行接口,以便和其他外部设备进行数据通信。

(4)通过遥控操作站 OS,可将用于 DPU 硬件组态和编程所需的软件下载到 DPU 中,并在 OS 上对 DPU 单元进行遥控组态。在更换 DPU 后,需要给新单元下载参数。在遥控操作站 OS 和现场操作站 LOS 上,可以实现对 DPU 的监视、控制和参数调整。

(5)所有的 DPU 单元均用 24 V DC 电源供电,DPU 单元的硬件无须进行设置和调整,所有连接均可即插即用。DPU 的电源、通信、I/O 通道连接都采用光电隔离。

(6)DPU 单元具有强大的自检功能(检查模块内部温度、存储器性能及 CAN 总线状态)。若 DPU、过程总线、电缆或传感器有故障,则会产生相应的报警信号。

4. K-Chief 600 系统中常用的 DPU 模块

(1)模拟量输入模块(RAi-16)。RAi-16 是一个具有 16 个通道的模拟量输入模块,每个通道的输入类型可以是电压、电流或电阻信号,具有内建的量程和量纲转换功能和参数越限报警功能。除此之外,模块还包含一个计数器通道,计数频率为 5~500 Hz。此模块适用检测机舱的各种温度、压力、液位和转速等模拟量信号。必要时,RAi-16 也可当作开关量输入模块来使用。

(2)热电偶输入模块(RAi-10tc)。RAi-10tc 是为各种热电偶传感器专门设计的模拟量输入模块,共有 10 个输入通道,特别适用检测柴油机的排烟温度。具有内建的热电偶冷端温度补偿和量程、量纲转换功能和参数越限报警功能。如果采用外部冷端补偿,则需采用外部放大电路,并以 RAi-16 模块进行输入。

(3)模拟量输出模块(RAo-8)。RAo-8 是一个具有 8 个通道的模拟量输出模块,输出信号可以选定为 ±10 V DC 的电压信号或者是 ±20 mA 的电流信号。其适用模拟量指示输出和控制量信号输出。

(4)开关量输入模块(RDi-32、RDi-32A)。RDi-32 和 RDi-32A 都是具有 32 个通道的开关量输入模块,RDi-32 为触点输入,RDi-32A 为 24 V AC 或 24 V DC 电压信号输入。当输入状态异常时,能够发出开关量报警,并由发光二极管(LED)指示每个输入通道的输入状态。其适用检测各种机舱设备的运行状态、阀门位置等开关量信号。

(5)开关量输出模块(RDo-16)。RDo-16 是一个具有 16 个通道的开关量输出模块,设有发光二极管(LED)指示每个通道的输出状态。最大输出电压为 230 V AC,最大输出电流为 3 A(电阻性负载),支持脉冲输出。其适用各种开关量指示输出和开关量控制信号的输出。

(6)混合模块(RIO-C1、RIO-C2、RIO-C3、RIO-C4)。这里所说的混合模块是指单个模块中既包含模拟量或开关量输入通道,又包含模拟量或开关量输出通道。

①RIO-C1。RIO-C1 具有模拟量、开关量的输入、输出和脉冲输入功能,表 3-5-2 所示为模块所包含的通道类型、通道数量和相应的功能描述。

表 3-5-2　RIO-C1 的通道类型、通道数量和功能描述

通道类型	通道数量	功能描述
模拟量输入(AC 电压)	2	单相交流电压输入,max 30 V, 50/60 Hz
模拟量输入(AC 电流)	1	交流电流输入,max 1A, 50/60 Hz
模拟量输入	4	同 RAi-16
计数脉冲输入	2	24 V DC 计数脉冲输入,检测磁脉冲转速探头
开关量输入	4	同 RDi-32
模拟量输出	2	4~20 mA 电流输出
开关量输出	6	max 3 A(电阻性负载),直接驱动电磁阀或继电器

从表 3-5-2 可以看出,RIO-C1 的模拟量输入通道可直接测量单相交流电的电压和电流信号,通过测量或计算,可以获得船舶电站系统中发电机和电网电压、发电机输出电流、发电机和电网功率、发电机和电网之间的相位差、电网的有功功率和无功功率;两个计数器输入通道可分别接收来自两个磁脉冲传感器的脉冲信号,从而计算出回转设备的转速值;输出通道可分别输

出模拟量指示信号和开关量控制信号。因此，RIO-C1 特别适用对发电机组的监测和控制。同时，也适用船舶主机或辅机的安全保护系统。

②RIO-C2。RIO-C2 包含 8 个开关量输入和 8 个开关量输出通道，每个通道均设有 LED 进行输入和输出的状态指示。其输入信号可以是自由触点或 24 V 交直流电压，输出为继电器触点输出，特别适用泵和阀门的控制。

③RIO-C3。RIO-C3 专门用于船舶发电机的安全保护，其输入输出通道设计成可以与各种电流、电压变换装置及面电板设备进行连接，具有短路、过流、逆功率自动脱扣和有功功率、功率因数计算等功能。

④RIO-C4。RIO-C4 也是专门用于船舶电站系统的发电机监控模块，其主要功能包括发电机并车、发电柴油机自动启停、发电柴油机转速定值控制、发电机功率计算、机组间负荷分配、主配电板仪表驱动、柴油机预润滑控制（可选）、燃油选择控制（可选）和发电机电压定值控制（可选）等。RIO-C4 是 RIO-C1 的升级产品。

（7）dPSC、PSS 和 MSI。dPSC 是一个具有双处理器的网段控制器，全称为 dual Process Segment Controller，用于 CAN 网络的扩展；PSS 类似以太网的集线器 HUB，全称为 Process Segment Star Coupler，用于 CAN 总线分支，此外还具有分段隔离的作用；MSI 是 Multi Serial Interface 的简称，当系统中的 RS-422/RS-485 通信接口不够用时，可采用 MSI 来实现 K-Chief 600 与其他设备的数据连接。

（8）MEI、DGU、ESU 和 RPME。这 4 个模块是专门用于主机遥控系统的 DPU 模块，分别用作遥控系统和主机的接口单元、数字调速器、安全保护单元和转速检测单元。相关知识可参考 KONGSBERG 公司的 AC C20 主机遥控系统。

5. 通信协议网关

K-Chief 600 是一个网络型监控系统，在不同网络类型及不同网段之间需要有一个专门设施来转换网络之间不同的通信协议或在不同数据格式之间进行数据翻译，这一设施称为网关。在 K-Chief 600 控制系统中，共有两种网关，即系统网关（System Gateway，SGW）和 CAN 总线双处理网段控制器（dual Process Segment Controller，dPSC）。

（1）系统网关（SGW）。SGW 是 CAN 总线网和 Ethernet 网之间的网关，采用双冗余设计，实现 CAN 与 Ethernet 两种网络之间的冗余连接，进而实现 DPU 和 OS 之间的双向信息传输。其主要任务是：

①接受来自 CAN 总线的信息，对 OS 进行刷新；

②管理从 OS 发送到 DPU 或 LOS 的操作指令、参数和程序。

所有必需的组态和软件安装均通过 Ethernet 网完成。通过执行简单的网络管理协议还可以通过 Ethernet 网进入 SGW 和 CAN 的故障诊断数据库。

（2）双处理网段控制器（dPSC）。CAN 网络最多能支持 110 个节点，即在 CAN 总线上最多能挂接 110 个 DPU 模块。当系统规模较大或出于某种特殊需要时，往往需要对 CAN 网络进行扩展，即将 CAN 网络扩展成上、下两层，上层一般称作全局 CAN 总线，下层则称作局部 CAN 总线。

dPSC 就是用于扩展局部 CAN 总线的专门设备，它是一个双二通道 CAN 网关，设有两个单独供电的处理器，每个处理器各有两个 CAN 接口，两个处理器通过双口存储器共享信息。因此，一个 dPSC 模块共有 4 个 CAN 网络接口，其中两个冗余接口连接上层全局 CAN 总线，另外两个连接下层局部 CAN 总线。另外，dPSC 还提供了两个 RS-422/RS-485 串行通信接口，用于连接其他具有数字通信功能的控制系统或设备，如辅助锅炉控制系统和分油机控制系统等。

图 3-5-6 所示为采用 dPSC 进行 CAN 总线扩展的实例。

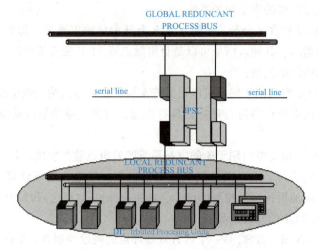

图 3-5-6 CAN 总线扩展实例

dPSC 的主要任务如下：

①处理来自 Local CAN Bus 的信息并将其送往 Global CAN Bus，进而通过系统网关 SGW 供 OS 使用；

②管理由系统网关 SGW 或 OS 发送到 Local CAN Bus 的指令、参数和程序。

dPSC 具有开放式主控制器的能力，能够管理连接到总线上的所有 DPU。如果与某个 DPU 的通信出现故障，dPSC 将在 Global CAN Bus 上产生系统故障信息。dPSC 遵从 ISO 11898 标准，对 CAN 通道采用光电隔离。因而，一个 CAN 通道的短路或故障不会影响其他的通道。dPSC 还带有两个 RS-422/RS-485 双路串行接口，用于和其他设备的通信。当 dPSC 的两个处理器控制同一个 DPU 时，它们处于并联运行状态，因而可为 CAN 总线通信和逻辑控制提供冗余功能。

6. 操作站 OS 及系统功能

OS 是 K-Chief 600 系统的重要组成部分，一个 OS 由主计算机（MCU）、显示器（VDU）、打印机、控制面板（CRP）或普通的 PC 键盘和鼠标组成。在系统的监控报警和控制过程中完成以下任务：

(1)与 CAN 网络中的数据采集或控制设备（DPU）进行双向数据通信，从 DPU 收集数据或向 DPU 传送指令、数据和程序；

(2)对报警信息进行监控和报警信息的确认功能；

(3)向驾驶台和轮机员舱室提供延伸报警信息；

(4)在 CAN 网络和 Ethernet 局域网之间起网关的作用。

五、K-Chief 600 操作控制面板和软件界面

1. 人机交互接口

人机交互接口包括输入设备、打印输出和各种显示界面等。其主要内容如下：

(1)控制面板（CRP）。CRP 是 K-Chief 600 系统的主要输入设备，由按键、指示灯和轨迹球等组成，如图 3-5-7 所示。另外，在 CRP 的左下角还设有一个键盘接口，以便需要时连接 PC 标准键盘。

①报警指示和控制区。报警指示和控制区位于 CRP 的左上部，如图 3-5-7 所示，它由 1 个

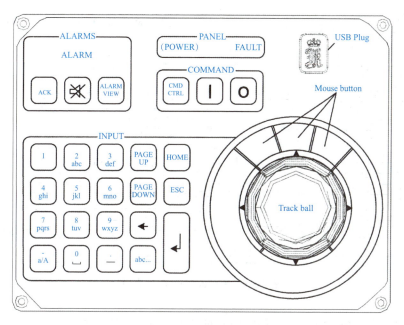

图 3-5-7　K-Chief 600 系统控制面板

报警指示灯和 3 个报警控制按钮组成。报警指示灯用于指示整个监控与报警系统的报警状态，当系统出现报警时，报警指示灯（ALARM）以红色点亮并闪烁，按下确认按钮（ACK）后，报警指示灯平光，报警消失后指示灯熄灭。3 个报警控制按钮分别为报警确认（ACK）、消声和报警汇总查看。确认按钮用于对新出现的报警信息进行确认和平光，包括报警指示灯和显示器界面中的报警信息的确认；消声按钮用于消除机舱报警灯柱的报警声响；报警汇总查看按钮用于打开 OS 中当前存在的报警汇总软件界面，以便查看系统存在的报警情况。

②面板状态指示和操作控制区。面板状态指示和操作控制区位于 CRP 的右上角，如图 3-5-7 所示，它由 2 个面板状态指示灯和 3 个操作权限控制按钮组成。2 个面板状态指示灯分别为电源指示灯（POWER）和故障指示灯（FAULT）。当面板接入电源正常时，电源指示灯以绿色显示；当面板与计算机通信异常或计算机处于关闭状态时，故障指示灯以红色指示。3 个操作按钮分别为控制权限按钮（CMD CTRL）、激活按钮（"｜"）和失效按钮（"○"）。当按下控制权限按钮，在计算机显示屏幕上会弹出控制权限对话框，显示当前控制权限的用户及相关权限信息，可进行权限切换。激活按钮用于在计算机显示屏中软件选定对象的激活操作，如打开阀门等。失效按钮正好与激活按钮相反，用于对选中对象的失效操作，如关闭阀门等。

③输入区。输入区位于 CRP 的下半部分，如图 3-5-7 所示，它由数字/字母小键盘、功能快捷键和轨迹球及按键组成。数字/字母小键盘包括数字和字母，主要用于系统参数输入或修改等；功能快捷键包括翻页键（PAGE UP 和 PAGE DOWN）、主页键（HOME）、退出键（ESC）、清除键（←）及回车键（↵）等；轨迹球和按键相配合完成光标移动、光标定位和相应的操作功能。

（2）显示界面。显示界面是计算机监控系统重要的信息输出手段，K-Chief 600 的软件系统在 OS 上提供了丰富的显示界面，与 CRP 相配合可以实现各种复杂的人机交互功能。OS 中的软件界面通过主界面进行相关操作，在此仅对主界面进行详细介绍。图 3-5-8 所示的是 K-Chief 600 软件的主界面，它主要由上边栏、分组报警侧边栏和主显示区 3 部分组成。

①上边栏。上边栏主要由以下 5 部分组成：

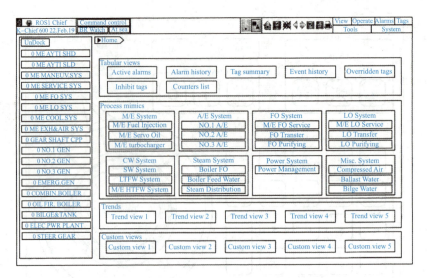

图 3-5-8　K-Chief 600 软件界面

a. 系统状态和日期：用于显示操作站 OS 的状态和当前日期及时间。

b. 命令控制和值班召唤等：用于调出系统控制对话框、值班召唤控制对话框及模式控制。

c. 报警指示区：用于指示最新的 2 条未确认的报警信息，包括报警状态、报警时间、报警名称等，超过 2 条的报警信息通过单击右侧带箭头按钮来查看。

d. 快捷工具栏：用于快速功能操作，包括返回主界面按钮、确认按钮、消声按钮、前进和后退按钮、四分屏切换按钮和报警打印设置按钮。

e. 以传统的菜单形式进行操作。

② 分组报警侧边栏。分组报警侧边栏主要用于对机舱所有的监测与报警点进行分组报警显示，显示的内容包括报警数量和报警分组名称。也可以通过单击"UnDock"按钮隐藏报警名称，只显示报警数量，再通过单击"Dock"按钮返回到全部显示。图 3-5-8 中当前分组内容分别为"主机自动停车（ME AUTO SHD）""主机自动降速（ME AUTO SLD）""主机气动操纵系统（ME MANEUV. SYS）""主机日用系统（ME SERVICE SYS）""主机燃油系统（ME FO SYS）""主机滑油系统（ME LO SYS）""主机冷却水系统（ME COOL. SYS）""主机排气和空气系统（ME EXH & AIR SYS）""轴系和调距桨（GEAR SHAFT CPP）""1 号发电机组（NO. 1 GEN.）""2 号发电机组（NO. 2 GEN.）""3 号发电机组（NO. 3 GEN.）""应急发电机组（EMERG. GEN.）""组合锅炉（COMBIN. BOILER）""燃油锅炉（OIL FIR. BOILER）""污水柜和液舱（BILGE & TANK）""应急电源装置（ELEC. PWR PLANT）"及"舵机系统（STEER GEAR）"，按钮右侧的数字显示各个分组的报警总数（当前的报警数均为 0）。单击每个分组按钮即可显示相应分组的参数和报警状态，例如，单击"ME AUTO SHD"将显示与主机自动停车有关的各个参数名称、参数值、报警设定值和当前报警状态等信息。

当某一报警分组出现新的报警时，对应的报警分组按钮会以红色闪烁，通过单击该按钮，可以快速弹出该报警分组中的详细报警信息。然后可以进行报警确认等操作，可以单击每条报警信息前的闪烁按钮进行逐条确认；也可以单击"Acknowledge all alarms in group"按钮对本组报警进行全部确认，当该报警分组中的所有报警都确认后，报警分组按钮不再闪烁；还可以通过单击"Show all tags in group"按钮跳转到本组所有监测点列表，以便查看该报警分组中所有监测点的状态。

③主显示区。主显示区包括 4 个部分：列表视图(Tabular views)、过程模拟(Process mimics)、趋势图(Trends)和自定义视图(Custom views)。

a. 列表视图。列表视图中的每个二级按钮指向的目标界面都是以列表的形式呈现的。其主要包括活跃警报(Active alarms)、报警历史(Alarm history)、全部测点汇总(Tag summary)、历史事件(Event history)、覆盖测点(Overriden tags)、报警抑制测点(Inhibit tags)及计数列表(Counters list)。单击任意一个二级按钮，都将进入相应的显示页面。

b. 过程模拟。过程模拟主要用于显示整个系统中配置的模拟二级按钮，图 3-5-8 中共配置了 8 组模拟区，分别为主机系统、辅机系统、燃油系统、滑油系统、冷却水系统、电站管理系统、锅炉与蒸汽及其他系统，每组包括若干个二级按钮。单击相应按钮进入相应的 Mimic 系统图。

c. 趋势图。趋势图中可以根据需要配置多组曲线显示界面，单击任意一个二级按钮，都将进入相应的显示界面。在趋势图界面中可以通过单击测点管理(Tags Manager)对趋势图测点进行添加和删除管理，每组最多配置 8 条曲线。

d. 自定义视图。自定义视图中可以根据需要配置多组显示界面，单击任意一个二级按钮，都将进入相应的显示界面。在每一个自定义视图中可以对测点的多样显示进行配置，包括虚拟仪表显示、柱状图显示和普通文字显示，每个测点的显示方式都可以通过单击"转换"(Convert)按钮进行切换，还可以通过添加测点(Add tags)按钮弹出相应的测点选择框进行新的测点添加，通过删除测点(Remove tags)删除不再需要显示的测点。

(3)打印设备。OS 可以配置打印设备进行必要的打印输出。通过设置，打印设备可以按定时或即时召唤的方式打印各种记录。记录内容包括报警或者事件的名称及报警或事件发生的具体时间等。对于报警信息，还包括报警消失的时间。

2. 监测与报警功能

监测报警是 K-Chief 600 最重要的功能之一，这一功能使系统能够对机舱设备的运行状态和参数进行连续监测，并在发生异常时进行调整。

(1)模拟量监视和报警。模拟量是指那些连续变化的量，如温度、压力、液位和转速等。模拟量监视和报警具有以下特点：

①高限(High)报警。当监测点参数的测量值高于设定的报警值时发出报警，适用温度、转速和液位等参数。

②超高限(High-High)报警。当监测点参数的测量值高于某一超高值时发出报警，此时系统会发出自动停机指令。

③低限(Low)报警。当监测点参数的测量值低于设定的报警值时发出报警，适用温度、转速和液位等参数。

④超低限(Low-Low)报警。当监测点参数的测量值低于某一超低值时发出报警，此时系统会发出自动停机指令。

⑤线路故障报警。当输入线路发生故障，如传感器发生断线或短路时，系统将发出相应测量点的线路故障报警。

⑥为避免报警状态的波动，即频繁报警，系统采取了以下 3 种技术手段：从报警状态向正常状态恢复时设有不灵敏区；对输入参数设置有可调的滤波因子；报警状态的触发和消失均设有延时。

(2)开关量监视和报警。开关量信号的监视和报警功能只监视输入信号的两个状态,即输入点是断开还是闭合。输入信号来自反映设备状态的继电器触点、位置开关、温度开关、液位开关和压力开关等。通过正确调整开关量的动作值,系统也能实现测量点的高限和低限报警。为避免报警频繁,开关量报警也设有延时功能。

(3)报警闭锁。在船舶机舱中,有些报警属于条件报警,当满足某种特定的条件时,即使监测点的状态不正常,也不应该发出报警。例如,船舶在港时,主机不运转,与其相关的参数(如主机润滑油压力、冷却水温度)都会异常,但这是正常的。为了避免产生不必要的报警,这些报警点都将被闭锁。K-Chief 600 的这一功能是通过对某一报警点或报警组定义一个报警抑制信号来实现的,当条件满足时,一直信号有效。

(4)接收其他系统的报警信息。许多辅助设备的控制系统都有自带的监视和报警功能,如分油机控制系统、曲柄箱油雾浓度监视与报警系统、燃油黏度控制系统等。这些控制系统一般都定义有各种不同的报警状态,当报警发生时,除在自身控制面板上发出报警外,还可将报警信号送至 K-Chief 600 系统,并由 K-Chief 600 系统进行统一的报警处理。

另外,船舶火灾报警系统往往是一个独立的监视与报警系统,但只要火灾报警控制箱设有和其他设备的数据接口,便可以通过 RS-422 串行接口与 K-Chief 600 的 CAN 网络相连,并在 OS 上以 Mimic 窗口的形式显示各层甲板的火灾探头分布及报警情况。

(5)报警确认。当报警发生时,K-Chief 600 可以在 Mimic 显示、分组显示和汇总显示等各种情况下对屏幕上所出现的单个报警或整个报警分组进行报警确认。

(6)柴油机排气温度监视。排气温度(排温)监视系统除监视各缸实际排烟温度外,还将计算各缸排烟温度的平均值和偏差值。当偏差值超过允许范围时将发出排温偏差报警。偏差允许范围是根据柴油机的负荷大小连续计算的,柴油机负荷越大,允许的偏差报警带就越小。由于低负荷时,各缸排温会相差较多,因此,当平均温度低于某一设定值时,偏差报警自动封锁。

(7)历史参数曲线监视。这一功能不仅可以显示出过程参数的当前值,而且可以显示参数的历史状态,并以曲线的形式形象地反映出参数随时间的变化过程和发展趋势。K-Chief 600 最多可以显示 5 个历史曲线页面,每个页面可包含 8 个参数的变化曲线,以不同颜色和标签进行区分。

(8)油耗经济性监视。K-Chief 600 可通过 DPU 采集燃油流量、燃油温度、柴油机转速、轴输出功率和航速等信息,通过网络发送至 OS,由 OS 进行处理和计算,就可以实现对柴油机的油耗信息进行实时监视,据此可进一步对各种操作的经济性进行评估。这一功能是通过安装在 OS 上的专门软件实现的,计算程序输出的性能参数如下:

①柴油机瞬时油耗(kg/h);

②船体效率(kg/n mile);

③柴油机效率[g/(kW·h)];

④轴功率(MW);

⑤燃油消耗总量和输出功总量按照航次累计,累计信息包括航行时间(h)、航行距离(n mile)、航次总油耗(t)、航次输出总功(MW·h)。

油耗经济性监视窗口通过 CRP 功能键激活,一般在每个航次结束时进行复位清零,复位操作将激活打印机输出一份航次报告。

(9)设备运转计时监视。为了便于掌握设备的运行时间,K-Chief 600 提供设备运行计时监视功能,对各种指定的设备,如空压机、泵、风机和发电机等,进行运行状态跟踪计时。统计结果可作为制订设备维修计划的重要参考。

3. 综合控制功能

利用 DPU 模块的输入输出功能和软件设计，K-Chief 600 除对机舱设备的状态和参数进行监测报警外，还可实现对设备的控制。与设备控制有关的各种数据采集、信号处理和控制功能均由与设备相连的各个 DPU 完成。这一解决方案使得一旦 OS 出现故障时能够确保进行有效的机旁操作。归纳起来，包括泵浦控制、阀门遥控、PID 过程反馈控制、辅助设备的控制等，此处不做详细介绍，读者可参阅相关参考资料。

任务实施

一、机舱监测报警系统调试前准备工作

1. 技术准备

机舱监测报警系统在船舶电气系统中是一套技术含量较高且十分重要的系统。因此在调试前技术准备工作很重要，它包括技术文件和人员培训，调试人员在调试前要对系统工作原理与工作过程有所把握。

2. 调试工装设备准备

机舱监测报警系统在调试过程中所用工装设备比较多，由于工装设备准备得是否完善直接影响整个调试质量和进度，因此，在调试前要将这些工装设备准备并调试好。工装设备的种类取决于设备要求，根据试验大纲要求，一般常用工装设备如下：

(1) 500 V 绝缘测量仪表、万用表。

(2) 压力开关、压力传感器和调试用手压泵。

(3) 铂热电阻传感器及调试用标准电阻信号发生器。

(4) 温度开关、温度传感器和调试用自动温度控制器。

3. 编制调试步骤

根据机舱监测报警系统编制调试步骤如下：

(1) 分别对系统内设备进行线路检查；

(2) 对系统设备进行绝缘检查；

(3) 按顺序对设备送电；

(4) 调试系统报警点。

4. 调试前的检查

调试前的检查步骤如下：

(1) 在对系统调试前，首先要看好图纸及随机资料，并对系统内的设备接线认真按图对线，测量信号线是否正确。

因为施工原因会导致一些电缆线路问题，如线号磨损、标识不名或不正确，必须对信号线进行确认。对线方法如图 3-5-9 所示。和搭档配合分别位于电缆两端，一人将

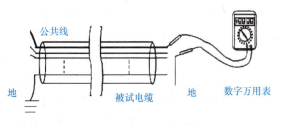

图 3-5-9 核对信号线

信号线其中一端对接地，另一人在另一端将万用表笔一端对地，一端接在电缆芯线的一端，用

万用表电阻挡测量，如果万用表显示阻值很小，则用对讲机告知搭档，说明万用表笔所接电缆线的另一头就是同伴处接地的那一头。如此时显示表明为不通，则调换接地线，再进行测量。当两根线都正确，则通知搭档把两根线短接，然后将万用表笔分别接在这一信号线的两个接线端子上，测量通断，至少反复测量3次，以确认两根线之间没有断路情况。

最后用工具剖线，套上写有线号的白套管，以便日后查验。套上针尖接线钳压紧，再插入接线端子，用螺钉旋具拧紧，检查是否牢固，一方面要满足船检的要求，另一方面是减少对信号传输的不利因素。

(2)将主机及其配线按接线图连接好，检查绝缘，一切正常后给主机送电。

(3)将各个设备的通信线、电源线、端子之间的短接线及至各个报警点的外接线连接好，还要检查设备内部配线及各端子排线是否接妥。之后，检查各线绝缘及电源极性和电压大小(24 V DC)。

(4)检查设备内的集成适配卡是否齐全、型号是否匹配、适配卡的好与坏只有在送电之后才能知道。

(5)将设备分别送电，并通过其显示屏检查各个设备是否正常工作。主机和各个分设备正常工作之后才能进行报警点的调试。

二、机舱监测报警系统报警点的调试方法

1. 开关量报警点调试

以液位开关量、用电设备运行状态开关量、压力开关量、温度开关量报警点调试为例加以说明。

(1)液位开关量调试程序：以浮球式液位开关调试为例。

①将液位开关平放在地上，手动检查开关好坏，动作是否灵活，安装位置和尺寸是否与图纸相符。

②用万用表检查，找出端子的公共点后，检查哪两个端子是常开点，哪两个端子是常闭点。通常低液位报警接常开点，高液位报警接常闭点。

③检查输入点对地之间绝缘。

④将液位开关装进油柜或水柜之后，未进液体之前，应再确认浮球的好坏。例如，低液位报警，用手托起浮球，看主机显示器上的显示状态是否为正常。然后，手动模拟压下浮球，看是否为报警状态。液体柜装入液体后，如果实际液位是正常值，看主机显示是否为正常。再用试验杆手动动作，使浮球处于低位，看是否报警。

(2)用电设备运行状态开关量(如柴油发电机预供油泵电源故障报警点)调试程序：将预供油泵电源控制箱送电后，控制报警的继电器动作，用万用表检测出其闭合点。将电源切断，用万用表检测此两点是否断开，如果断开则外接报警线接此两点。接线完毕后，将预供油泵控制箱的电断开，检查主机显示是否正确。

(3)压力开关量(如发电机滑油自清滤器高/低报警点)调试程序：将压力开关按图3-5-10所示进行连接。

由于发电机自清滤器一般是由生产厂家将报警值调好了，所以，其报警值的高/低对于用户是不可调的。其报警设定值小于0.07 MPa为低报警，高于0.09 MPa为高报警。

①用表头为0.1 MPa的手压泵进行打压，首先将压力打到0.07 MPa，此时为报警状态(低于下限)观察主机上参数显示是否为红色的报警状态。

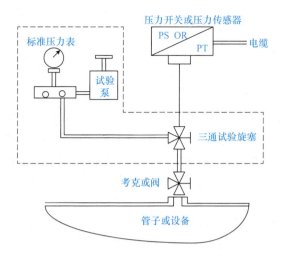

图 3-5-10　压力开关报警点调试连接示意

②将压力打到超过 0.07 MPa 而小于 0.09 MPa，观察主机上参数显示是否为正常状态。

③将压力值加到高于 0.09 MPa，此时为上限报警状态，并检查主机显示器的显示是否正确。

(4)温度开关量(例如发电机淡水高温停车报警点)调试程序：发电机淡水高温停车值为 90 ℃。将温度传感器用加热器加温，同时用万用表监测端子的闭合断开状态，将加热器温度慢升至 90 ℃，检查其端子是否为闭合点。如果在 90 ℃ 时温度开关动作，常开点变为闭合，就将外接线接此两点。如果温度开关在 90 ℃ 时提前或滞后动作，可调节开关上的调节螺栓，使其在 90 ℃ 时工作，调好后，模拟发电机运行。然后，将加热器温度升至 90 ℃，看柴油发电机是否"停车"，检查控制箱内的各个继电器，检查一切正常后，此点就调好了。

2. 模拟量报警点调试

模拟量报警点又可分为压力模拟量和温度模拟量两种。模拟量信号输出传感器一般标准值是 4～20 mA，温度传感器如 Pt 100，当温度为 0 ℃ 时，其输出电阻为 100 Ω，在调试模拟量信号时一定要注意零点要一致。

(1)压力模拟量报警点调试程序：按照图 3-5-10 将手压泵与压力传感器进行连接。发电机润滑油低压报警，其报警值为 0.35 MPa。所以对应的压力传感器是输入为 0～0.4 MPa，输出为 4～20 mA。当滑油压力值低于 0.35 MPa 时就会报警。首先，将手压泵(表头 0.4 MPa)压力值放到 0 MPa，这时压力传感器输出为 4 mA。在主机内调整参数值使其显示屏上压力值显示为 0 MPa，然后将手压泵压力升至 0.4 MPa，在主机内调整参数值，使显示屏上的值也为 0.4 MPa，这时的状态应为正常状态，将压力值慢慢降低。看主机显示屏上是否有报警出现，如果报警时的压力值为 0.35 MPa 或大于或小于 0.35 MPa，其误差在允许范围内即可。如果误差太大就要重新调整压力值为 0 MPa 和 0.4 MPa 时的参数值，直到误差在允许范围内(±1%)，此报警点即调好。

(2)温度模拟量报警点调试程序：温度模拟量报警点可用电阻箱、模拟 Pt 100 输出信号发送器或采用加热器直接加热传感器 3 种方式进行调试。

①下面我们以 Pt 100 温度传感器为例调试柴发滑油高温报警点(假设报警设定值为 75 ℃)。对于那些已安装到设备上且很难拆卸的铂电阻传感器往往采用这种模拟调试的方法。首先将温

度传感器上的外接电缆芯线脱开,然后将模拟 Pt 100 输出信号发送器功能开关,打到输出状态。根据传感器的型号,选择3线或2线输入方式。将仪器的线夹子与外接线连接好,看主机显示屏是否有温度显示。如果没有,任意调换红色夹与黑色夹直到有正常的温度显示,这时可进行温度调整。同种型号的温度传感器方法基本相同。

将仪器的温度调零,可用粗调和微调两种旋钮进行调整。调整主机显示屏上参数值使其温度值为0 ℃。将仪器温度值升至100 ℃,待温度值稳定后,调整主机显示屏上的参数值使之显示为100 ℃,此时状态为报警状态。将温度值降至75 ℃以下,直到报警消失,显示正常后,再将温度值慢慢升至75 ℃。看主机显示屏上的报警值与75 ℃的差值是否在允许范围内,如果在允许范围内此报警点就调好了。如果误差太大就要重新调整0 ℃和100 ℃时的参数值,使之误差在允许范围内。

②用加热器实际温度调试模拟量报警点(如主机一号缸排气高温报警,设定值530 ℃)调试程序:由于其报警值为530 ℃,所以一般都以200 ℃为基准点。首先将温度传感器从主机上拆下来,注意不要损坏温度传感器。然后将受热端插入有匹配衬套的加热器加热管内,将加热器温度设定为200 ℃,待加热器温度升至200 ℃,稳定10~15 min后,调整主机显示屏的参数值使之为200 ℃。再将加热器温度升至600 ℃,达到600 ℃后稳定10~15 min,调整主机显示屏的参数值,使之为600 ℃。之后将加热器降至报警值,直至为正常状态,稳定后慢慢将温度升至530 ℃。看报警值530 ℃是否准确,误差是否在允许范围内。如果不准确还要重新调整200 ℃和600 ℃时的参数,使之误差在允许范围内,该点就算调试好了。

任务总结

本任务通过对机舱监测报警系统的组成和功能的学习,引导学生重点掌握监测报警系统的报警点调试、报警应答、报警闭锁和值班召唤等操作,同时对网络型监控报警系统的结构特点和工作原理有一定理解。

本项目通过5个船舶常见报警系统的组成、功能的学习和调试操作的实施,重点在于培养学生具备船舶常见报警信号系统的安装检查、调试和运行管理等操作技能,并进行适当的拓展和提高。

一、选择题

1. 在何种情况下机舱监测报警系统会发出失职报警( )。
   A. 未能及时在集控室消声　　　　　B. 未能及时排除故障
   C. 未能及时在延伸报警箱上应答　　D. A+C
2. 在报警回路中,有报警信号且按下了确认按钮,报警指示灯和蜂鸣器状态是( )。
   A. 报警灯灭,蜂鸣器消声　　　　　B. 报警灯平光,蜂鸣器响
   C. 报警灯灭,蜂鸣器响　　　　　　D. 报警灯平光,蜂鸣器消声

3. 在报警系统中，通常故障或长时故障是指（　　）。
   A. 报警的故障不能自行消失　　　　B. 报警的故障能自行消失
   C. 模拟量故障报警　　　　　　　　D. 开关量故障报警

4. 在报警装置中，设置延时环节的目的在于（　　）。
   A. 防止误报警　　　　　　　　　　B. 增强抗干扰能力
   C. 实现封锁报警　　　　　　　　　D. 实现 3 min 失职报警

5. 对于开关量报警点，当被监视的参数在报警值附近波动时，为了避免频繁报警，常采取（　　）方法。
   A. 增加延时时间　　　　　　　　　B. 减小延时时间
   C. 增大监测传感器的回差　　　　　D. 减小监测传感器的回差

6. 对机舱监测报警系统的正常要求是（　　）。
   ①有故障时，发出声、光报警信号；②按下确认按钮后，声、光报警信号消失；③故障排除后，报警指示灯熄灭；④报警延时环节，是防止瞬间误动作；⑤报警功能检验，只能用故障点触头实现；⑥全部参数报警信号，必须送到驾驶台。
   A. ①③⑥　　　B. ①③④　　　C. ②④⑥　　　D. ②④⑤

7. 机舱监测报警系统应具有的功能是（　　）。
   ①运行设备的相关参数越限报警；②故障时能自动切换设备，调整参数；③3 min 失职报警；④可定时对运行参数打印制表；⑤有些报警点能实现封锁报警；⑥故障状态自行恢复且自动复位报警状态。
   A. ①②④⑥　　B. ①②④⑤　　C. ①③④⑤　　D. ①②⑤⑥

8. 在机舱监测报警系统中，不包括的功能是（　　）。
   A. 故障报警打印　　　　　　　　　B. 参数报警上、下限值自动调整
   C. 打印记录参数　　　　　　　　　D. 值班报警

9. 在以下①～⑥项中，机舱报警系统应具有的功能是（　　）。
   ①故障报警；②报警参数自整定；③延时报警；④故障自动消除；⑤延伸报警；⑥3 min 失职报警。
   A. ①②③④　　B. ②④⑤⑥　　C. ③④⑤⑥　　D. ①③⑤⑥

10. 以下不属于机舱监视与报警系统组成的选项是（　　）。
    A. 机舱各监视点的传感器　　　　　B. 集控室内的监视屏与控制柜
    C. 延伸报警箱　　　　　　　　　　D. 机舱各监视点

二、判断题

1. 机舱监测报警系统只能采集开关量，不能采集模拟量。（　　）
2. 机舱监测报警系统具有参数越限报警、参数显示、打印记录、参数调节等主要功能。（　　）
3. 船舶机舱监测报警系统是能准确可靠地代替轮机员，时刻巡回检测机舱中主要设备的工作状态，保障机器安全运行的检测系统。（　　）
4. 对温度报警点来说，常采用的测量传感器是热电阻和热电偶。（　　）
5. 监测报警点中，压力报警点可分为开关量压力报警点和模拟量压力报警点两种类型。（　　）

三、简答题
1. 什么是通用紧急报警系统？它的报警信号形式有什么特点？
2. 通用紧急报警信号通常会被自动送入哪些其他报警系统？
3. 什么是轮机员安全报警？它的报警过程如何？
4. 简述火灾报警系统的组成及功能。
5. 说明机舱组合报警系统通电调试步骤与方法。
6. 什么是机舱监测报警系统？它监测的参数类型通常有哪几种？

项目四　船舶主机遥控系统

项目描述

所谓主机遥控，是指远离机旁在集控室或驾驶室通过自动控制系统对主机进行操纵的一种方式。

对于大型低速柴油主机，主机遥控可分为自动遥控和手动遥控两种方式。在驾驶台操作时通常采用自动遥控方式，此时，遥控系统能根据驾驶员发出的车令信号按照主机要求的操作步骤和要求自动进行启动、停车、换向和加减速控制，直至主机运行状态达到车令要求。而在集控室操作时，考虑到操纵主机的是轮机员，通常采用手动遥控方式。此时，轮机员根据驾驶台车令，按照操作步骤和要求通过主机气动操纵系统对主机进行手动遥控操作。

主机遥控系统应能对主机进行启动、停车、换向等逻辑控制和对主机的转速进行闭环控制，同时，还应该对主机转速和负荷进行必要的限制，并具有必要的安全保护功能。主机遥控系统是船舶机舱自动化系统的核心部分，是现代化船舶实现无人机舱必不可少的条件之一。采用主机遥控除能减轻劳动强度、改善工作条件、避免人为的操作差错外，还能提高船舶的操纵性和经济性。

项目分析

在学习船舶主机遥控系统的组成、分类、逻辑控制功能的基础上，深入理解并掌握系统的控制过程和操作技能，逐步培养学生解决系统运行维护、故障分析与排除等实际问题的能力。

相关知识和技能

1. 船舶主机遥控系统的组成、分类；
2. 船舶主机遥控系统的逻辑控制功能；
3. 车钟系统的组成、功能和操作；
4. 主机安全保护系统的组成、功能与试验操作；
5. 现场总线型主机遥控系统 AC C20 的结构特点、功能及操作。

任务一　船舶主机遥控系统组成与功能

1. 掌握船舶主机遥控系统的分类、设备组成及分布；

2. 理解船舶主机遥控系统的基本功能。

任务分析

通过本任务学习，了解船舶主柴油机的基本工作原理，掌握船舶主机遥控系统的组成、分类和基本功能。

知识准备

一、船舶主柴油机的基本工作原理

船舶主机是指推动船舶前进的主要动力机械，在民用船舶中广泛应用的是柴油机。柴油机的基本工作原理是把燃料燃烧产生的热能转变成机械能。它采用压缩空气产生高热，使喷入的雾化的燃料在气缸内燃烧，以高温高压的燃气作工质在气缸中膨胀推动活塞做往复运动，并通过活塞—连杆—曲柄机构将往复运动转变为曲轴的回转运动，从而带动工作机械。其工作原理如图 4-1-1 所示。

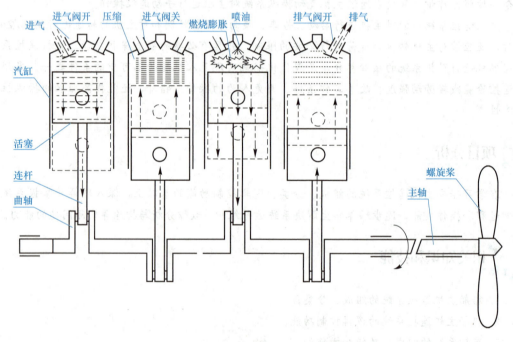

图 4-1-1 四冲程柴油机工作原理

燃油在柴油机气缸中燃烧做功，必须完成进气、压缩、燃烧做功和排气 4 个过程，称为一个工作循环。活塞从上止点行至下止点（或相反）所走过的行程，叫作冲程。所谓四冲程柴油机，就是把一个工作循环的 5 个过程即进气、压缩、燃烧做功、膨胀和排气分别在 4 个冲程内完成的柴油机。四冲程柴油机一个工作循环如图 4-1-2 所示。

(1)进气冲程：气缸内的活塞从上止点向下运动，空气阀打开，吸进空气，到下止点，空气充满气缸；

(2)压缩冲程：活塞从下止点向上运动，进气阀关闭，缸内空气被压缩，温度升高；

(3)燃烧做功冲程：活塞到上止点，喷入燃油，遇高温在气缸内燃烧、膨胀，推动活塞向下运动；

(4)排气冲程：活塞从下止点向上运动，打开排气阀，燃烧后的废气排出。活塞到上止点又开始下一个循环工作。

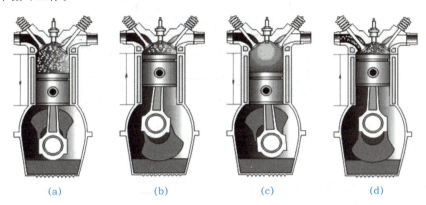

图 4-1-2　四冲程柴油机的一个工作循环
(a)进气；(b)压缩；(c)燃烧做功；(d)排气

二、船舶主机遥控系统的种类

按所采用的控制技术，主机遥控系统可分为以下4种类型。

1. 气动式主机遥控系统

气动式主机遥控系统是指通过气动遥控装置和气动驱动机构对主机进行遥控的方式。它以气动方式为主，配有少量的电动控制装置。

2. 电动式主机遥控系统

电动式主机遥控系统是指通过电动遥控装置和电动驱动机构，在遥控室对主机进行正倒车换向、启动、停车和调速等操作方式。

3. 电—气式(液压式)主机遥控系统

电—气式(液压式)主机遥控系统是指通过电动控制装置和气动装置及执行机构，由遥控操纵台操纵主机正倒车换向、启动、停车和调速等操作方式。

4. 微型计算机式控制的主机遥控系统

微型计算机式控制的主机遥控系统实际上也属于电—气混合式主机遥控系统，其控制部分是采用计算机，而驱动机构则采用气动(液压)或电动器件。采用微型计算机遥控主机时，是通过软件设计，给出一个计算执行程序以取代常规遥控系统的遥控回路，用软件去取代硬件程序。

气动式和液压式遥控系统驱动功率大，但是管路接头容易泄漏。电动式和微型计算机式遥控系统较为容易实现远距离控制，控制的灵活性增加，可实现船舶的最佳状态和最经济的控制。

三、船舶主机遥控系统的组成

船舶主机遥控系统主要包括遥控操纵台、车钟系统、逻辑控制单元、转速与负荷控制单元、安全保护装置及包括遥控执行机构在内的主机气动操纵系统6大部分，其系统结构如图4-1-3所示。上海驷博自动化公司为中小型船舶配置的SB510型主机遥控系统如图4-1-4所示。

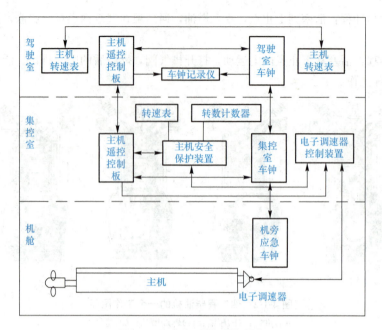

图 4-1-3 主机遥控系统组成

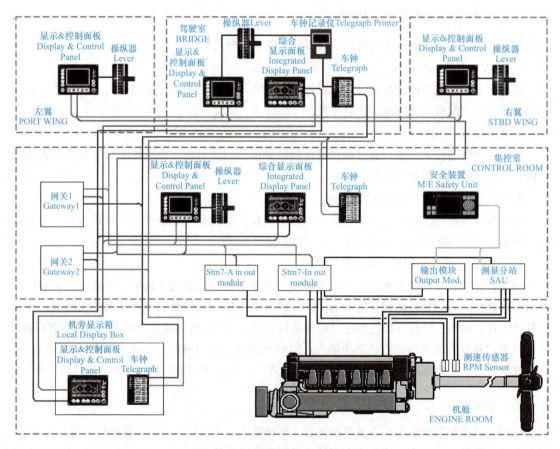

图 4-1-4 SB510 型主机遥控系统

1. 遥控操纵台

遥控操纵台设置在驾驶台和集控台上，驾驶台操纵台主要安装有车令手柄、辅助车钟、车令记录装置、指示灯和控制面板及显示仪表等；集控室操纵台上主要包括车钟回令兼换向手柄、主机启动与调速手柄、操作部位切换装置、指示灯和控制面板及显示仪表等。

另外，在主机旁还设有应急操纵台，包括应急车钟和机旁应急操纵装置。

2. 车钟系统

车钟系统实现驾驶台与集控室、驾驶台与机旁之间进行车令传送与应答的重要设备，由驾驶台车钟、集控室车钟和机旁应急车钟组成。车钟系统一般有两种工作模式：一种是操控模式；另一种是传令模式。操控模式对应于在驾驶台遥控主机的情况，此时驾驶台车钟直接通过逻辑控制单元和转速控制单元对主机进行自动遥控。传令模式对应于在集控室或机旁操作的情况，此时，驾驶台车令首先传递到集控室或机旁，轮机员进行车令应答（回复）后，再对主机进行相应的操作。

3. 逻辑控制单元

逻辑控制单元是自动遥控系统的核心，它根据遥控操纵台给出的指令、转速的大小和方向、凸轮轴位置及主机的其他状态信息，完成对主机的启动、换向、制动、停油等逻辑控制功能。

4. 转速与负荷控制单元

转速与负荷控制单元一方面通过闭环控制使主机最终运行在车令手柄设定的转速；另一方面在加减速过程中，要对加减速速率及主机所承受的机械负荷和热负荷进行必要的限制，以确保主机运转的安全。

5. 主机气动操纵系统

主机的启动、换向、制动和停车等操作的逻辑控制通常都是以压缩空气作为动力源的，对于采用液压调速器的主机，其转速设定环节也是通过气路来实现的。主机气动操纵系统就是为实现上述功能而设置的一套气动逻辑回路，通常由主机厂家随主机一起提供，是主机遥控系统的重要组成部分。通过气动操纵系统，可以在集控室对主机进行手动遥控和在机旁进行应急操作。

6. 安全保护装置

安全保护装置用来监视主机运行中的一些重要参数。一旦某个重要参数发生严重越限，安全保护装置应能通过遥控系统使主机进行减速，或迫使主机停车，以保障主机安全。安全保护装置是一个不依赖遥控系统而相对独立的系统，即使遥控系统出现故障，也应能正常工作。

四、船舶主机遥控系统的基本功能

尽管不同厂家生产的主机遥控系统在实现方案和实现手段上不尽相同，但它们都遵循共同的设计思想和基本工作原理，都用来实现逻辑程序控制、主机的转速与负荷控制、安全保护与应急操作及模拟试验等基本功能，下面分别进行具体介绍。

1. 逻辑程序控制

（1）换向逻辑控制：当有动车车令即车钟手柄从停车位置移至正车或倒车位置时，遥控系统首先进行换向逻辑判别，即判断车令位置与实际凸轮轴的位置是否一致。当车令位置与实际凸轮轴位置不符时，便自动控制主机换向，将主机的凸轮轴换到车令所要求的位置上，换向完成后，方可送出允许启动信号。

(2)启动逻辑控制：当车钟手柄从停车位置移到正车(或倒车)位置时，换向逻辑控制完成后，遥控系统紧接着进入启动逻辑判断，也就是对启动条件进行鉴别；当启动主机所需的各项条件均得到满足时，控制空气分配器投入工作，打开主启动阀启动空气将进入主机进行启动；在主机转速达到发火切换转速时，自动完成油气转换，切断启动空气，停止启动。这时，若启动成功，自动转入主机加速程序。

(3)重复启动程序控制：若主机在启动过程中发生点火失败，遥控系统将自动进行第二次启动。若第二次启动又发生点火失败，则自动进行第三次启动。当出现第三次启动失败时，遥控系统将自动停止启动，同时发出启动失败报警。

(4)重启动逻辑控制：在应急启动、倒车启动或有重复启动的情况下，为了提高主机启动的成功率，遥控系统将自动增大启动供油量，或自动提高启动空气切断转速对主机进行重启动。

(5)慢转启动逻辑程序控制：当主机停车时间超过规定时间(一般是 30～60 min 内可调)以后，或在停车期间停过电，再启动主机时，遥控系统将自动控制主机先进入慢转启动，即让主机缓慢转动 1～2 转，随后转入正常启动。若慢转启动失败，将发出报警信号并且封锁正常启动。其目的是早发现某些故障和保证运动件摩擦表面的润滑。

(6)主机运行中的换向与制动逻辑程序控制：当车钟手柄从全速正车位置拉到倒车某一位置时，主机遥控系统应能自动的实现停油、换向、制动和反向启动等逻辑程序。

2. 主机的转速与负荷控制

(1)转速程序控制：当对主机进行加速操纵时，应对加速过程的快慢有所限制，转速(或负荷)范围不同对加速过程的限制程度就不同，因此，加速过程控制有两种形式：一是发送速率限制；二是程序负荷(也称负荷程序)。其中发送速率指的是主机在中速区以下的加速控制，加速速率较快，而程序负荷指的是高速区的加速控制，特别强调慢加速。

(2)转速—负荷控制：主机的转速与负荷控制回路是一个综合控制回路。在正常航行工况下，控制回路主要是通过调速器对主机转速进行定值控制。控制回路的作用就是克服各种扰动，主机转速控制在车钟手柄所设定的转速上。但是，当船舶在恶劣海况下航行时，若此时仍采用转速定值控制，调速器为了维持主机运行在设定转速上，不得不频繁地大幅度调节主机供油量，这就有可能导致主机超热负荷。一旦调速器减油不及时，主机就会发生飞车而使主机超机械负荷。这时，主机转速控制系统常采用负荷控制方式来保障主机的安全运行。

(3)转速限制：为了保证主机安全、可靠及有效地运行，车令设定的转速值必须符合主机自身特性的要求，因此，遥控系统将对进入主机调速器的设定转速进行临界转速避让、最小转速限制、最大转速限制及轮机长手动设定最大转速的限制。

(4)负荷限制：主机转速控制系统在对主机转速进行自动控制时，主机的供油量是由调速器根据偏差转速大小来控制的。调速器为了将主机的转速快速调节到设定转速，有可能使主机因供油量太大而超负荷。为此，遥控系统应对主机的供油量进行限制。负荷限制主要包括启动油量的限制、转矩的限制、增压空气压力限制、螺旋桨特性限制及最大油量的限制。

3. 安全保护与应急操纵

(1)安全保护：船舶航行时，当出现主机重要参数如润滑油低压、轴承高温、曲轴箱油雾浓度过高等情况时，安全保护系统能使主机自动减速或停车，并发出报警信号及显示安全系统动作的原因，以保护主机的安全。有些重要参数的安全保护值有两个：一个是自动减速值；另一个是自动停车值。当出现安全保护装置动作且排除故障后，这时需要对故障复位才能进行启动和加速。

(2)应急操纵：在应急情况下，为了保证船舶的安全需要对主机进行一些特殊的操纵，主要包括以下3个方面。

①机旁应急操纵：在主机遥控系统失灵的情况下，为了保证主机仍然继续运行，只要将主机操纵部位从驾驶台或集控室直接切换到机旁，即可实现机旁手动应急操纵。

②应急运行：在运行中的全速换向操作一般在紧急避碰中使用，属于应急运行。它包括应急换向、应急启动及应急加速。应急换向指的是主机在应急换向转速下的换向。应急启动除了采用重启动外还将自动取消慢转启动。应急加速主要指的是取消负荷程序进行快加速，同时还自动取消某些限制(如增压空气压力限制、转矩限制等)。

③手动应急停车：当车钟手柄扳回到停车位置，由于遥控系统出现了故障，不能使主机停油，这时，应按下"应急停车"按钮，通过应急停车装置使主机立即断油停车，同时发出报警。若要重新启动主机，必须对应急停车信号进行复位，才可进行启动操作。

4. 模拟试验

各种主机遥控系统都设置了相应的模拟试验装置。它主要用于显示遥控系统的运行工况，如电磁阀的状态、主机凸轮轴的位置及启动过程等；测试和调整遥控系统的各种参数；检查遥控系统的各种功能是否正常，若有故障，可利用模拟试验来查找和判定故障部位。

5. 主机遥控系统操纵部位的切换

主机遥控系统按操纵部位可分为驾驶台室操纵、集控室操纵和机旁操纵3种。通常将驾驶台操纵称为自动遥控，集控室操纵属于手动遥控，而将机旁操纵称为手动操纵。驾驶台自动遥控是指驾驶员用车钟通过电子逻辑系统和气动系统来操纵主机，驾驶台操纵使用简单，功能强大，一般在主机定速以后的正常海上航行时采用此方式；集控室操纵是指驾驶台发出车令，轮机员在集控室用操纵手柄或按钮通过机械、液压或气动系统来操纵主机，比较可靠，对于拥有自动遥控系统的船舶，不需要增添多少设备，一般在进出港期间、起锚或抛锚期间，通过狭窄水道时，以及其他的机动场合采用；机旁手动操纵是指驾驶台发出车令，轮机员在机旁扳动换向手柄和调油手柄来操纵主机，其特点是简单、可靠，当遥控系统出现故障时采用此方式。

3种操纵方式对控制电路提出了如下要求：

(1)3种操纵方式可以相互转换，而且又应互相联锁，以免在同一时间操纵的指令混乱。

(2)3种操纵方式的选择优先权：机旁优先于集控室，集控室优先于驾驶台。因此，操纵地点的选择也就只能在集控室和机旁进行，故应设置如下转换装置：

①在集控室进行驾驶台/集控室操纵转换；

②在机旁控制台进行自动/手动操纵转换。

(3)自动/手动的转换开关进行转换时，要求不引起误动作，而且不管当时遥控系统的状态如何，必须允许在任何时间从遥控控制转到手动控制能够很容易在操纵台上实现。

(4)驾驶台和集控室之间的操纵部位转换必须满足以下两个条件：一是集控室遥控车钟发出的正、倒车令必须与驾驶台遥控车钟发出的正、倒车令一致，否则操纵部位转换功能将被联锁功能锁定而无法切换；二是集控室遥控车钟发出的转速设定值必须与驾驶台遥控车钟发出的相等，否则切换中因车令设定转速改变而使主机转速变化，产生切换扰动。

主机遥控系统按照操纵用途又可分为正常操纵、紧急操纵和模拟试验。正常操纵是指在正常情况下，以正常的程序对主机进行启动、调速、停车等的操纵；紧急操纵是指在危急情况下，对主机进行的操纵；模拟试验是指通过专用设备和仪器来检查自动遥控系统的工作是否正常，设备和元件性能是否良好。

任务实施

1. 现场认识柴油机

船舶主机——柴油机的主要结构、管路及主机监测传感器的安装位置与类型，了解柴油机的基本工作原理和工作过程。

2. DMS-2010 轮机模拟器主机遥控系统认识

DMS-2010 轮机模拟器的主机遥控系统仿真以 KONGSBERG 公司的 AC C20 主机遥控系统为基础设计，它具有驾驶台控制、集控室控制、机旁控制 3 种控制方式。在机旁应急操纵台上设有遥控控制/机旁控制转换阀，用于遥控和机旁应急控制之间的控制部位转换。在集控室设有驾驶台/集控室控制转换阀，用于驾驶台和集控室之间的控制部位转换。

(1)驾驶台控制台组成认识。驾驶台控制台由遥控发令车钟、应急停车按钮、主机工况显示、故障报警信息显示及若干应急操纵指令按钮等组成，用于驾驶台遥控操纵主机。

驾驶台车钟系统组成如下：

①车钟：上面有车钟手柄和车钟状态指示灯，状态指示灯主要显示的是集中控制室的车钟状态，驾驶台遥控时，当驾驶台和集中控制室车钟不一致时，发出闪光指示。

②通信按钮：通信按钮有 3 个，分别是完车、备车和定速航行，用于与集中控制室通信。

③报警指示灯：完车时，需要泄放控制空气，关闭主控制阀，如果没有关闭就出现提示报警。

④操作部位指示灯：显示当前的操作部位。

⑤运转状态指示灯：显示主机的运转状态。

⑥应急车钟：在转换到机旁控制时，用于驾驶台与机旁控制台的命令通信。此外还有消声按钮。

(2)集控室操纵台组成认识。集控室操纵台上有回令车钟、操纵手柄、应急停车按钮、启动控制阀、调速器控制阀、驾驶台/集控室控制转换阀、主机或遥控系统中某些装置的工况显示、故障报警及安全保护单元等。其中，集控室车钟系统包括车钟、通信按钮、报警指示灯、控制部位指示灯、状态指示灯和应急停车按钮与驾驶台的相同。在集中控制室车钟系统中，增加了启动-调速手柄和驾驶台/集中控制室位置转换手柄，完成集中控制室－驾驶台操纵部位的转换。

(3)机旁应急操纵台组成认识。机旁应急操纵台设有应急车钟、遥控/应急控制选择手柄、启动按钮、停车按钮、正车/倒车换向手柄、调油手轮、VIT 调节机构及若干控制阀件等。当气动遥控系统、调速系统或电子设备故障的情况下，可在机旁手动应急操纵主机。

任务总结

本任务通过对船舶主机遥控系统的基本概念、类型、组成和功能的学习，引导学生重点掌握船舶主机遥控系统的设备组成和基本功能，为进一步学习主机遥控各子系统的控制原理和功能奠定基础。

任务二 船舶主机遥控系统逻辑控制回路

任务目标

1. 掌握船舶主机启动控制逻辑条件及其实现方法，包括主启动控制逻辑、重复启动控制逻辑、重启动控制逻辑和慢转启动控制逻辑；
2. 掌握船舶主机换向逻辑条件及其实现方法；
3. 理解船舶主机转速与负荷的控制与限制功能体现，了解主机制动控制逻辑功能。

任务分析

通过本任务学习，了解船舶主机的结构原理，掌握主机遥控系统的组成、分类和基本功能。

知识准备

为了实现在集控室和驾驶台能远距离操纵主机的各种功能，要求船舶主机遥控系统必须有一套气动或电动的逻辑控制回路，能对主机进行启动、换向、停车等逻辑控制和对主机的转速进行闭环控制，同时能对主机的转速和负荷进行必要的限制，并具有必要的安全保护功能。这称为主机遥控系统的逻辑与控制回路。

一、启动逻辑回路

在自动遥控系统中，启动逻辑回路是基本的逻辑与控制回路之一。其基本功能：当有开车指令时，能自动检查是否满足启动的逻辑条件；当所有的启动逻辑条件均得到满足时，能自动输出一个启动信号去开启主启动阀，对主机进行启动；当主机达到发火转速时，能自动撤销启动信号，关闭主启动阀，结束启动，使主机在供油状态下运行。用于完成这一基本功能的逻辑回路称为主启动逻辑回路。

根据遥控系统类型和功能的不同，通常还在主启动逻辑回路的基础上增加重复启动、重启动及慢转启动等功能，分别称为重复启动逻辑回路、重启动逻辑回路和慢转启动逻辑回路。

1. 主启动逻辑回路

主启动逻辑回路是遥控系统完成启动最基本的控制回路。它能检查启动条件是否得到满足，并对启动过程进行自动控制。主启动逻辑回路发出启动信号，必须同时满足启动准备逻辑条件和启动鉴别逻辑条件，这两个条件是逻辑与的关系。

(1)启动准备逻辑条件。启动准备逻辑条件多数是在"备车"时完成的，一般具备以下条件：
①盘车机已脱开信号（$TG=1$）；
②主启动阀处于"自动"位置（$V_{MA}=1$）；
③启动空气压力在正常范围内（$P_{SA}=1$）；
④遥控控制空气压力正常（$P_{OP}=1$）；
⑤主机滑油压力正常（$P_{LB}=1$）；
⑥遥控控制电源电压正常（$SP=1$）；
⑦操作部位转换已经到位（$PS=1$）；
⑧模拟试验开关位置处于"工作"位置（$TS=1$），$TS=0$，表示处于"试验"位置；

⑨故障停车已复位($ST=1$)；
⑩无三次启动失败信号($F3=0$)，$F3=1$，表示在重复启动过程中，经3次启动均未成功；
⑪启动限时信号未到($\overline{TM}=1$)，$\overline{TM}=0$ 表示达到启动限时时间；
⑫启动转速小于发火转速($Ns=1$)，$Ns=0$ 表示高于发火转速。

当然根据设计要求的不同，主机的启动条件可能略有不同。但是只有主机准备启动的上述条件全部满足时，才能够启动主机，即它们之间的关系是逻辑与的关系。

(2)启动鉴别逻辑条件。启动鉴别逻辑是指能自动判断车令与凸轮轴位置是否一致。有开车指令时，只有车令与凸轮轴位置一致才允许启动，否则是不准发启动信号的。如有正车车令，则只有当凸轮轴在正车位置时才能发出启动信号；有倒车车令，凸轮轴在倒车位置时才能发出启动信号。

2. 重复启动逻辑回路

在满足可以启动逻辑条件后，在一般情况下是可以进行启动的。但是，在设有重复启动的回路中，必须考虑中断和重复启动逻辑。

在机旁手动操作主机时，如果第一次启动没有成功时，将进行几次再启动，直到确认为不可能在启动成功时终止启动操作。在自动遥控系统中也应具有这种功能，以保证有效的启动操作。这种功能是由重复启动环节与启动主回路相配合完成的。重复启动回路具有重复启动、中断和终止启动等逻辑功能。重复启动是发生在启动失败情况下的逻辑动作。

启动失败的原因如下：柴油机在启动操作中可能发生启动不成功等现象，而引起启动失败的原因及表现形式是多方面的。

(1)换向失败。启动逻辑条件是车钟指令和换向凸轮轴的位置相一致，如果不一致必须进行换向，换向完成后方能启动。换向失败使燃油零位闭锁。换向失败是指在规定的时间内未能完成换向。其原因可能是未能满足换向逻辑条件，或虽然满足条件但未能完成换向；可能由于换向控制阀失控；换向设备被阻；油压、油位过低；控制空气压力不足或电源有问题等，均能引起换向操作的失败。

(2)点火失败。点火失败是启动过程中，主机转速已达到发火转速，并进行了气—油转换（切断启动空气，供给燃油），但是由于燃油未能正常燃烧，主机转速又下降低于点火转速或停转，这种情况称为点火失败。引起点火失败的原因是多方面的，但主要是燃油系统故障和燃油条件不良所致。常见原因如下：

①日用油柜无油或油中有水；
②输油泵有故障使供油困难，管路有空气或滤器、油管堵塞，使燃油压力低或断油；
③燃油黏度过高，使喷射雾化困难或雾化不良；
④喷油泵泵压不足或喷嘴工作不正常，引起雾化不良或供油定时不准确等；
⑤气缸内压缩温度过低；
⑥启动供油量太少等。

由于点火失败引起启动失败，可进行几次再启动，以力求在有限次数内启动成功。所以，一般所说的重复启动是指在这种情况下的再启动。如果主机3次启动均未成功，将发生3次启动失败报警。

(3)不能启动。不能启动是指在启动操作中，主机转速一直达不到启动转速，这种现象称为不能启动。其原因可能是主启动阀或空气分配器失控；启动空气压力过低；操作空气压力不足；盘车机未脱开；主轴承与轴"咬死"；浆缠异物等。这种现象很容易与点火失败区别开。在这种情况下，一般不宜再自动进行重复启动，而发出启动时间限制报警。

重复启动方式有两种：第一种方式是以时间为控制信号，是一个时序逻辑控制过程。每次启动的持续时间、中断时间和重复启动的总时间均由时间控制单元来控制，从而实现重复启动和终止启动逻辑功能。第二种方式是采用转速和时间为控制信号。

3. 重启动及慢转启动逻辑回路

(1)重启动。重启动是区别于正常启动而言的，所谓重启动是指在应急启动或重复启动或倒车启动时，加大油门的启动。其目的是保证启动容易成功。为此，在调油回路中设有重启动油量设定控制环节。但是，重启动的逻辑控制信号是来自启动回路。在重启动时，送出重启动油量信号，在启动成功后还必须取消重启动信号。因此，重启动逻辑条件概括为以下几条，它们之间是逻辑与的关系。

①手柄必须在启动位置；
②有应急启动指令或点火失败信号或有倒车指令；
③启动转速未超过发火转速。

(2)慢转启动逻辑。主机遥控系统设有慢转启动环节。当主机停车时间过长，再次进行启动时，可以分两个步骤进行。首先进行慢转启动，然后进行正常启动(或重启动)。通常将第一阶段的启动称为慢转启动，以区别正常启动。慢转启动逻辑的设计是保证主机启动过程的安全和防止不利磨损。所以，慢转启动阶段也可以说是"预备"或"试启动"阶段。如果慢转启动过程正常，说明主机可以进行启动，则立即取消慢转，而转入正常启动；如果主机由于某种原因不能转动或转动极慢，慢转启动程序将不能被解除，也就是说不可能进行正常启动。这样就保证了启动过程中主机的安全。慢转程序也保证了摩擦件的"布油"润滑作用，防止过度不利的磨损。

慢转启动阶段，可以采用"慢转转数"(1转或2转)，也可以用"慢转时间"来检测。当采用转数检测时，如果达不到慢转转数，则不能转入正常启动；当采用慢转时间检测时，如果在规定的时间内没送出正常启动信号，则不能进行正常启动，并送出报警信号。在能够满足慢转条件下才能进行正常启动。

慢转指令形成的逻辑条件如下：
①在启动前，停车时间超出规定时间；如果超出规定时间，送出一个要求慢转信号。
②没有应急取消慢转命令。
③启动转数没有达到规定的慢转转数。
④前次慢转指令被取消过。

在同时满足上述逻辑条件后，便可形成新的慢转指令。

二、换向与制动逻辑回路

1. 换向逻辑回路

在主机自动遥控系统中，换向逻辑回路用于判断是否需要换向，并在需要换向时发出换向指令。当有开车指令时，换向逻辑回路应能根据车令和凸轮轴实际位置，判断出是否需要换向操作，若需要，则自动输出一个换向信号，对主机进行换向。换向完成后，应自动取消换向信号，并为后续逻辑动作提供换向完成信号。

主机换向可分为停车状态下的换向操作和运行状态下的换向操作两种情况。

(1)在停车状态下进行换向操作时，将手柄从停车位置拉到正车或倒车位置时，主机必须停油，换向阀动作，换向装置动作，将空气分配器、燃油和排气凸轮轴从原来的位置移到车令要求的位置上。

(2)在运行状态下进行换向操作时,将手柄从原来的运行位置拉到停车位置,再拉到相反位置,这时将发生换向动作。但必须先停油,使主机转速下降到允许的转速下进行换向,换向完成后,自动停止换向动作。在换向完成后,送出启动信号到启动回路。换向后,若转向不符合车令所要求的转向,必须保持继续停油。这些要求都是为了保证主机操作安全。主机遥控系统的换向逻辑回路的主要功能就是保证系统按一定的规律性执行逻辑控制动作,从而实现准确无误的换向操作。

归纳起来,换向逻辑条件如下:

①车令与凸轮轴位置不符。

②主机停油。

③主机转速已下降到允许换向转速或下降到应急换向转速。

④主机进排气阀顶升机构已被抬起。在双凸轮换向的主机中特别是四冲程中速机,为便于移动凸轮轴,需要将进排气阀的顶杆抬起,使顶杆下面的滚轮离开凸轮轴,换向完成后,顶杆下落,使其滚轮落在另一组凸轮轴上。

2. 制动逻辑回路

制动是指主机在运行中完成换向后,为使主机更快地停下来,以便进行反向启动所采取的操作措施。目前,船舶的制动方式一般是利用主机的制动和反转使螺旋桨产生负推力(与船舶前进方向相反的推力)阻止船舶前进,使之尽快减速、停止或倒退。

主机的制动方式通常有能耗制动和强制制动两种。

(1)能耗制动(也称减压制动)是在应急换向完成之后,消耗主机的能量的制动方式。由于此时转向与凸轮轴位置不符,当空气分配器将气缸启动阀打开的时刻,正是该缸活塞处于压缩冲程,因此,就将在其他冲程吸入的空气从气缸启动阀排出,经主启动控制阀泄放。此时,活塞的下行是吸气,上行是排气,起着压缩机的作用。从而实现能耗制动的目的。强制制动是利用高压空气,在活塞处于压缩冲程时送入气缸,强行阻止活塞运动,使主机减速或停止转动,这种制动称为强制制动。

(2)强制制动只能在正常换向完成后(低于正常换向或发火转速后),车令与转向不符合的情况下进行。在高转速的情况下,强制制动不易成功,既浪费空气又有机损危险,所以,强制制动不能在高转速下进行。能耗制动则可以在较高的转速下进行,能耗制动转速可以比强制制动转速提高 50%~100%。

三、转速与负荷控制回路

转速与负荷控制是指以最佳的动态过程使主机的转速达到车令所设定的转速,或使主机在设定的负荷上运行。主机的转速与负荷控制回路是一个综合回路。目前,基本上采用反馈控制和复合控制等方案。

反馈控制方案是由指令发送环节、调速环节、执行环节及反馈环节等组成的闭环控制系统。如果在反馈控制的基础上引进前馈环节就组成复合控制系统。复合控制比反馈控制有更多的优越性。

从控制角度出发,力求提高控制指标(如稳定性、快速性和精确性等)。但是,以柴油机为控制对象的系统,还必须顾及控制的后果。控制系统最终是通过控制油量来改变柴油机的运行状态。在大幅度的操作或变工况情况下,控制后果可能致使柴油机超负荷,所以在控制系统中设有一些限制环节。因此,在控制过程中对控制指标和限制环节的要求:在柴油机允许的情况下,力求达到最佳控制指标;在可能危及柴油机的情况下,限制环节必须起作用,放弃某些控制指标的要求,以保护主机;在发生"舍机保船"的情况下,应取消限制作用,进行应急操作,以保证全船的安全。所以,一个好的主机遥控系统应当兼顾各方面的要求。

1. 控制方式

船用柴油机常常是处于变工况条件下工作的,当进行变工况操作或外界负荷变化时,控制系统应能对其转速或负荷进行控制,以保证其在适宜的状态下运行。

(1)转速控制方式。控制参数是主机的转速,通过转速反馈构成闭环控制系统。在转速设定值确定之后,控制系统自动维持转速恒定不变。以转速为控制目标的控制方式称为转速控制。这种控制方式能保证转速在给定值转动,但是供油量是随外界负荷而变化的。即使在同一转速下,油量的多少也是不能确定的,主机的热负荷是随机变动的。

(2)负荷(油量)控制方式。控制参数是负荷(油量),通过执行器位置反馈形成闭环控制。在负荷设定之后,就维持不变。以负荷为控制目标的控制方式称为负荷控制。这种控制方式能保证柴油机的热负荷基本上不变。但是在变工况下转速是不能确定的,而是变化的。

(3)转速—负荷控制方式。即一个系统既可以进行转速控制也可以实现负荷控制。正常情况下,可选择转速控制,在工况变化较大的情况下,可采用负荷控制方式。系统中设有选择开关,在正常情况下,开关处于开路状态,这时系统为转速控制方式。在工况变化较大的情况下,开关闭合,使负荷控制环节投入工作。该环节的设定值可以预先给定。当车钟指令设定值大于该设定值时,负荷控制环节起到作用,从而使柴油机的负荷受到限制,因此,不会发生超负荷现象。

2. 转速限制程序

(1)加速限制。为防止加速过快,在发送回路中增加了加速限制环节。通常采用适当的控制回路,把手柄设定指令信号按预先调定好的速率发送出去,从而起到加速限制作用。

在气动控制系统中,采用了分级式延时阀获得延时特性。当设定信号低于调定压力时,对信号无延时作用。当设定值大于调定压力时,则有延时作用。延时作用是可调的。这种阀的特点是当设定信号小于输出信号时,输出信号的降低速度无延时。

在电动系统中,采用斜坡控制回路,实质上是积分环节。当给定一个阶跃信号时,其输出为斜坡特性。有时在加速度限制环节中设有最大速度限制环节,在加速过程中,达到最大值(预先设定)时,被钳位而保持不变。斜坡特性可以用来限定指令信号的发送速率,也可以用来限定偏差信号的传递速率。

(2)程序负荷。当主机工作在额定负荷的70%以上时,就会进入高负荷区,主机所承受的热负荷已经很高。因此,以后的加速过程必须严格加以限制,以防止超负荷。按一般的加速速率尚嫌太快,故需给定一个特殊的时间程序,使之慢慢加速。这个阶段也称为热负荷限制,这段时间是30~55 min。

(3)负荷限制。负荷限制是指对柴油机的机械负荷和热负荷的限制。负荷限制环节包括增压空气压力限制、转矩(或转速)限制、启动供油限制和螺旋桨特性限制等。

①增压空气压力限制。如果操作者将车钟手柄从低速位置快速推向高速位置时,油量就会增加很多。而此刻增压空气尚未来得及增加,将会产生油多少的现象,燃烧过量空气系数过小,引起燃烧不完善,导致冒黑烟和受热件过热等后果。为了防止上述现象发生,采用了增压空气限制环节。其基本原则是随着增压空气的压力增高,逐步成比例的自动增加油量。增压空

气压力限制环节在绝大多数的主机遥控系统中采用。

②转矩(或转速)限制。在某一转速下主机的油量过大时,会使主推进轴的扭矩加大,造成机械负荷过载。因此,遥控系统将自动地限制主机的供油量,即根据设定转速或主机实际转速给出一个相应的供油范围,从而使主机的转矩限制在允许的范围内。限制转矩的方法有两种:一种是实际转速限制油量;另一种是设定转速值限制油量。

③启动供油限制。在主机启动时,如供油量太小,点火不易成功;供油量太大,会产生爆燃。所以启动转速设定是为了便于启动主机而由遥控系统特别设定的一个值。启动期间,由启动转速设定值提供持续一段时间(几秒)的启动油量。启动转速设定值一般介于"SLOW"和"HALF"之间而与车钟手柄无关。根据启动方式不同,也有正常启动供油量和重启动供油量两种,后者的供油量要大一些。

④螺旋桨特性限制。为了使上述调速和限制特性与主机螺旋桨推进特性相匹配,可以按螺旋桨的特性规律来限制主机的供油量,以此来修正原有负荷的限制特性,使之接近理想限制特性。

(4)临界转速的回避。船舶在海上航行时,由于海洋环境的不断变化,导致船舶航速也在不断变化。但船舶航行的速度主要取决于主机的转速。柴油机运行时,由于运动部件惯性力使主机产生的强迫振动会引起船体振动。当主机振动周期和船体振动固有周期相同时,就会产生共振。共振产生的附加应力会超过轴系材料应力,可能会造成轴系断裂。同时,共振又会造成主机和其他设备甚至船体的损坏,因此,必须限制主机在共振转速区内运行。

主机的振动周期随主机转速的变化而变化,在主机的额定转速范围内,一般有两个以上共振区。将引起最大共振的转速区称为临界转速区,简称临界转速。对于不同类型的主机,其临界转速各不相同,在主机转速表上用颜色线标明。

主机产生临界转速的主要原因有两点:一是车令信号使转速落在临界转速区;二是热负荷程序使主机转速处于临界转速区。因此,在主机的实际运行中必须采取措施以保证主机避开临界转速区,一般采用临界转速限制环节。具体方法有以下3种:

①只要车令转速落在临界转速区(无论增速、减速),临界转速限制环节使主机限制在略低于临界转速下限不变。

②只要车令转速落在临界转速区(无论增速、减速),临界转速限制环节使主机限制在略高于临界转速上限不变。

③当车令转速落在临界转速内靠近下限时,临界转速限制环节将主机转速限制在临界转速下限之下不变;当车令转速落在临界转速内靠近上限时,临界转速限制环节将主机转速限制在临界转速上限之上不变。

3. 转速与负荷控制

主机的转速与负荷控制回路采用调节器进行控制。调节器的功能是根据偏差值进行转速或负荷控制的。

在主机遥控系统中,所采用的调节器大致又分为两种类型,即全制式液压调速器和电子式调速器。全制式液压调速器属于比例积分作用规律,较为通用的是PG和UG调速器。电子式调速器较为普遍采用的是比例积分和比例积分微分作用的调节器。

(1)比例积分(PI)作用规律。比例积分作用规律的调节器,其输出信号 $m(t)$ 将同时成比例的反应输入信号 $\varepsilon(t)$ 自身和它的积分,即

$$m(t) = K_p\varepsilon(t) + \frac{K_p}{T_i}\int_0^t \varepsilon(t)\mathrm{d}t$$

式中　K_p——比例系数；

　　　T_i——积分时间常数。

K_p 和 T_i 都是可调的参数。但是，改变积分时间常数 T_i，只能调节积分规律，而调整比例系数 K_p，则同时对比例作用规律和积分作用规律都有影响。积分时间常数的倒数 $1/T_i$ 说明每秒的调节作用较之比例部分增加的倍数，其单位是(1/s)。

在控制回路中，比例积分调节器规律主要是在保证控制系统稳定的基础上提高它的无差度，从而使它的稳态性能够得到改善。

(2)比例积分微分(PID)调节规律。比例积分微分调节规律是由比例、积分、微分基本调节作用规律组合成的复合控制规律。比例积分微分调节规律，除可使系统的无差度增加外，还将提供两个负实数零点。这与比例积分调节规律相比较，除保证提高系统稳态性能的优点外，由于多提供一个负实数零点，从而在提高系统的动态性能方面具有更大的优越性。因此，比例积分微分调节规律在控制系统中得到广泛的应用。

任务实施

在轮机模拟器上进行下列实训。

1. 主机备车操作

(1)备车联络。备车指令由驾驶台发出，机舱集控室作为回令给驾驶台。在模拟器中是通过驾驶台和机舱集控上的副车钟来实现的。在驾驶台副车钟面板上按下通信按钮"STAND BY"后"FWE"由常亮变为闪烁，集控室的副车钟面板上"STAND BY"按钮灯闪烁，只需轮机值班人员将其按下即可，同时，"FWE"按钮灯均熄灭，完成由完车到备车状态的通信联络。

(2)备车。轮机值班人员在接到备车指令时，需要人工盘车。此操作在大型动态模拟操作板上可以直接操作，使主机转动1~2圈即可。

(3)气动系统的准备。对于气动遥控系统的准备主要是通过打开下面几个阀来完成的，即控制气源通断阀、控制排气阀弹簧气源通断阀、安保断油控制气源通断阀、盘车机与控制气源间联锁阀、气缸主启动阀、脱开盘车机。

(4)遥控系统复位。遥控系统在备车过程的前期会因为准备工作的先后出现一些报警，但完成准备工作后，这些报警需要手动复位才能消除。

(5)集控室冲车。首先检查主机各缸示功阀是否打开并将其打开(该模拟器没有设置示功阀的相关操作部件，这一步可以不做)，然后在集控室由轮机操作人员通过集控室主车钟要一个车令，如"DEAD SLOW AHEAD"。此时，驾驶台车钟与集控室车钟不一致，会发出声音提示，同时在驾驶台主车钟"DEAD SLOW AHEAD"位的指示灯开始闪烁。由驾驶台值班人员将主车钟手柄推到"DEAD SLOW AHEAD"位置。这样轮机值班人员就可以进行冲车了，把调速手柄拉到"START"位，待主机转1~2圈后，再将其拉回"STOP"位，完成冲车。

2. 驾控离港操纵

(1)驾机联络并转驾控。驾机联络是通过驾驶台主机遥控系统通信操作按钮(Engine Room, Bridge)和集控室主机遥控系统的通信操作按钮(Bridge Control, Engine Room Control)来实现联络。比如，现处于集控状态下，且驾驶台要求转驾控，具体操作如下：由驾驶台值班人员在驾驶台主机遥控系统中按下通信按钮"Bridge"，此时其指示灯变为常亮，旁边的通信按钮"Engine Room"指示灯开始闪烁，同时，集控室主机遥控系统的通信操作按钮"Bridge Control"也开始闪烁，通信操作按钮"Engine Room Control"指示灯保持常亮。轮机值班人员观察到通信操作按钮"Bridge Control"指示灯闪烁时，只需将其按下。此时，驾驶台和集控室操作单元的驾控指示灯均为常亮，即完成了集控转驾控的联络。联络完成后，轮机工作人员就可将控制状态转为驾控，该操作通过集控室车钟面板上的驾驶台/集控室转换手柄来实现。

（2）驾驶台操车。在驾驶台操纵面板，通过主车钟手柄来操纵主机，首先，由"STOP"位拉到"AH SLOW"，观察主机模型运行情况及气路通断情况。然后，逐渐加速到港内全速，进而与机舱联络后将主车钟手柄推到"MAX AH"（海上定速）。

3. 进港、停车、完车

首先，驾驶台发出进港备车信号，由驾驶台主车钟发出相应的命令，集控室轮机工作人员根据驾驶台车令进行操车，直到最后停车。其次，驾驶台通过副车钟面板发出完成"FWE"信号，机舱轮机工作人员在机舱集控台副车钟面板上进行确认。最后，关闭控制气源通断阀、控制排气阀弹簧气源通断阀、安保断油控制气源通断阀、盘车机与控制气源间联锁阀、气缸主启动阀，合上盘车机，完成完车操作。

🧰 任务总结

本任务主要介绍了船舶主机遥控系统的逻辑控制、转速与负荷控制等功能，理解并掌握船舶主机遥控系统的这些功能，可为从事船舶主机遥控系统相关的功能试验、运行维护等工作奠定基础。

任务三　船舶主机安全保护系统

🧰 任务目标

1. 掌握船舶主机安全保护系统的功能及安全保护操作过程；
2. 了解船舶主机安全保护项目及各报警点的含义、信号来源特点等；
3. 掌握船舶主机安全保护系统的操作方法。

⌨ 任务分析

本任务学习重点在于船舶主机安全保护系统的功能和操作方法。在学习过程中理解每一个安全保护项目报警点的含义及信号的来源，对于做好船舶主机运行故障分析与排除、船舶主机安全保护系统的运行维护具有重要意义。

📖 知识准备

船舶主机安全保护装置是完全独立于遥控系统的安全控制装置，它的作用是监视主机运行中的一些重要参数。一旦某个重要参数发生严重越限，安全保护装置通过遥控系统使主机进行减速，或迫使主机停车，以保障主机安全。

安全保护系统设有被动监视和发光二极管，以指示实际的运行状态。每一报警功能在驾驶台和集控台发出声音信号，与此同时对应的复位按钮开始闪烁，蜂鸣器消声按钮也开始闪烁，按下此按钮，声音信号消失，复位按钮转为稳定光。主机安全保护系统主要由报警点监测传感器、主机安全 DPU 单元、安全保护操作板、驱动执行装置等组成。主机安全保护操作板如图 4-3-1 所示，报警蜂鸣器如图 4-3-2 所示。

图 4-3-1　主机安全保护操作板

图 4-3-2　报警蜂鸣器

一、船舶主机安全保护系统功能

1. 故障停车功能

当相关的参数达到预先的设定值时，船舶主机安全保护系统将进行安全停车或者提前减速，同时一个无电压触点信号输出，控制降速或停车电磁阀。减速由减速按钮闪光指示，并发出声音信号。拧压"蜂鸣器停止"可消除声音信号，减速时会有一个稳定光指示。

停车由"停车复位"按钮闪光指示，拧压"蜂鸣器停止"按钮后，闪光变为稳定光。30 s 内复位将自动产生，而 30 s 以后自持功能将生效，复位就需要拧压复位按钮。

（1）超速停车：如果主机转速超过额定转速的 110%，超速停车将起作用。转速信号提供给安全保护箱经监测超出设定的超速停车极限值，安全保护发出停车信号使停车电磁阀动作，中断燃油供给。当主机转速下降到超速设定值之下，可用超速复位按钮进行复位，同时报警指示灯熄灭。

（2）主轴承润滑油压力降低：一旦主轴承润滑油压力降低到压力开关的设定值以下时，安全保护箱将发出减速信号使主机减速，60 s 以后，减速开始，经过 30 s 安全停车，再过 30 s 指令传给螺旋桨，使其螺距为零，离合器脱扣。在主机由于主轴承润滑油压力引起控制系统安全停车的功能中，已经考虑到一个最小的滑油压力及 10 s 的时间延迟，此功能不能被越控。

（3）气缸冷却水压力低：气缸冷却水压力降至压力设定值以下，60 s 后开始降速，再经过 30 s 安全停车。

（4）气源气压太低：一旦空气压力降到压力开关设定值以下，将立即安全停车。

（5）主机空气弹簧压力太低：一旦控制空气弹簧压力降低到设定值以下，将立即安全停车。

（6）停车监视：所有的附加安全停车触点都并接在一起，只要其中一个触点闭合则立即进入主机减速延时状态，并在 60 s 以后减速，再经过 30 s 安全停车。

（7）活塞冷却油低压：一旦活塞冷却油的压力在设定值以下，则 30 s 后开始降速，再经过 30 s 安全停车。

2. 故障减速功能

一旦相关的参数达到预先的设定值时，一个延迟的主机减速就发生了，同时一个无电压触点信号发出。

故障减速项目主要包括活塞冷却油出口高温、主轴承和推力轴承润滑油低压、推力轴承高温、气缸润滑油断流、冷却水入口低压、缸套水出口高温、气缸排气高温（偏差过大）、曲轴箱油雾浓度高等。例如，气缸滑油停止流动：一旦主机控制部件的气缸润滑油流动监视回路无流动信号，则立即进入主机降速延时状态，30 s 后主机降速。所有的附加安全减速触点都并接在一起，只要其中一个触点闭合则立即进入主机减速延时状态，60 s 后主机自动降速。

3. 紧急越控

造成停车的故障可分为不可越控和可以越控两类。通常"超速停车"和"主机润滑油低压停车"是不可取消的，称为不可越控。如果发生的是不可越控的停车故障，主机立即停车，无延时作用。对于可以取消的故障，装置先发预报警信号，经过可以调整的延时时间后，主机开始停车。若在延时时间内故障未消失，驾驶员在驾驶台（或轮机员在集控室）可以通过按压"CANCEL"键来取消停车，称为可以越控。同样，造成主机减速的故障也是如此。

4. 应急停车

应急停车可分割成两方面：一方面它可分为驾驶部位；另一方面也可以分为轮机部位。当应急停车被触发以后，轮机所有控制台上的应急停车复位按钮都会闪光，应急停车能够且只能够在它被触发的那个部位复位。这个部位可以用如下方法确定：当用按钮使蜂鸣器停止消声时，此部位的复位按钮中的闪光变成稳定光，其他部位的应急停车复位按钮仍继续闪光，而这些部位不可能进行复位。

（1）应急停车启动：拧压驾驶部位或轮机部位的应急停车按钮，安全保护箱发出应急停车信号，应急停车电磁阀动作，直到按下相应部位的应急停车复位按钮；

（2）用"应急停车"进行启动联锁：只要应急停车被触发，主机的启动就被阻止。

二、AC C20 主机遥控系统的安全保护

AC C20 是 KONGSBERG 公司生产的现场总线型主机遥控系统，广泛应用在大型自动化船舶上。

1. 应急停车

应急停车包括自动停车和手动应急停车两种情况。AC C20 的应急停车功能主要通过安全单元 ESU 的实现。

（1）自动停车。自动停车是当测试单元（RPME）发出主机超速信号或其他专门的应急停车传感器发生作用时，ESU 将指挥停车电磁阀动作，转速控制系统也同时将调速器的输出减少至零位，使主机停车。AC C20 一般可设置 6 个自动停车项目，即"Shut down 1"～"Shut down 6"。其中"Shut down 1"固定用作超速停车，其余 5 个可根据实际需要分配给其他应急停车传感器。在某些特殊场合，若所需的应急停车项目较多，则还可以增加 5 个额外的定制项目。

超速信号来自测速单元，当主机转速超过额定转速的 109%（可调）时，RPME 将发出一个继电器触点信号，并通过硬线连接（硬线连接是指非数据连接）连至 ESU 的第 19 输入通道（图 4-3-3）触发自动停车。

其他应急停车传感器可以是开关量传感器或模拟量传感器，若是开关量传感器，则可通过硬线连接直接接到 ESU 的备用停车通道，若是模拟量传感器，则必须通过 CAN 网络将应急停车指令送达 ESU。

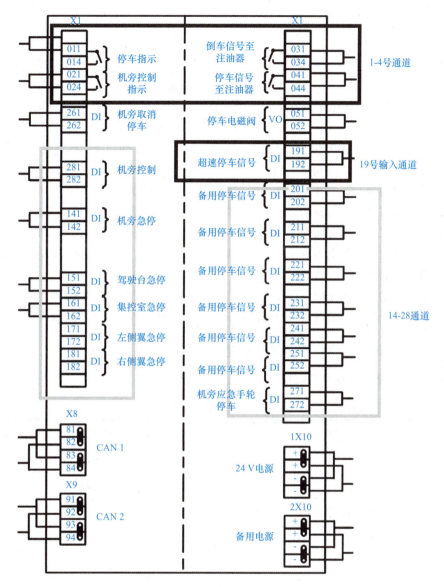

图 4-3-3 主机安全单元

①自动停车的取消。对所有的自动停车项目均可通过 ACP 屏幕操作将其设置为"不可取消（Non-cancellable）"或"可取消（Cancellable）"两种类型。一般情况下超速停车应设为"不可取消"。对于不可取消的项目，只要传感器起作用就将立即触发主机自动停车，而对于不可取消的项目，则可分别设置一定的延长时间，并且在延时范围内可以取消。取消方法有两种：一是在集控室 ACP 上通过屏幕操作对当前出现的自动停车项目进行选择性取消（这种方法与当前操作部位无关）；二是在当前操作部位按下"Cancel SHD"按钮进行一次性全部取消。

②自动停车的复位。一旦发生自动停车时必须在自动停车故障消失后，在当前操作部位用手柄回零进行复位操作，然后才能再次启动主机。

（2）手动应急停车。当值班人员发现紧急情况时，还可以通过按下"应急停车"按钮来实现手动应急停车。驾驶台车钟、集控室车钟和机旁应急车钟均设有"应急停车"按钮，对于有侧翼操纵台的船舶，则在侧翼操纵台也设有应急按钮，按下任意一个部位的"应急停车"按钮，均可发出应急停车命令,且与当前操作部位无关。再按一次"应急停车"按钮可取消应急停车信号。

2. 自动降速

AC C20 的自动减速是由自动降速传感器和转速控制系统在网络通信的配合下完成的,最多可设置 20 个自动降速项目,对应 20 个降速传感器。降速传感器可以是开关量传感器或模拟量传感器,只要其中某个开关量传感器动作或模拟量传感器的测量值越限,都将使调速器的转速设定值降低到某个预设值(一般为"慢速"挡设定值),迫使主机自动降速。此时,主机转速不会超过这一预设转速,但在最低稳定期转速和该预设转速之间,手柄调速仍然有效。

与自动停车项目类似,自动降速项目也可被设置为"不可取消(Non·cancellable)"或"可取消"(Cancellable)两种类型。对于不可取消的项目,则可分别设置一定的延时时间,并可在延时范围内取消。取消方法也有两种:一是在集控室 ACP 上通过屏幕操作当前出现的自动降速项目进行选择性取消,二是在当前操作部位按下"Cancel SLD"按钮进行一次性全部取消。

当引发自动降速的故障现象取消时,自动降速将自动复位。只有复位以后,手柄的转速设定功能才能在正常的转速区间有效。

无论是发生自动降速还是应急停车,AC C20 都将发出报警信号,并在 ACP 显示屏上显示相应的文本信息。此时,可通过 ACP 上的"Sound off"和"Alarm ackn"按钮进行消声和报警确认。

三、主机安全保护系统报警点常见设置

(1)操作系统报警点。操作系统报警点见表 4-3-1。

表 4-3-1 操作系统报警点

序号	报警点名称	信号类型	报警设定	备注
1	主机遥控系统故障	开关量	断开报警	
2	主机遥控系统电源故障	开关量	断开报警	
3	主机安全系统综合故障	开关量	断开报警	
4	主机安全系统电源故障	开关量	断开报警	
5	车钟系统综合故障	开关量	断开报警	
6	车钟电源故障	开关量	断开报警	
7	主机自动降速	开关量	断开报警	
8	主机停车	开关量	断开报警	
9	主机辅助鼓风机故障	开关量	断开报警	
10	主机临界转速报警	开关量	断开报警	

(2)主机空气、扫气和排气系统报警点。主机空气、扫气和排气系统报警点见表 4-3-2。

表 4-3-2 主机空气、扫气和排气系统报警点

序号	报警点名称	信号类型	报警设定	备注
1	启动空气进机压力低	开关量	1.2 MPa±0.1 MPa	断开报警
2	控制空气进机压力低	模拟量	0.65 MPa±0.05 MPa	

续表

序号	报警点名称	信号类型	报警设定	备注
3	安全空气进机压力低	开关量	0.65 MPa±0.05 MPa	断开报警
4	空气弹簧空气压力低	模拟量	0.65 MPa±0.05 MPa	
5	1号空冷气扫气后温度高	模拟量	65 ℃±2 ℃	
6	2号空冷气扫气后温度高	模拟量	65 ℃±2 ℃	
7	1号缸扫气箱火灾探测温度高	模拟量	80 ℃±2 ℃	
8	2号缸扫气箱火灾探测温度高	模拟量	80 ℃±2 ℃	
9	3号缸扫气箱火灾探测温度高	模拟量	80 ℃±2 ℃	
10	4号缸扫气箱火灾探测温度高	模拟量	80 ℃±2 ℃	
11	5号缸扫气箱火灾探测温度高	模拟量	80 ℃±2 ℃	
12	6号缸扫气箱火灾探测温度高	模拟量	80 ℃±2 ℃	
13	扫气箱水位高	开关量	断开报警	
14	1号气缸排气温度高	模拟量	515 ℃±10 ℃	
15	2号气缸排气温度高	模拟量	515 ℃±10 ℃	
16	3号气缸排气温度高	模拟量	515 ℃±10 ℃	
17	4号气缸排气温度高	模拟量	515 ℃±10 ℃	
18	5号气缸排气温度高	模拟量	515 ℃±10 ℃	
19	6号气缸排气温度高	模拟量	515 ℃±10 ℃	
20	1号气缸排气温度偏差高	模拟量	±50 ℃	
21	2号气缸排气温度偏差高	模拟量	±50 ℃	
22	3号气缸排气温度偏差高	模拟量	±50 ℃	
23	4号气缸排气温度偏差高	模拟量	±50 ℃	
24	5号气缸排气温度偏差高	模拟量	±50 ℃	
25	6号气缸排气温度偏差高	模拟量	±50 ℃	
26	1号主空气瓶压力低	模拟量	2.0 MPa±0.1 MPa	
27	2号主空气瓶压力低	模拟量	2.0 MPa±0.1 MPa	
28	控制空气瓶压力低	模拟量	0.6 MPa±0.05 MPa	
29	空气弹簧油泄露	开关量	断开报警	
30	1号辅助鼓风机故障	开关量	断开报警	
31	2号辅助鼓风机故障	开关量	断开报警	
32	1号涡轮增压器进口排气温度高	模拟量	515 ℃±10 ℃	
33	2号涡轮增压器出口排气温度高	模拟量	480 ℃±10 ℃	
34	2号涡轮增压器进口排气温度高	模拟量	515 ℃±10 ℃	
35	2号涡轮增压器出口排气温度高	模拟量	480 ℃±10 ℃	

(3)主机燃油机和滑油系统报警点。主机燃油机和滑油系统报警点见表4-3-3。

表 4-3-3　主机燃油机和滑油系统报警点

序号	报警点名称	信号类型	报警设置	备注
1	主机高压燃油管泄漏	开关量	断开报警	
2	燃油进机压力低	模拟量	0.6 MPa±0.05 MPa	
3	燃油进机温度低	模拟量	100 ℃±2 ℃	
4	主轴承润滑油进机压力低	模拟量	0.36 MPa±0.02 MPa	
5	主轴承润滑油进机温度高	模拟量	50 ℃±2 ℃	
6	十字头轴承润滑油进机压力低	模拟量	1.0 MPa±0.05 MPa	
7	推力块轴承油出口温度高	开关量	断开报警	
8	曲轴箱油雾浓度高	开关量	断开报警	
9	曲轴箱油雾浓度探测器故障	开关量	断开报警	
10	1号缸活塞冷却油出口温度高	模拟量	80 ℃±2 ℃	
11	2号缸活塞冷却油出口温度高	模拟量	80 ℃±2 ℃	
12	3号缸活塞冷却油出口温度高	模拟量	80 ℃±2 ℃	
13	4号缸活塞冷却油出口温度高	模拟量	80 ℃±2 ℃	
14	5号缸活塞冷却油出口温度高	模拟量	80 ℃±2 ℃	
15	6号缸活塞冷却油出口温度高	模拟量	80 ℃±2 ℃	
16	1号涡轮增压器润滑油进机压力低	开关量	0.17 MPa±0.02 MPa	断开报警
17	2号涡轮增压器润滑油进机压力低	开关量	0.17 MPa±0.02 MPa	断开报警
18	首部轴向减振油压低	开关量	0.17 MPa±0.02 MPa	断开报警
19	尾部轴向减振油压低	开关量	0.17 MPa±0.02 MPa	断开报警
20	气缸注油器液压低	开关量	断开报警	
21	1号缸气缸油进机断流	开关量	断开报警	
22	2号缸气缸油进机断流	开关量	断开报警	
23	3号缸气缸油进机断流	开关量	断开报警	
24	4号缸气缸油进机断流	开关量	断开报警	
25	5号缸气缸油进机断流	开关量	断开报警	
26	6号缸气缸油进机断流	开关量	断开报警	
27	尾管后轴承温度高	模拟量	55 ℃±2 ℃	

(4)主机冷却水系统报警点。主机冷却水系统报警点见表4-3-4。

表 4-3-4 主机冷却水系统报警点

序号	报警点名称	信号类型	报警设定	备注
1	主机缸套冷却水进机压力低	模拟量	0.3 MPa±0.02 MPa	
2	主机缸套冷却水进机温度低	模拟量	65 ℃±2 ℃	
3	1号缸缸套冷却水出口温度低	模拟量	90 ℃±2 ℃	
4	2号缸缸套冷却水出口温度低	模拟量	90 ℃±2 ℃	
5	3号缸缸套冷却水出口温度低	模拟量	90 ℃±2 ℃	
6	4号缸缸套冷却水出口温度低	模拟量	90 ℃±2 ℃	
7	5号缸缸套冷却水出口温度低	模拟量	90 ℃±2 ℃	
8	6号缸缸套冷却水出口温度低	模拟量	90 ℃±2 ℃	
9	空冷器低温淡水进机压力低	模拟量	0.2 MPa±0.02 MPa	
10	空冷器低温淡水进机温度低	模拟量	25 ℃±2 ℃	
11	1号空冷器低温淡水出口温度高	模拟量	60 ℃±2 ℃	
12	2号空冷器低温淡水出口温度高	模拟量	60 ℃±2 ℃	

(5)主机降速报警点。主机降速报警点表 4-3-5。

表 4-3-5 主机降速报警点

序号	报警点名称	信号类型	报警设定	备注
1	1～6号气缸排气温度高降速	模拟量	530 ℃±10 ℃	A
2	1～6号气缸排气温度偏差高降速	模拟量	±70 ℃	A
3	主轴承润滑油进机压力低降速	开关量	0.34 MPa±0.02 MPa	B
4	主轴承润滑油进机温度高降速	模拟量	55 ℃±2 ℃	A
5	十字头轴承润滑油进机压力低降速	开关量	0.9 MPa±0.05 MPa	B
6	推力轴承润滑油进机压力低降速	模拟量	65 ℃±2 ℃	A
7	曲拐箱油雾浓度高降速	开关量		B
8	1～6号缸活塞冷却油出口温度高降速	模拟量	85 ℃±2 ℃	A
9	1～2号涡轮增压器进机压力低降速	模拟量	0.13 MPa±0.02 MPa	A
10	1～6号缸缸套冷却水出口温度高降速	开关量		B
11	缸套冷却水进机压力低降速	开关量	0.25 MPa±0.02 MPa	B
12	1～6号缸缸套冷却水进口温度高降速	模拟量	95 ℃±2 ℃	A
13	1～2号空冷器高温淡水出口温度高	模拟量	125 ℃±2 ℃	A
14	1～6号缸扫气箱火灾探测温度高减速	开关量	120 ℃±2 ℃	A
15	空气弹簧空气供给压力低降速	开关量	0.6 MPa±0.05 MPa	B
16	1～6号缸活塞冷却油进口断流降速	开关量		B
17	尾管后轴承温度高降速	开关量	55 ℃±2 ℃	A

说明：
A：模拟量信号经机舱监测报警系统转化成开关量信号给主机安全板 ESU。出现报警延时 60 s 后实现降速。
B：开关量信号，从主机上压力开关直接到主机安全板 ESU。出现报警延时 60 s 后实现降速。

(6)主机停车报警点。主机停车报警点见表 4-3-6。

表 4-3-6　主机停车报警点

序号	报警点名称	信号类型	报警设定	延时/s	备注
1	主轴承润滑油进机压力低停车	开关量	0.34 MPa±0.02 MPa	90	C
2	主轴承润滑油进机压力很低停车	开关量	0.29 MPa±0.02 MPa	10	C
3	1~6号缸活塞冷却油出口断流	开关量		15	C
4	1~6号缸活塞冷却油出口压差高	模拟量	0.04 MPa±0.02 MPa	15	C
5	1号涡轮增压器润滑油进机压力低	开关量	0.11 MPa±0.02 MPa	5	C
6	2号涡轮增压器润滑油进机压力低	模拟量	0.11 MPa±0.02 MPa	5	C
7	缸套冷却水进机压力低停车	开关量	0.25 MPa±0.02 MPa	90	C
8	空气弹簧空气供给压力低停车	模拟量	0.45 MPa±0.05 MPa	0	C
9	主机超速停车	模拟量	99 RPM	0	C

说明：

C：开关量信号，从主机上压力开关直接到主机安全板 ESU。出现报警压力后实现停车，然后从 ESU 安全板给机舱监测报警系统停车报警。

任务实施

基于轮机模拟器完成以下操作：

(1)集控台主机安全系统面板认识(图 4-3-4)。

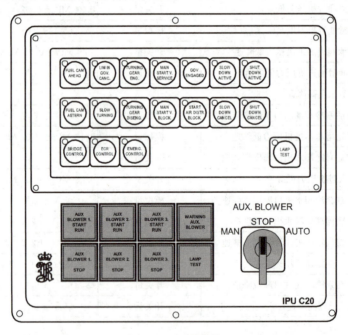

图 4-3-4　指示面板

(2)故障停车、故障减速报警显示、应答与复位。

①设置故障使主机出现故障自动减速("SLOW DOWN")。

当出现"SLOW DOWN"声光报警时：

a. 按下应答按钮，先消声消闪；

b. 观察主机转速表；

c. 观察导致"SLOW DOWN"的原因，并按下其旁边的"CANCEL"按钮进行越控处理，即暂不执行"SLOW DOWN"命令，观察转速表的变化；

d. 按下"CANCEL"按钮，将其释放，再观察转速表的变化。

复位：待故障排除后，按下集控台上主机安全系统板"RESET"栏中的"SLOW DOWN"按钮。

②设置故障使主机出现故障自动停车（"SHUT DOWN"）。

当出现"SHUT DOWN"声光报警时：

a. 按下应答按钮，先消声消闪；

b. 观察主机转速表；

c. 观察导致"SHUT DOWN"的原因，判断该故障是否是可以越控的；

d. 如果是可越控的，则按下其旁边的"CANCEL"按钮进行越控处理，暂不执行"SHUT DOWN"命令，观察转速表的变化；

e. 按下"CANCEL"按钮，将其释放，再观察转速表的变化，转速将继续下降；

f. 当转速降到发火转速前再按下"CANCEL"按钮，观察主机转速变化看"越控"是否起作用；

g. 当转速降到发火转速后再按下"CANCEL"按钮，观察主机转速变化看"越控"是否起作用；

h. 待主机停车后，按下"CANCEL"按钮，再启动主机观察主机转速变化。

复位：待故障排除后，在集控台上将车钟手柄扳回到停车即可复位。

③紧急停车。

a. 启动主机，当达全速时，按下红色应急停车按钮"EMEGENCY STOP"，观察转速表和报警指示，并应答。

b. 待故障排除后，将车钟手柄扳回到停车（STOP）即可复位。

任务总结

本任务通过对船舶主机安全保护系统的功能、保护项目及操作方法的学习，引导学生重点掌握船舶主机安全保护系统报警点信号的类型及来源，为做好系统运行维护、报警点调试、故障分析与排除等工作奠定基础。

任务四　船舶主机车钟系统功能

任务目标

1. 掌握船舶主机车钟系统的组成、各部分的功能与操作方法；
2. 了解船舶主机车钟的发信原理；
3. 掌握在驾驶台、集控室、机旁进行车令发送、接收与应答等车钟系统操作方法。

任务分析

本任务学习重点在于区分不同类型车钟的功能及其使用场合。在学习过程中，可以通过车钟设备实操训练帮助学生理解各类型车钟的功能、使用场合及其发收车令的方法。

知识准备

在船舶主机遥控系统中，发出操车指令和主机转速设定值信号的装置称为车令发信器或车钟。车钟系统，一般由驾驶台车钟、驾驶台车令打印机、集控室车钟和机旁应急车钟 4 部分组成。根据所传递指令的不同性质，车钟又可分为主车钟、副车钟和应急车钟。

对于驾驶台安装有自动遥控系统的船舶，车钟系统还兼有主机的控制功能，除传送车令信息外，还能够向主机遥控系统发送主机的各种操作命令。目前，大型自动化船舶所使用的车钟通常都是集传令车钟和遥控手柄与一体的指针跟踪式或指示灯跟踪式车钟，车钟系统已成为主机遥控系统的重要组成部分。某船驾驶台车钟如图 4-4-1 所示，主车钟蜂鸣器如图 4-4-2 所示。

图 4-4-1　AC C20 主机遥控系统驾驶台车钟

图 4-4-2　主车钟蜂鸣器

一、主车钟及其发信原理

主车钟用于传送停车、换向和转速设定等主机操纵命令，除设有停车（STOP）挡位外，一般在前进（AHEAD）和后退（ASTERN）两个运行方向上，均有微速（DEAD SLOW）、慢速（SLOW）、半速（HALF）、全速（FULL）和海上全速（NAVIGATION FULL）挡，在后退方向上还设有应急后退（CRASH ASTERN）挡位。驾驶台车钟和集控室车钟一般采用手柄操作，而机旁应急车钟除早期船舶采用手柄操作外，目前大多数船舶均采用按键操作。

当驾驶台发出车令后，集控室和机旁的复示指针或指示灯将跟踪驾驶车令，轮机员应在主机的当前操作部位进行回令，即将车钟手柄推到相应的位置，或按下按键式车钟相应的挡位按钮。回令之前，三地车钟均有声响提示，回令结束后，声响提示消失。

在不同的操纵部位操纵主机时，主车钟的工作模式也不同。以定距桨船舶的低速主机为例，在驾驶台操纵时，驾驶台车钟直接对主机进行遥控操作，集控室车钟和机旁应急车钟只对驾驶台车令进行复示；在集控室或机旁操纵时，驾驶台车钟用于传令操作，轮机员回复车令后，在集控室或机旁对主机进行操纵。应当指出的是，集控室车钟手柄通常还兼有主机的换向控制功能，而主机的启动、停车和转速控制则由主机操纵手柄进行控制。

主车钟的车令发信装置按照发信原理通常可分为气动车令发信器和电动车令发信器，而电动车令发信器又有电位器式和继电器式两种类型。

1. 气动车令发信器

在气动遥控系统中，车钟手柄下面联动一个凸轮，扳动车种手柄则凸轮随之转动，凸轮控制一个转速设定精密调压阀。车钟手柄扳到不同的速度挡，通过凸轮使精密调压阀的顶锥产生不同的位移，调压阀就会输出一个与转速设定成比例的气压信号。气动车令发信器的逻辑符号和输出特性如图 4-4-3 所示。从图中可见，控制调压阀凸轮的正车边和倒车边是对称的，因此，调压阀正、倒车转速设定即调压阀正、倒车输出特性是一样的。

2. 电动车令发信器

(1) 电位器式车令发信器。在用电子器件或微型计算机组成的主机遥控系统中，常用电位器作为车令发信器。其工作原理及输出特性如图 4-4-4 所示。环形电位器两端接正电源，中间抽头接地，车钟手柄带动一个滑动触点，与环形电位器接触。将车钟手柄扳到中间即停车位时，其输出电压 $U_o=0$。随着手柄设定在不同速度挡上，就会输出一个相应的电压信号。

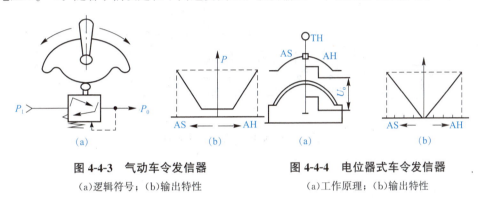

图 4-4-3　气动车令发信器　　　　图 4-4-4　电位器式车令发信器
(a)逻辑符号；(b)输出特性　　　　(a)工作原理；(b)输出特性

(2) 继电器式车令发信器。在电动有触点主机遥控系统中，常用继电器式车令发信器，如图 4-4-5 所示画出了继电器式车令发信器的工作原理。图中 TH 是车钟手柄，AH、AS 为正、倒车指令，N、F、H、S、D 分别为海上定速、港内全速、半速、微速挡继电器及其触点；CH、CS 为正、倒车凸轮轴位置检测开关，AD 为应急降速触点，M 为执行电动机，COM 为比较器，IN、DE 分别为比较器输出的增速、减速信号，SA 为解除油门零位连锁触点，解除时 SA 触点闭合，C 为应急操纵继电器及触点。

当车钟手柄推到某一速度挡时，相应车速继电器通电，送出该速度挡电位器事先设定好的电压信号。该信号送到比较器 COM 上，与执行电动机 M 的反馈电位器信号相比较后，输出增速或减速信号。当执行电动机转动到反馈电位器的电压信号与设定速度信号相等时，比较器不再输出加速信号。比如，车钟手柄由微速 D 挡推到半速挡 H，这时只有半速继电器 H 通电，相应的常开触头闭合，而其他速度挡继电器断电，加之相应电位器触点断开而接通于水平触点。这样正电源 AD 的常闭触点，N、F 的水平触点由 H 挡速度设定电位器送至比较器，U_C 就是半速所对应的电压信号。而执行电动机 M 的反馈电位器电压值仍为微速所对应的电压值，这时，比较器 COM 输出一个加速信号，使执行电动机 M 向加速方向转动进行调速。当执行电动机转到半速挡时，反馈电位器的电压值与设定转速所对应的电压值相等，比较器 COM 不再输出加速或减速信号，执行电动机停转。

在运行过程中，如果发生应急自动降速信号，气缸冷却水温度过高、润滑油压力降低到减速时等，应急降速继电器通电，其常闭触点 AD 闭合。于是，电路接通微变挡 D 的电位器，主机自动降低到微速运行。N为海上全速速度挡,该速度只有正车运行时才能设定。倒车运行时一般只能设定到港内全速挡F。在应急情况下,车速手柄还可能到应急速度挡C,可进一步提高倒车转速。

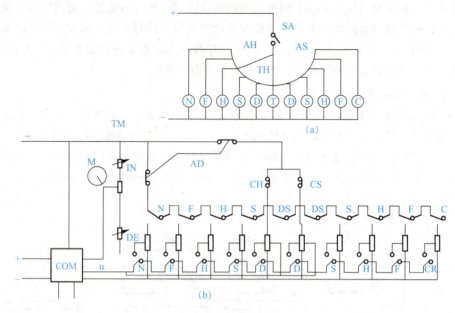

图4-4-5　继电器式车令发信器

二、副车钟

副车钟用于传送与主机操纵有关的其他联络信息,如备车(Standby)、完车(Finished With Engine)和海上定速(At Sea)等。

假设当前操纵部位为集控室,则当需要进入备车状态时,首先由驾驶台按下"备车"按钮,发出主机备车指令,车铃声响,"备车"指示灯闪光。值班轮机员在集控室按"备车"按钮予以应答,车铃声响停止,"备车指示灯"变为平光,进入备车状态。冲车和试车完毕后,可将主机的操作部位转到"驾驶台"位置,当船舶结束机动航行进入海上定速航行时,在驾驶台按下"定速"按钮,车钟声响,"定速"指示灯闪光,发出海上定速航行指令。在集控室按下"定速"按钮,车钟声响停止,"定速"指示灯切换为平光,进入定速航行状态,同时自动取消备车信号。当船舶停泊后不再需要操纵主机时,驾驶台按下"完车"按钮,集控室按下"完车"按钮应答后,进入完车状态,"完车"指示灯平光指示。在副车钟操作过程中,备车、完车、定速这三个状态之间是互锁的。

目前,船上应用较多的副车钟是采用带灯按钮与逻辑电路相结合的新型副车钟——电子副车钟。电子副车钟用带灯按钮分别设于驾驶台和集控室,进行"备车""备车完毕""完车""定车航行"等信号传送。当一方按下某一按钮,驾驶台和集控室相应的带灯按钮信号指示灯闪光,并伴有声响;待对方回令(按相应按钮)后,闪光变为平光,声响消失,表明回令正确。

三、应急车钟

应急车钟是船舶在主车钟失效的情况下,驾驶室向机舱或集控室发送操车指令,由轮机人员回令执行情况的信号联络装置。

应急车钟通常由车令发信器、收信器和电源控制模块组成。发信器安装在驾驶台上,收信器安装在集控室或主机旁,电源控制模块安装于集控室内或驾驶台内。应急车钟共分为进四、进三、进二、进一、停车、完车、备车、退一、退二、退三、退四11挡。应急车钟设有调光及试灯按钮,能适应夜间航行;采用主备电源供电自动切换,不间断工作,保证系统稳定持续工作,并具有主电失电报警;带VDR接口;具有错向报警输出,提示用户以防止误操作。

机旁控制时的错向报警是指在机旁应急操纵控制时,为避免驾驶台车钟传信与机旁实际操作出现错误而设立的报警。主机在驾驶台或集控室遥控时,错向报警阻塞的工作原理:当主机需要在机旁应急启动时,首先驾驶台车钟发出正车信号,操作人员应将机旁操作手柄推向正车方向,假如机旁操作人员将机旁操作手柄推向倒车方向,这时就会发出错向报警,同时阻塞主机启动。

四、AC C20车钟系统及操作部位切换

1. 车钟系统

AC C20车钟系统的典型配置是一个由驾驶台车钟、集控室车钟和机舱车钟组成的三地车钟系统,对于有侧翼操作台的系统,则还有侧翼车钟。其中,驾驶台车钟和集控室车钟与Autochief控制面板(Autochief Control Panel,ACP)一起组成驾驶台操作单元和集控室操作单元,与ACP共用1个DPU,而机舱应急车钟则单独使用1个DPU。三地车钟通过DPU的双冗余CAN总线相互通信。驾驶台车钟和集控室车钟完全相同,均为单手柄复合车钟(LTU),而机舱应急车钟为按键式车钟(Push Button Telegraph,PBT)。AC C20车钟系统组成如图4-4-6所示。

(1)单手柄复合车钟(LTU)。单手柄复合车钟安装在驾驶台操作面板和集控室操作面板上,所谓复合车钟是指装置同时具有传令和主机操作指令的发信功能。图4-4-7所示为单手柄复合车钟的面板结构。

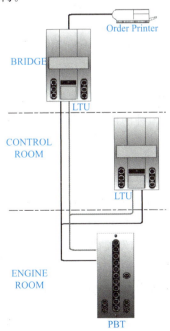

图4-4-6 AC C20车钟系统组成

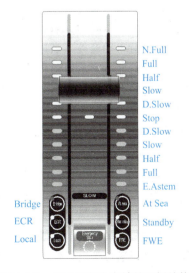

图4-4-7 单手柄复合车钟的面板结构

车钟手柄共分 11 挡,包括停车(Stop)位和正、倒车各 5 个挡位。正车的 5 个挡位包括微速(Dead Slow)、慢速(Slow)、半速(Half)、全速(Full)和应急倒车(Emergency Astern)。手柄两侧对应各个挡位,分别布置有发光二极管(LED)指示灯,当手柄打在不同位置时,对应的 LED 点亮,并且手柄下方的文本显示器会显示相应的挡位名称。尽管手柄分为不同的挡位,但手柄也可以自由地移动到两个挡位之间的任意一个位置,因此,可实现精细的转速设定。

车钟左下方设有 3 个带灯按钮,其上标明"Bridge"(驾驶台)、"ECR"(集控室)和"Local"(机旁)标识,用于进行操作部位的指示和切换。

车钟右下方的 3 个带灯按钮分别为"At Sea"(海上航行)、"Standby"(备车)和"FWE"(完车)按钮,用作辅助车钟。

车钟的正下方还设有一个保护翻盖,上面的红色标识为"Emergency Stop"(应急停车)。紧急情况下,可打开翻盖,按下应急停车按钮。此时,遥控系统将触发主机安全保护系统发出应急停车信号,同时也将使转速控制系统的转速设定值为 0,实现应急停车。再按一次应急停车按钮,并将车钟手柄回零,可实现应急停车的复位。

(2)按键式车钟(PBT)。按键式车钟位于机舱机旁控制台上,用于在机旁操作时与驾驶台或集控室进行传令联络,其面板结构如图 4-4-8 所示。按键式车钟的挡位划分与单手柄复合车钟完全一致,区别在于它是通过带灯按钮来进行传令操作和车令指示的。按键式车钟没有主机操作指令的发信功能,因此它只是一个纯粹的传令车钟。当在机旁进行操作时,轮机员要通过机旁的主机应急操作装置对主机进行手动操作。

按键式车钟的左侧还设有一个试灯按钮和错向报警指示。

2. 操作部位及其切换

AC C20 主机遥控系统典型的操作部位包括驾驶台、集控室和机旁三个位置,主机的当前操作部位由车钟上相应的按钮灯指示。

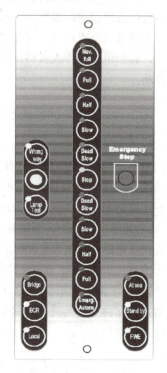

图 4-4-8 按键式车钟的面板结构

"Bridge"按钮上的 LED 点亮表示为驾驶台操纵,此时,主机将根据驾驶台操作手柄发出的指令由遥控系统进行自动遥控。当进行驾驶台操作时,车钟的传令功能将失效,但集控室和机旁车钟上挡位指示灯还将指示驾驶台手柄的位置。

"ECR"按钮上的 LED 点亮表示为集控室操纵,此时,集控室和驾驶台之间的通信联络通过车钟系统进行。当驾驶台车令发生变化时,目标挡位的指示灯点亮,同时蜂鸣器响。轮机员应首先回令(将集控室车钟手柄移动到目标挡位,蜂鸣器停响),然后通过"主机起/停与转速设定杆"(Start/Stop&Speed-set Lever)操纵主机,使主机达到车令要求的状态。

"Local"按钮上的 LED 点亮表示为机旁操纵,此时机旁与驾驶台之间可通过车钟系统建立通信联系。当驾驶台车令发生变化时,轮机员首先通过机旁车钟的按键回令,然后通过机旁应急操纵装置对主机进行相应操纵。机旁应急操纵装置因主机类型,一般为主机气动操纵系统自带的手动控制阀和主机油量调节手柄或手轮。

操作部位切换可通过带灯按钮的操作来实现。例如,从集控室转到驾驶台操作时,首先按下集控室车钟上的"Bridge"按钮,这将使集控室和驾驶台车钟上"Bridge"按钮的 LED 闪光且使蜂鸣器响，然后在驾驶台按下"Bridge"按钮，两地"Bridge"按钮的 LED 变为平光，且蜂鸣器停响，"ECR"按钮的 LED 熄灭，操作部位切换完毕。其他切换与上述过程相类似，但需要注意到以下两点：

（1）对于有侧翼操作台的系统，当需要进行侧翼操作时，还需进行驾驶台与侧翼操作台之间的操作转换。

（2）在机旁与集控室之间进行转换时，需要根据气动操纵系统的具体情况进行其他操作，如进行气动阀件的转换操作和油门拉杆的离合切换等。

任务实施

基于轮机模拟器仿真系统，完成以下操作：
（1）认识驾驶台、集控室、机旁车钟面板的组成、各部分名称。
（2）按照机旁、集控室、驾驶室、集控室、机旁的顺序进行 3 个控制部位之间的操纵地点切换。
（3）驾驶台控制时车钟试验。驾驶台车钟在"STOP"，在驾驶台副车钟发送"备车""完车"副车令，在集控室和机旁副车钟进行车令接收、显示与应答。
驾驶台车钟发送主车令，在集控室和机旁进行车令接收、显示与应答。
（4）应急控制时车钟操作。驾驶台应急车钟发送应急车令，集控室与机旁车钟接收、显示与应答。
（5）集控室控制时车钟试验。在集控室操纵车钟手柄，在其他两个位置观察车令显示、报警，进行车令回令和确认。

任务总结

本任务通过对船舶主机车钟系统的组成、功能及操作方法的学习，引导学生重点掌握不同类型车钟的发收车令操作方法及使用场合，为做好系统运行维护、故障分析与排除等工作奠定基础。

任务五　现场总线型主机遥控系统 AC C20

任务目标

1. 掌握 AC C20 主机遥控系统的组成及各模块的基本功能；
2. 了解 AC C20 主机遥控系统的 CAN 总线网络结构特点；
3. 了解各控制面板的操作。

任务分析

本任务的学习重点在于理解现场总线型主机遥控系统的网络结构、功能及工作原理，培养学生对 AC C20 主机遥控系统运行操作及维护技能。

知识准备

现场总线是一种应用于工业现场的计算机互联总线，只需少量的几根通信线便可将各种计算机控制的设备（如智能化仪表、控制器和执行机构等）连接起来。它具有分布式、开放式、互联性和高可靠性等特点，既可以与同层网络互联，也可以与不同层网络（上层局域网或下层现场网络）互联，还可以实现网络数据的共享，因此，其被广泛应用于各种工业控制的场合。

自 20 世纪 90 年代以来，现场总线开始应用于船舶机舱监视报警和主机遥控等系统。目前，现场总线技术已经成为船舶自动化的发展趋势。现场总线的种类较多，目前在船上应用的以 CAN 总线和 Profibus 总线为主，不同的设备厂商所采用的总线类型各不相同。例如，以西门子 PLC 构建的系统一般采用 Profibus，而 KONGSBERG（原 NORCONTROL）等公司的产品则采用 CAN 总线。另外，还有一些厂商采用自己研制的现场总线，如德国的 SAM 公司等。这里以 KONGSBERG 公司生产的 Auto Chief C20（简称 AC C20）为例，介绍基于现场总线的主机遥控系统。

AC C20 主机遥控系统是由 KONGSBERG 公司开发生产的 Auto Chief 系列产品，是一种集控制、报警和安全保护于一体的综合推进控制系统。AC C20 系统采用分布式模块化设计，分布式模块采用标准化设计，模块之间通过双冗余 CAN 总线互联。针对不同的船舶和主机类型，可以通过软件灵活组态，除能适用连接定距桨的可逆转主机外，还可适用各种连接变距桨的不可逆转主机，以及各种通过减速齿轮箱连接螺旋桨的各种中、高速柴油主机。

AC C20 系统可以无缝地集成到同一公司生产的 K-Chief 500（或 DATACHIEF C20）型报警监视与控制系统（也可采用 CAN 总线）中，通过 dPSC 单元与 K-Chief 500 系统相连。

在 K-Chief 500 系统的操作站 OS 上可以对 AC C20 系统进行系统组态、参数修改及状态监视，如 AC C20 系统中各个模块的状态显示，对于使用者十分方便。一些非重要的传感器可以与 K-Chief 500 系统共享，这样就有效地减少了安装和电缆成本。

一、AC C20 主机遥控系统的组成

与 MAN B&W MC 主机相配套的 AC C20 主机遥控系统主要由驾驶台操作单元（Bridge Manoeuvring Unit，BMU）、集控室操作单元（Control Room Manoeuvring Unit，CRMU）、主机接口单元（Main Engine Interface，MEI）、电子调速器单元（Digital Governor Unit，DGU）和主机安全单元（Engine Safety Unit，ESU）等组成。其结构框图如图 4-5-1 所示。结构框图按上、中、下分别对应驾驶台、集控室和机舱 3 个位置。

1. 驾驶台部分

驾驶台主要安装驾驶台操作单元和车令打印机。某些特殊的船舶要求能够在驾驶台的两侧对主机进行操纵，AC C20 系统还可配置侧翼操作单元（Bridge Wing Manoeuvring Unit，BWMU），在图 4-5-1 中标示为 PORT WING 和 STB. WING。驾驶台操作单元包含两部分，一部分是 Auto Chief 控制面板（Auto Chief Control Panel，ACP），另一部分是单手柄复合车钟（Combined Lever and Telegraph Unit，LTU），两者组装在一起形成一个整体；侧翼操作单元包括操作手柄、指示灯按钮面板、启动空气压力表和主机转速表等；车令打印机与驾驶台操作单元相连，对车令进行实时记录。

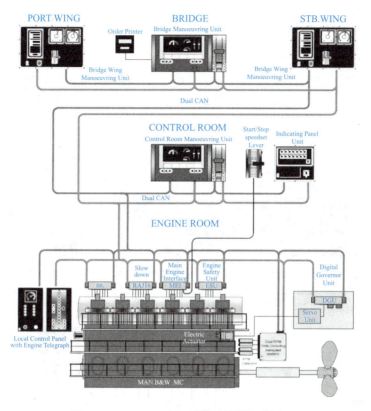

图 4-5-1　AC C20 主机遥控系统的组成原理

2. 集控室部分

集控室主要布置有集控室操作单元、主机启/停和转速设定手柄（Start/Stop & Speed—set Lever）和指示面板单元（Indication Panel Unit，IPU）。集控室操作单元结构与驾驶台操作单元结构完全一致；主机启/停和转速设定手柄设有主机的启动、停车挡位和正、倒车转速设定区域，用于在集控室操作时对主机进行半自动操纵；指示面板单元包括反映主机运行状态和各种指示灯及辅助风机控制开关等。其中，主机启/停和转速设定手柄为可选设备，如果不安装，则可以通过集控室操作单元上的单手柄复合车钟直接操纵主机。

3. 机舱部分

机舱设有机旁控制面板（Local Control Panel，LCP）、按钮式车钟（Pushbutton Telegraph，PBT）、主机接口单元、数字调速系统（Digital Governor System，DGS）和主机安全单元等。机旁控制面板和按钮式车钟安装在机旁控制台上，配合机旁安装的启动、停车和换向手控气动阀及主机油量调节手轮，用于完成主机的机旁应急操纵。主机接口模块一方面通过网络接收驾驶台操作单元或集控室操纵单元发出的操作命令，另一方面输出控制信号控制气动操纵系统中的各个接口电磁阀，实现主机的启动、停油和换向等逻辑动作。主机安全单元通过传感器检测主机运行状态，当发生危及主机安全的情况时，将发出自动降速或自动停车命令。数字调速单元包括数字调速器（Digital Governor Unit，DGU）、转速测量单元、伺服单元和执行机构 4 大部分。其中，DGU 通过网络接收转速设定命令和主机实际转速，根据控制规律输出油量信号，由伺服单元控制执行机构，改变主机给油量，实现主机的转速控制。

二、AC C20 主机遥控系统的网络结构

AC C20 主机遥控系统是网络化的分布式控制系统。AC C20 主机遥控系统的各个组成部分都是由单板计算机控制的一个相对独立的子系统，各个子系统通过一种被称为控制器局域网（Controller Area Network，CAN）的网络互联，形成一个 CAN 总线控制网络，AC C20 主机遥控系统的 CAN 总线网络结构如图 4-5-2 所示。

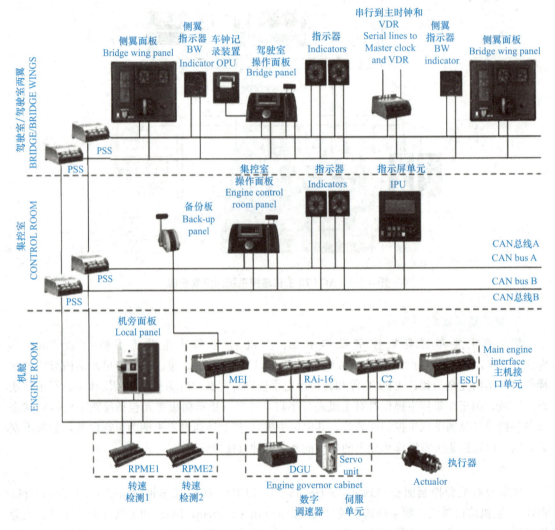

图 4-5-2　AC C20 主机遥控系统的 CAN 总线网络结构

CAN 网络中的每个子系统称为网络的一个节点。不同的节点可根据方便性原则安装在船舶的不同位置，甚至可以直接安装在机器设备（如主机）上，具有分布式安装的特点，因此，被称为分布式处理单元（Distributed Process Unit，DPU）。每个 DPU 均有各自的微处理器和输入、输出接口电路，能够对各种模拟量或开关量传感器输入的信号进行检测，并向不同的外围设备进行开关量或模拟量输出。DPU 在机械构造、电气特性和电路原理方面采用标准化设计，但不同的 DPU 加载不同的应用软件，用以适应不同的任务需求。

DPU 均设置有两个 CAN 总线接口，并通过两套 CAN 总线互联。正常工作时，其中一套

CAN 总线工作，另一套备用，当工作网络出现故障时能够自动进行热切换。CAN 总线的这种设计称为双冗余网络设计。

AC C20 主机遥控系统就是通过 CAN 网络中的各个 DPU 协同工作来实现主机遥控系统的各种功能的。

三、分布式处理单元

分布式处理单元(DPU)是 AC C20 主机遥控系统的核心部件，其采用模块化设计，具有智能化远程 I/O 功能，所有监视和自动控制的功能均由这些 DPU 单元实现。DPU 作为传感器和执行器的接口，对来自模拟量、开关量传感器输入的信号进行处理、监视和报警，或向不同设备输出模拟量、开关量控制信号。

AC C20 主机遥控系统所用到的 DPU 模块可分为通用模块和专用模块。通用模块包括开关量输入、开关量输出、模拟量输入、模拟量输出等；专用模块专门用于主机遥控，包括主机接口单元(MEI)、主机安全单元(ESU)、转速检测(RPMD)和数字调速器单元(DGU)。专用模块在机械和电气特性上与通用模块完全一致，只是在输入输出通道的设计上考虑了主机遥控的特殊需要。

1. 通用 DPU 模块

AC C20 主机遥控系统所用到的 DPU 模块类型和功能简要说明如下：

(1) 模拟量输入模块(RAi-16)。RAi-16 是一个具有 16 个通道的模拟量输入模块，每个通道的输入类型可以是电压、电流或电阻信号，具有内建的量程和量纲转换功能和参数超限报警功能。除此之外，模块还包含一个计数器通道，计数频率为 5～500 Hz。此模块适用检测机舱的各种温度、压力、液位和转速等模拟量信号。必要时，RAi-16 也可当作开关量输入模块来使用。

(2) 开关量输入模块(RDi-32、RDi-32A)。RDi-32 和 RDi-32A 都是具有 32 个通道的开关量输入模块，RDi-32 为触点输入，RDi-32A 为 24 V 交流或 24 V 直流电压信号输入，当输入状态异常时，能够发出开关量报警，并由发光二极管(LED)指示每个输入通道的输入状态。该模块用于检测各种机舱设备的运行状态、阀门位置等开关量信号。

(3) 模拟量输出模块(RAo-8)。RAo-8 是一个具有 8 个通道的模拟量输出模块，输出信号可以选定为 ±10 V 直流电压信号或 ±20 mA 的电流信号。该模块用于模拟量指示输出和控制量信号输出。

(4) 开关量输出模块(RDo-16)。RDo-16 是一个具有 16 个通道的开关量输出模块，设有发光二极管来指示每个通道的输出状态。最大输出交流电压为 230 V，最大输出电流为 3 A(电阻性负载)，支持脉冲输出。该模块用于各种开关量指示输出和开光量控制信号的输出。

(5) 混合模块(RIo-C2)。RIo-C2 是混合模块，包含 8 个开关量输入和 8 个开关量输出通道，每个通道均设有发光二极管进行输入/输出的状态指示。其输入信号可以是自由触点或 24 V 交直流电压，输出为继电器触点输出，特别适用泵和阀门的控制。

(6) 网段控制模块(dPSC)。CAN 网最多能支持 110 个节点，即在 CAN 总线上最多能挂接 110 个 DPU 模块。当系统规模较大，或者出于某种特殊需要时，往往需要对 CAN 网络进行扩展，即将 CAN 网络扩展成上、下两层，上层一般称作全局 CAN 总线(Global CAN Bus)，下层称作局部 CAN 总线(Local CAN Bus)。

dPSC 就是用于扩展局部 CAN 总线的专门设备，它是一个双二通道 CAN 网关，设有两个单独供电的处理器，每个处理器各有两个 CAN 接口，两个处理器通过双口存储共享信息。dPSC 用来实现两套 CAN 现场总线之间的通信。两套总线互为热备份，系统中的主要单元同时连接到两套总线上。

(7) 总线耦合控制模块 (PSS)。CAN 总线容易因短路、接线松动而损坏，从而导致整个 CAN 总线瘫痪。PSS 使两段总线互相保护。

2. AC C20 主机遥控系统专用 DPU 模块

(1) 主机接口单元 (MEI)。MEI 是专门为主机遥控系统的电动部分与主机的气动操纵系统相连接而设计的，模块提供了各种与气动操纵系统相连接的开关量和模拟量输入/输出通道。

图 4-5-3 给出了 MEI 在某轮 AC C20 主机遥控系统中的应用实例。图中，X1 为输入输出接线端子，端子编号采用 3 位数，个位数为端子编号，十位数和百位数表示通道号 (191 和 192 分别代表第 19 通道的第 1 个和第 2 个接线端子)；X8 为 CAN 1 总线的接线端子，X8 中的 81 和 83 连接网络中的上一个相邻 DPU，82 和 84 连接下一个相邻 DPU；X9 为 CAN 2 总线的接线端子，与 X8 类同；X10 接入 24 V DC 电源。无论在 AC C20 主机遥控系统还是 DC C20 (或 K-Chief 500) 监视与报警系统中，所有 DPU 的端子名称和编号规律均一致。

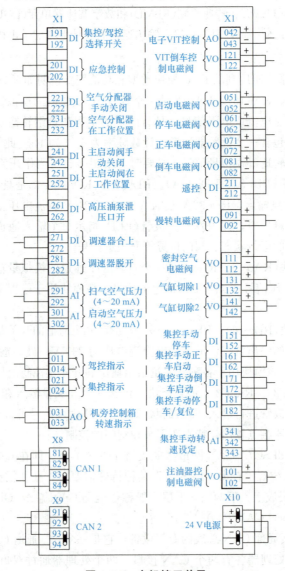

图 4-5-3　主机接口单元

在本应用实例中，开关量输入(DI)包括各种反映主机当前操作状态的开关量信息，如当前操作是机旁"应急控制"还是"遥控"、是集控控制还是驾驶台控制、空气分配器和主启动阀是手动关闭还是处在工作位置、高压油泵是否泄压停车、调速器输出杆与油门杆式接合还是脱开，以及集控室的手动操作命令等。开关量输出包括反映当前操作部位的继电器触点输出("驾控指示"和"集控指示")和控制各种电磁阀逻辑动作的电压输出(VO)两大类。其中，电压输出可直接驱动电磁阀。模拟量输入(AI)包括来自扫气空气压力和启动空气压力传感器的电流输入和来自集控室手动转速设定手柄的电位器输入。模拟量输出(AO)包括电子 VIT 控制信号和送至机旁转速表的指示信号。各个输入/输出通道的详细分配情况如图 4-5-3 所示。

(2) 主机安全单元(ESU)。主机安全保护是指在出现主机超速、润滑油低压或曲轴箱油雾浓度高等应急情况下对主机采取自动降速或自动停车的保护性措施，在早期的自动化船上，一般设置独立的主机安全保护系统。随着计算机技术(尤其是网络技术)在船上的普及应用，安全保护系统通常和主机遥控系统相结合，形成一个有机的整体。AC C20 主机遥控系统采用一个专门 DPU 模块来实现主机的自动停车功能，主机的应急降速功能由电子调速系统实现。该 DPU 模块称为主机安全单元(ESU)。

ESU 只有开关量输入通道和开关量输出通道两种。开关量输入通道接收主机操作部位开关、手动应急停车和自动应急停车等开关量信号；开关量输出通道包括转向指示灯和 ALPHA 注油器送出主机状态指示的继电器触点输出和控制停车电磁阀动作的电压输出。ESU 的典型应用实例如图 4-3-3 所示。

在图 4-3-3 中，通道 1～4 为继电器触点输出，输出主机状态信号；通道 5 为电压输出，控制停车电磁阀；通道 14～28 接触点式开关输入信号，如来自转速测量单元的超速停车信号及来自各个操作部位的应急停车信号等。为确保应急情况下能够可靠地进行应急停车，ESU 的许多输入通道与输出通道在内部电路上直接连通，即使 ESU 故障也不会影响其自动停车功能。

(3) 转速检测箱(RPMD)。在 AC C20 主机遥控系统中，专门采用了两个 DPU 模块 RPME1 和 RPME2 对主机转速进行检测和处理，它们安装在一个转速控制箱(RPMD)内。转速检测系统有两组共 4 个脉冲式检测探头(NPN 输出或 PNP 输出)：一组接至 RPME1；另一组接至 RPME2，两组测速装置互为冗余。RPME1 和 RPME2 对探头输入的信号进行计算和处理后得到主机转速的测量值，一方面通过 CAN 网络送至数字调速器(DGU)和网络中的其他 DPU(如 ACP)，另一方面还以 RS-422/RS-485 通信方式直接送给 DGU。当发生主机超速时，RPMD 将输出一个开关量信号送至主机安全单元(ESU)，在 ESU 的输出控制下进行应急停车。

(4) 数字调速器(DGU)。DGU 是为实现主机的转速与负荷控制而设计的 DPU 模块，它包括 4 个 CAN 网络接口和 2 个 RS-422/RS-485 接口。在 DGU 的 4 个 CAN 网络接口中，2 个称为全局 CAN 网络(Global CAN Net)接口(其接线端子标志为 X8G 和 X9G)，与同层网络的其他 DPU 互连；另外两个称为局部 CAN 网络(Local CAN Net)接口(其接线端子标志为 X8L 和 X9L)，用于在复杂系统中进行网络扩展。在两个 RS-422/RS-485 通信接口中，一个连接转速检测模块 RPME，直接获取主机的转速测量值；另一个向油门执行机构的伺服单元传送调速器和油量输出信号(即油门位置信号)。

DGU 在转速控制过程中所需的所有参数命令均通过 CAN 网络获取。若在驾驶台或集控室以单手柄复合车钟(LTU)操作，则手柄设定值直接通过网络传送；若在集控室通过"主机启/停与转速设定杆"进行手动操作，则手柄发出的电位器输出信号经过 MEI 处理后再由网络送至 DGU。另外，在 ACP 上针对调速器所进行的各种参数设置也由网络传送。

DGU 具有与主机调速有关的所有功能，如加速速率限制、负荷程序限制、增压空气压力限制和自动调速等，并且可以独立工作。即使网络通信失效，也能以当前设定转速为设定值继续工作。

四、AC C20 主机遥控系统的控制面板

1. Autochief 控制面板（ACP）

Autochief 控制面板（Autochief Control Panel，ACP）是 AC C20 主机遥控系统的重要组成部分，它和单手柄复合车钟（LTU）一起构成驾驶台/集控室操作单元，如图 4-5-4 所示。ACP 由独立的一个 DPU 控制，内装嵌入式操作系统，通过 LCD 显示窗口、按键和多功能旋转按钮为用户提供了丰富的人机交互功能，操作简单便捷。

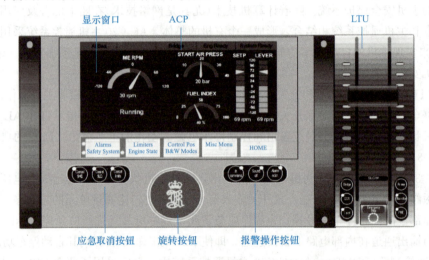

图 4-5-4 AC C20 主机遥控系统驾驶台/集控室操作单元

（1）ACP 显示窗口。ACP 显示窗口具有丰富的显示功能，通过菜单式软按钮能够调出各种 mimic 显示画面。图 4-5-5 所示为两个常用的显示页面。窗口顶部文本显示副车令、操作部位和主机状态等，底部显示为菜单按钮，中间部位为主要显示区域，可以是文本信息、流程图或显示参数的模拟仪表和条形图等。例如，图 4-5-5(a)显示主机转速、启动空气压力、燃油齿条刻度、手柄设定转速（SETP）和经过各种转速限制环节后实际送到调速器的设定转速（ACT）；图 4-5-5(b)显示出主机当前状态（STATE）、启动失败/启动阻塞（START FAIL/BLOCK）原因和主机备车未完（ENGINE NOT READY）原因等。

AC C20 主机遥控系统的软件显示功能不仅省去了传统的硬件显示面板，而且使显示内容更加丰富多彩。

（2）多功能旋转按钮。多功能旋转按钮相当于计算机鼠标，可用于单击显示窗口中菜单键和 mimic 图中的操作对象、移动 mimic 图中的虚拟手柄及进行参数修改。通过左右旋转可对操作目标进行轮回选择（被选目标变为高亮），按下旋转按钮即可激活相应的功能。因此，旋转按钮是驾驶台和集控室操作面板的重要操作工具。

（3）应急取消按钮。应急取消按钮是为紧急情况下取消遥控系统的各种限制和自动降速及自动停车功能而设置的。"Cancel SHD"键按下时将取消被设定为可取消的自动停车项目，而按下 "Cancel SLD"则可取消被设定为可取消的自动降速项目，"Cancel limits"用于取消转速和负荷限制。

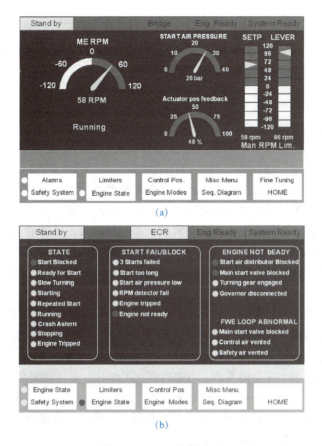

图 4-5-5 ACP 显示窗口

(4)报警操作按钮。报警操作按钮包括"Sound off"(消声)按钮和"Alarm ackn"(报警确认)按钮。当有报警事件时,显示窗口将出现报警信息的文本显示,可通过这两个按钮进行消声和报警确认,恢复正常后报警文本消失。

2. IPU 指示面板单元

IPU 指示面板单元位于集控室控制台,面板的结构和布局如图 4-3-4 所示。它由一个独立的 DPU 进行控制,其主要功能是对主机及遥控系统状态进行直接显示。另外,其兼有辅助风机的控制和状态指示功能。

面板上半部分指示主机及遥控系统的状态,下半部分用于辅助风机的运行控制和状态显示。辅助风机的数量最多可以有 3 台,分别通过带灯按钮"START /RUN"和"STOP"进行手动启/停控制和指示。运行选择开关打在"MAN"位置时,可通过"START/RUN"或"STOP"按钮进行手动启停控制;打在"AUTO"位置时,风机将根据风压情况自动启动或自动停止,增加或减少运行风机的数量;而打在"STOP"位置时,将禁止对风机的操作。若有风机出现故障,则"WARNING"报警灯发出报警信号。

3. 机旁显示面板

当操作部位切换至机旁操作时,通过按键式车钟与驾驶台联络,根据驾驶台车令在机旁操作主机。此时,借助机旁显示面板能够了解主机当前运行状态、安全状态及操作部位等综合信息。显示内容包括主机转速、主机运转方向指示、主机当前操作部位指示、辅助风机运行指示、应急操作指示、自动停车指示和盘车机未脱开指示等。另外，包括一个自动停车取消按钮和试灯按钮。

五、AC C20 主机遥控系统的控制功能

1. 逻辑控制

(1)启动封锁功能。封锁启动是指在某些特定情况下，不允许主机进行启动的一项安全措施。在 AC C20 主机遥控系统中，只要出现下列任意一种情况，都将激活遥控系统的启动封锁功能。

①主机故障停车。当主机安全保护系统检测到某种严重故障而导致故障停车时，将封锁主机的启动操作。故障停车的具体原因可通过 ACP 上的 mimic 画面查询。

②启动空气压力低。为保证主机的成功启动，必须保证有足够的启动空气压力，启动空气压力的最低值可在 ACP 面板上进行设置。当空气压力低于设定压力时，将封锁启动。

③转速检测故障。转速是主机启动过程和运行的关键性参数，当转速监测系统发生故障时，主机不允许启动。

④调速器脱开。当进行机旁操作时，油门拉杆是人工通过气动操作系统进行手动操纵的，油门拉杆离合器应从调速器执行机构断开，合向手动拉杆。此时，主机的启动操作也是在机旁进行的，因此，不允许遥控系统发出启动命令。

⑤主启动阀封锁。出于安全的考虑，当主机停止工作时，主启动阀必须手动置于封锁位置。因此，在进行主机启动之前，必须将主启动阀置于工作位置。

⑥空气分配器封锁。与主启动阀一样，在主机停止工作时，还要封锁空气分配器。在主机启动之前，必须将空气分配器的封锁解除。

⑦盘车机未脱开。如果盘车机齿轮未从主机飞轮脱开，主机的启动是严格禁止的。

(2)主机的启动功能。在主机处于备车完毕状态下，只要将驾驶台操作手柄从停车位置扳向正车(或倒车)任意位置，主机都将自动地进行正车(或倒车)启动。

①正常启动。当驾驶台手柄发出启动命令时，遥控系统将通过 MEI 触发启动电磁阀动作，使启动空气按空气分配器规定的顺序进入主机气缸，推动主机启动。同时，系统将向调速器送出一个预设的"启动转速设定值"。当主机转速达到油气切换转速时，关闭启动空气，调速器送出一个预设的油量作为启动油量(该启动油量将在主机转速超过"启动转速设定值"时自动取消，切换为按调节规律输出的计算油量)。若启动成功，则主机在"启动转速设定值"下运行某一预设时间(一般为 6 s，可调)后自动切换为手柄设定转速。

②慢转启动。当满足慢转逻辑条件时，主机的第一次启动包含一次慢转过程。若在规定时间内完成曲轴的一圈慢转，则自动进入正常启动程序，否则将在驾驶台和集控室发出慢转失败报警。慢转启动功能可在 ACP 上操作"取消限制"按钮加以取消。另外，是否有慢转功能还与主机的机型有关。

③重复启动。若启动空气切断后，主机未能在燃油的维持下持续运行(启动失败)，则系统将进行自动重复启动。第二次和第三次启动的"启动转速设定值"要比第一次启动高(重启动设定转速)。若第二次启动失败，则将进行第三次启动；若第三次启动失败，则将发出启动失败报警。

④重启动。在重复启动和应急倒车的情况下，遥控系统将自动提高"启动转速设定值"，调速器因此向伺服控制单元输出一个较大的油门拉杆位置设定值，使伺服控制单元给出一个较大

的启动油量，提高主机启动的成功率。

⑤启动失败报警。慢转启动、一次启动时间过长和 3 次启动失败 3 种情况均被视为启动失败，并在驾驶台和集控室的 ACP 上发出启动失败报警。将操作手柄扳回到停车位置可对启动失败报警进行复位。

(3)换向功能。AC C20 主机遥控系统的换向功能分为以下 3 种情况：

①停车换向。当主机处在停车状态下，驾驶台将车令手柄从停车位置扳到正车或倒车位置，且车令与主机的转向控制装置位置(包括空气分配器凸轮轴位置和各个高压油泵的滚轮位置)不一致时，遥控系统将首先执行换向操作，换向完成后再进入启动程序。

②运行中换向。当主机在运行状态下，驾驶台将车令手柄从正车(或倒车)扳到倒车(或正车)位置时，遥控系统将首先停油减速，并进行换向操作和反方向启动。若当前转速高于制动转速，则当转速下降到制动转速时进行换向，并进行强制制动，以加快主机反转的过程。

③应急倒车。应急倒车时运行中换向的一个特例，即驾驶台手柄从全速正车直接扳到应急倒车位置时的一种紧急操作。一般情况只在船舶避碰的情况下才使用，因此，也称为避碰倒车(Crash Astern)。在应急倒车情况下，遥控系统将有如下动作：

a. 驾驶台和集控室 ACP 上显示"Crash Astern"；

b. 发出主机停车命令；

c. 主机转速下降到制动转速；

d. 对主机进行换向，换向结束后打开启动空气进行强制制动；

e. 重启动和取消限制命令送到调速器，进行重启动，并取消各种限制；

f. 倒车转速达到油气切换转速时，切断启动空气，调速器供油。

(4)停车功能。当车令手柄扳至停车位置时，遥控系统通过 MEI 控制停车电磁阀动作，各个高压油泵泄压阀动作，使主机停车。同时，停油信号还将送至调速器，使调速器输出油量为零。

另外，在驾驶台、集控室和机旁控制台的车钟面板上还设有应急停车按钮，在应急情况下按下应急停车按钮，将通过主机安全单元(ESU)进行应急停车。

(5)其他辅助功能。AC C20 主机遥控系统还提供了以下辅助功能：

①辅助风机控制。系统可以控制 1~3 个辅助风机，在主机低负荷条件和启动之前，可在集控室指示面板上通过手动或自动的方式启动或停止风机的运行。在自动模式下，风机的启停由扫气箱压力传感器控制。当扫气压力达到 0.065 MPa 时风机自动停止。

②燃油凸轮监控。燃油凸轮监控功能可确保在换向过程中所有的燃油凸轮都能动作到位，以便主机能按照希望的方向正确启动。

③电子 VIT 控制(可选功能)。作为一个可选功能，AC C20 主机遥控系统可提供电子 VIT 控制功能，以取代机械式 VIT 机构。

④气缸追加润滑(可选功能)。当监测到主机负荷在相对长的时间内有明显增加时，调速器将控制气缸注油系统的一个电磁阀动作，使得注油量在原来的基础上额外增加，更好地适应主机负荷的变化。这是针对 MAN B&W 主机的可选功能。

⑤可变气缸切换。该功能是针对主机的低负荷和低转速情况设计的，也称为气缸切除(Cylinder Cut Out，CCO)。当主机的负荷和转速都比较低时，可将主机的工作气缸分为两组，并且只让其中一组工作，即只有一半的气缸在同时工作。其目的是保证主机的低转速和低负荷情况下的运转能够更加平稳。考虑到各缸热负荷的均匀及避免气缸润滑油的浪费，两组气缸一般按

照时间顺序进行轮流工作。但是，为保证主机的安全启动，从主机启动直到稳定运行期间，气缸切除功能将被屏蔽。另外，如果"取消限制"功能被激活，或手柄设定转速和实际转速偏差超出预定的范围，也必须保证所有的气缸同时工作。

2. 转速控制

AC C20 主机转速控制系统由测速单元、数字调速器、伺服控制单元和电动执行机构组成，如图 4-5-6(a)所示。

为确保测速可靠，测速单元采用了两套 CAN 节点式测速模块（RPME），即通过两个 DPU 对来自测速探头的脉冲信号进行处理，转换为主机实际转速值，并以数字信号输出。转速测量值通过两种方式送给数字测速器(DGU)，一种是通过 RS-422/RS-485 通信接口直接连接，另一种是通过 CAN 总线连接，两种连接互为备用。

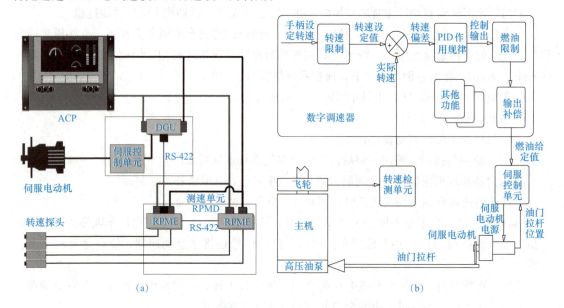

图 4-5-6　AC C20 主机转速控制系统结构原理
(a)主机转速控制系统的组成；(b)主机转速控制系统的逻辑结构

DGU 一方面通过 CAN 网络和 RS-422 接口接收转速测量信号，另一方面通过 CAN 网络接收操作手柄发出的手柄设定转速，其控制输出通过 RS-422/RS-485 通信送给伺服控制单元，由伺服控制单元进行位置反馈控制和功率放大后驱动伺服电动机，对油门拉杆进行精确定位。主机转速控制系统的逻辑结构如图 4-5-6(b)所示。手柄设定转速经各种转速限制环节后作为转速设定值与来自测速单元的转速实际值相比较，得到转速偏差，经 PID 作用规律获得控制输出。PID 控制的输出再经燃油限制（负荷限制）和输出补偿（如非线性补偿）得到数字调速器的最终油量输出，送给伺服控制单元。调速器的输出可以理解为燃油给定值（油门拉杆的希望位置），而伺服控制单元实质上是一个局部反馈控制器。伺服控制单元将油门拉杆设定值与来自伺服电动机的绝对编码器所反映的油门拉杆实际位置做比较后，根据偏差和控制规律驱动伺服电动机带动油门拉杆动作，直到油门拉杆位置与调速器希望的位置相符为止。

为保证主机在控制系统失电情况下仍能继续运转，调速系统的伺服控制单元设置了对伺服电动机的刹车功能。一旦控制系统失电，伺服电动机将被锁定在当前的位置，使主机以当前的输出油量继续工作。恢复供电后，调速系统自动转入正常工作。

3. 转速与负荷限制

主机的转速与负荷限制是转速控制系统的附加功能。AC C20 主机遥控系统采用了 DPU 式数字调速器(图 4-5-6),调速器根据转速设定值和实际测量转速的偏差进行 PID 调节,实现对主机的加减速和转速定值控制。但是,作为转速控制对象,船舶柴油主机具有一定的特殊性,为了防止主机超负荷,AC C20 主机遥控系统在数字调速器的软件中设有各种转速限制和负荷限制功能。

(1)转速限制。转速限制包括加、减速速率限制,负荷程序,最低转速限制,轮机长最大转速限制和临界转速回避等。在 AC C20 主机遥控系统中,以上各种限制都是通过计算机软件实现的。

①最大转速手动限制。通过 ACP 的菜单操作可以对主机允许的最大转速限制参数进行修改,当手柄转速设定值超过预设转速时,实际送至 PID 算法程序的转速设定值将受到限制,如图 4-5-7 所示。由于这一限制通常由轮机长根据主机的工作状况进行设置,因此也称为轮机长最大转速限制。

②负荷程序。当驾驶台手柄推到"Nav. Full"(海上全速)位置时,从"Full"(全速)至"Nav. Full"(海上全速)加速段将实行程序慢加速;同样,当手柄从"Nav. Full"(海上全速)扳至"Full"(全速)或"Full"(全速)以下时,从"Nav. Full"(海上全速)至"Full"(全速)减速段可实行程序慢减速。程序慢加速和程序慢减速统称为负荷程序。系统进入负荷程序时,ACP 将提示"Load up program active"。加速和减速速率可通过 ACP 上的菜单操作进行编辑,通常慢加速时间为 30 min,而慢减速时间为 15 min。负荷程序限制曲线如图 4-5-8 所示。

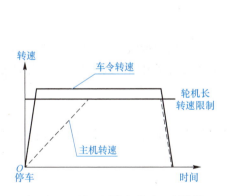
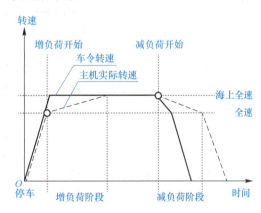

图 4-5-7　轮机长最大转速限制曲线　　图 4-5-8　负荷程序限制曲线

③加、减速速率限制。当主机在"Full"(全速)转速以下区间进行加速或减速时,系统将进行加、减速速率限制。其加、减速速率大小通过 ACP 设定。

④最低转速限制。最低转速限制的转速值对应主机的最低稳定转速,当转速设定值低于这一限制时,遥控系统将以此最低转速送至调速器的 PID 算法程序,以确保主机能够稳定运行。

⑤自动减速限制。当主机出现异常情况需要减速运行时,遥控系统将根据引发降速的原因,在 ACP 上显示"可取消降速"或"不可取消降速"报警。在预警时间内,对于"可取消降速",可通过"Cancel SLD"按钮取消。预警时间过后,安全单元将发出自动减速命令,主机将自动减速至预先设定的某一转速运行,即进行自动减速限制。

⑥临界转速限制。AC C20 主机遥控系统最多可设置两个临界转速区,均采用上、下回避策

略,即加速过程采用避上限,减速采用避下限。若主机在临界转速区运行的时间过长,则在 ACP 上产生"Critical RPM"报警。

(2)负荷限制。在数字调速器中,经 PID 控制算法得到的油量信号还要经过油量限制环节才能作为油量输出值送给伺服控制单元。这种限制是为了确保主机不超负荷而设置的,即负荷限制。在 AC C20 主机遥控系统中,负荷限制包括增压空气压力限制、转矩限制和最大油量手动限制,均通过软件实现。

增压空气压力限制程序根据扫气箱压力传感器测得的扫气压力,对允许的供油量进行分段限制,如图 4-5-9(a)所示。转矩限制是根据主机的实际转速来进行限制的,即根据测量转速值的大小对允许输出的供油量进行分段限制,如图 4-5-9(b)所示,最终送至伺服控制单元的油量值为 PID 计算值和各种限制值当中的最小值。图 4-5-9 所示的曲线可根据实际需要在通过 ACP 进行修改。

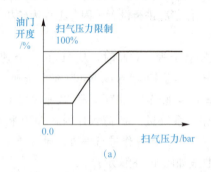 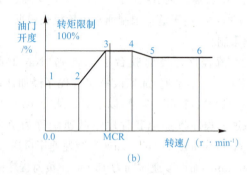

图 4-5-9 负荷限制曲线

(a)增压空气压力限制;(b)转矩限制

最大油量手动限制是通过 ACP 对调速器设定一个最大输出油量值,当数字调速器的计算油量超过这一油量限制时将受到输出限制。与最大转速手动限制相类似,最大油量手动限制也称作轮机长最大油量限制。

4. 限制的取消

当按下 ACP 上的"Cancel limit"按钮时,最大转速和最大油量的手动限制可被取消。同时增压空气压力限制和转矩限制值将自动提高 10%(可调)。

5. 特殊工作模式

为满足某些特殊情况的需要,AC C20 主机转速控制系统还提供了以下几种特殊的工作模式:

(1)轴带发电机模式。当轴带发电机带有恒速装置时,为避免因主机正常减速或自动降速导致全船失电,遥控系统提供了一种可选工作模式,即轴带发电机模式。主配电板上有一路反映轴带发电机并车状态的开关量信号("轴带运行"信号)送至主机遥控系统,当轴带发电机与电网连接时,要求主机转速必须高于某一规定转速(通常为 75%MCR,可调)。一旦驾驶台手柄设定转速低于这一转速,或发生自动降速时,系统将进行以下动作:

①立即减速到轴带发电机要求的最低转速;

②驾驶台和集控室 ACP 上显示的"RPM holding"警示;

③向主配电板发送"柴油发电机组启动和轴带发电机解列"指令;

④主机继续维持轴带最低转速直至轴带发电机解列,轴带发电机最长时间不超过 60 s(可调);

⑤"轴带运行"信号消失，转速降至要求的转速，即设定转速或自动降速限制转速。

以上过程同样适用主机停车操作或应急倒车操作的情形。

(2)恶劣海况模式。恶劣海况模式是在风浪天航行时采用的一种可选工作模式，其目的是避免主机因超速而导致停车。在海况恶劣的航行条件下，通过 ACP 菜单操作可进入恶劣海况模式。当转速超过设定的上限转速值时，遥控系统会切断燃油供应，迫使主机降速，转速下降到停车复位转速后恢复供应油，然后维持该转速持续运行。此后，若想让主机再按手柄设定转速运行，则需将手柄拉回至复位转速，再推向希望的设定转速。

(3)定油量模式。当测量转速某一预设时间范围内保持恒定时，调速系统将在指令控制下进入定油量模式。此时，测速器将通过伺服控制单元锁定燃油齿条，保持恒定的主机供油量，此时，转速将随外界负荷的变化而变化，但转速变差不允许超出规定的范围。转速偏差一旦超限，系统将自动退出定油量模式，转入正常的转速控制模式。

需要注意，这种模式并不适用低转速区间和高转速区间，因为前者有可能导致主机低于最低稳定转速，而后者有可能使主机超负荷。通过 ACP 操作可限定此种工作模式的允许转速范围。

任务实施

(1)熟悉 AC C20 主机遥控系统的基本构成及操作方法。

(2)AC C20 主机遥控系统认识、备车、操纵部位切换和系统启动操作。

(3)实施内容。

①AC C20 主机遥控系统认识。

a. 模拟机舱设备。认识模拟主机操纵系统；3 台发电机机旁启动控制箱；空压机启动控制箱；还有与之相配的音响系统。

b. 集控室。主机遥控系统以 AC C20 为基础设计，驾驶台、集控室均通过电动逻辑回路操纵主机，还设有机旁主机操纵系统。在集控室主要设有下列设备：2 台监控计算机、主机遥控系统控制面板、集中监视与报警系统面板。

电站系统包括 3 台发电机控制屏、并车屏和 2 个负载屏，应急电站和岸电箱也在集控室内。

c. 驾驶台。驾驶台包括主机遥控操纵台、车钟打印机、主机主要报警装置和延伸报警装置。

d. 教员台。可设置各种模拟的初始工作状态，设置或删除故障，并可对仿真程序进行控制。

②AC C20 主机遥控系统模拟器基本操作。

a. 打开 AC C20 主机遥控系统仿真界面，观察 AC C20 主机遥控系统实际配置框图，包括设备安装位置、工作状态、控制器总线状态；

b. 双击 DPU 图标，就可以看到该 DPU 各通道号、通道作用、通道参数设置、通道状态、通道报警限定等。

c. 在集控室打开 ACP 控制面板，进入参数界面，与仿真系统中各通道的参数设置进行对比。

③AC C20 主机遥控系统操作。

a. 备车：使用多功能旋转按钮将焦点移动到功能键"Engine State"；按下多功能按钮激活主机状态显示，如图 4-5-10 所示；根据状态显示，观察启动闭锁状况，相应采取措施；当阻塞主机启动的问题处理完成后，界面显示主机"Ready for Start"。

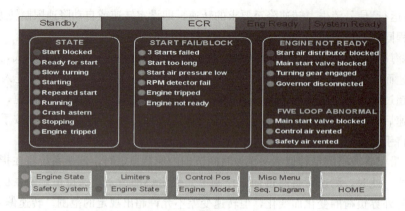

图 4-5-10 主机状态显示

b. 操作部位转换：轮机员在集控室 LTU 上按下带灯按钮"Bridge"；在集控室和驾驶台上的带灯按钮"Bridge"同时开始闪光，同时蜂鸣器响；在 ACP mimic 图的"Home"栏显示"Bridge"控制位置转换，如图 4-5-11 所示；驾驶员在驾驶台的 LTU 上按下带灯按钮"Bridge"，驾驶台上"ECR"带灯按钮熄灭，"Bridge"灯变为平光，驾驶台和集控室蜂鸣器停止；在 ACP mimic 图的"Home"栏显示"Bridge"控制位置转换，如图 4-5-12 所示；控制位置已经切换到驾驶台，驾驶台 LTU 上的"In Command"指示灯点亮。

图 4-5-11 在 ACP mimic 图的"Home"栏显示"Bridge"控制位置转换

图 4-5-12 在 ACP mimic 图的"Home"栏显示"Bridge"控制

c. 启动主机：将驾驶台车钟从"停止"位推到"半速"前进位；在 ACP 面板上观察转速、燃油指示、启动空气压力等；观察主机状态的变化。

任务总结

本任务通过对 AC C20 主机遥控系统的组成、功能及操作方法的学习，重点培养学生具备系统的功能试验和运行维护管理等操作技能，同时，对基于现场总线的网络型主机遥控系统结构特点和工作原理有一定理解。

项目小结

本项目在简介船舶主机遥控系统的组成及各部分功能基础上，详细阐述了主机遥控系统的控制逻辑、车钟系统、安全保护系统、总线型主机遥控系统 AC C20，重点要求理解主机遥控系统的各种控制逻辑功能，熟悉系统组成、功能试验及运行维护等基本操作方法。

练习与思考

一、选择题

1. 以下不属于主机遥控系统的功能( )。
   A. 系统模拟功能　　　　　　　　　B. 安全保护功能
   C. 应急操作功能　　　　　　　　　D. 人员舒适功能

2. 主机遥控系统的功能中包括( )。
   A. 主机润滑油压力的监视与报警　　B. 主机转速的自动调节
   C. 主机冷却水的自动调节　　　　　D. 燃油滤器的自动清洗

3. 主机遥控系统是根据( )决定是否需要换向。
   A. 车令与凸轮位置　　　　　　　　B. 主机是否低于换向转速
   C. 车令与实际转向　　　　　　　　D. 盘车机是否脱开

4. 在主机遥控系统中，主机进行换向必须具有若干个逻辑条件，这些逻辑条件之间的关系是( )。
   A. 或　　　　B. 与　　　　C. 与非　　　　D. 或非

5. 在主机遥控系统中，其控制气源的压力是( )MPa。
   A. 0.14　　　B. 0.45　　　C. 0.7　　　　D. 1.0

6. 在主机遥控系统中，把车钟手柄从全速正车扳到倒车某速度挡，主启动阀打开时刻为( )。
   A. 车钟手柄过停车位置时　　　　　B. 主机转速下降至换向转速时
   C. 换向完成时　　　　　　　　　　D. 换向完成且低于发火转速时

二、简答题

1. 什么是全自动遥控、自动遥控、机旁控制？这三者的关系是怎样的？
2. 主机遥控系统的功能有哪些？其含义各是什么？
3. 主机遥控系统有哪几种类型？
4. 主机遥控系统启动准备条件、启动鉴别条件和主启动条件分别有哪些？
5. 主机慢转启动的作用是什么？
6. 主机转速或负荷控制有哪几种？
7. 主机安全保护装置的作用是什么？
8. 安全保护装置发出自动停车或减速信号的原因有哪些？
9. 什么是主机换向？换向的条件有哪些？
10. 什么是主车钟、副车钟、应急车钟？它们各有哪些作用？其主要区别有哪些？
11. AC C20 主机遥控系统由哪几部分组成？
12. AC C20 专用 DPU 模块主要有哪些？
13. 什么是紧急越控？如何操作？在主机故障停车与降速原因中，哪些通常是不可越控的？

项目五　船舶瘫船启动

 项目描述

瘫船状态是指由于缺少动力，致使主推进装置、锅炉和辅机不能运转的状态。船舶瘫船启动应提供措施以保证在没有外来帮助的情况下使机器从瘫船状态运转起来。另外，发电机组应保证任一发电机或其初级电源失效，其余发电机组仍能向主推进装置自瘫船状态启动所必需的设备供电。

在实际布置中，瘫船启动的方式是多种多样的，可以从瘫船启动的目的进行分析。瘫船启动的目的就是要使主推进装置、锅炉和辅机恢复运转，且在没有外来帮助下，只通过船上可用的设备来完成。要使主推进装置、锅炉和辅机恢复运转，关键是要有供启动和运行的能源，而瘫船状态恰恰是这种能源已没有储存。所以，瘫船启动的核心就是恢复能源，包括压缩空气和电力。而压缩空气和电力两种能源是相辅相成的，只要有了一种能源，另一种也就能恢复了。另外，在瘫船状态及瘫船启动过程中，应急电源应始终是可用的。大型船舶的主、辅机基本上都是采用压缩空气启动，故恢复压缩空气也就是瘫船启动的必经过程。船上一般是采取先恢复主电源，再恢复主空压机来产生压缩空气，即通过应急电源或其他方式先恢复主电源供电，有了主电源，压缩空气的恢复也就自然成功了。

项目分析

按照船舶瘫船启动目的，依次启动应急发电系统、主发电系统、中央冷却水系统、辅助锅炉系统、船舶主机系统及各个系统设计的辅助设备。了解各个系统启动顺序与关系，掌握各个主要系统启动工作过程，熟练各部分系统与设备模拟操作过程。

相关知识和技能

1. 船舶应急发电系统功能与启动过程；
2. 船舶主发电系统功能与启动过程；
3. 船舶各种辅机功能、启动、配电过程；
4. 船舶主机系统启动；
5. 船舶主机动力系统管理。

任务一　轮机模拟器简介

任务目标

1. 了解轮机模拟器系统的组成、操作方法、操作步骤；
2. 了解轮机模拟器、管路颜色、基本符号、初始条件的概念；
3. 为学生能够适应现代船舶机舱的管理奠定基础。

任务分析

加强教师的主导作用，课堂教学要采用传统教学手段和计算机辅助教学相结合的模式，对于理论部分结合轮机模拟器的数量关系和逻辑关系进行讲解，对实际系统的讲解应加强理论联系实际，对必要之处应适当采用网络教室演示。加强学生实习环节的管理，要求学生在认识实习阶段建立船舶机舱综合操作的感性认识，加强对实际系统的摸索，实现从理论到实践的跨越。

知识准备

一、船舶仿真

仿真是指利用物理的或数学的模型来类比、模仿现实过程，以寻求对真实过程的认识。仿真用于性能分析、系统测试、优化设计、教育培训、辅助决策等。

船舶模拟器训练具有很强的必要性。首先，船舶机舱系统利用实物进行操作训练需要较高成本，采用仿真试验仅需其成本的十分之一不到，而且设备可以重复使用，提高了经济效益。其次，某些极端条件和故障情况的试验，如柴油机飞车安全保护功能试验和滑油泵故障导致润滑油低压停车功能试验，在实际系统中是不允许的。采用仿真试验可以有效降低危险程度，对训练和研究起到安全保障作用。再次，实船设备互连关系紧密，难以独立对特定设备或系统进行训练，如造水机系统。最后，当前实船产品液晶化、节能化、数字化产品不断涌现，产品更新换代的频率加快，采用模拟器训练可以满足多样化的需求。

二、船舶模拟器的相关规范标准

(1) STCW 公约 10 版。

①Section A-I/6，Section B-I/6，给出了训练和评估过程的标准；
②Section A-I/12，Section B-I/12，给出了模拟器的性能标准。

(2) IMO 和主管当局发布的设备标准。

(3) 船级社的规范，如(DNV 2.14 等)。

(4) IMO Model Course 船舶模拟器的相关规范标准：在当今的航海教育领域，基于系统仿真技术的模拟器已成为必备的船员培训及考核设施。轮机模拟器也已在船舶轮机教学及培训中得到了广泛的应用。轮机模拟器表现的主体是各种机电设备和管系，仿真训练的过程是通过操纵和查看各种控制面板，通过温度、压力和功率等物理量来研究机电设备的运行规律。

三、轮机模拟器系统概述

本系统以 DMS-2019 在线模拟器为基础，以某 30 万吨级超大型油轮（VLCC）为母型船。该船长 330 m，宽 60 m，型宽 27.2 m，总载重 296 659 t，船舶时速 15 节，在整体设计、动力装置和建造工艺等方面均达到了国内领先、国际先进的水平。轮机模拟器主要组成设备见表 5-1-1。

表 5-1-1 轮机模拟器主要组成设备

设备	参数	图示
主机 1 台	MAN B&W7S80MC 型船用主机 形式：二冲程、十字头式、7 缸 缸径/冲程：800/3 056 mm 启动空气压力：30 bar 最大持续功率：25 150 kW × 72 r/min 平均有效压力：17 bar	
主发电机 3 台	形式：直立式，单作用，四冲程，水冷 品牌型号：YANMAR 6EY22ALW 缸径/冲程：200/320 mm 额定转速：900 r/min 额定功率：1 300 kV·A 额定电压/电流：450 V/1 564 A 电制：AC，3 相，60 Hz	
应急发电机 1 台	启动方式：电动启动或液压启动 型号：CUMMINS，NT855-DMGE 额定功率：260 kW 功率因数：0.8 额定电压频率：450 V，60 Hz 转速：1 800 r/min	
锅炉 2 台	类型：燃油双筒水管船用 蒸发量：40 000 kg/h 燃油：重油 工作压力：0.6/2.6 MPa 工作温度：215 ℃ 燃烧器型号：KBSD 3350	
其他设备	废气锅炉 1 套；空压机 3 台；燃油分油机 2 台；滑油分油机 3 台；造水机、油水分离器、焚烧炉等	

四、轮机模拟器训练的内容

轮机模拟器训练的内容如下：
(1) 轮机模拟器软硬件组成及基本操作；
(2) 船舶电网的结构组成、工作过程、操作管理；

(3)燃油系统的结构组成、工作过程、操作管理；

(4)水系统的结构组成、工作过程、操作管理；

(5)压缩空气系统的结构组成、工作过程、操作管理；

(6)锅炉及蒸汽系统的结构组成、工作过程、操作管理；

(7)防污染系统的结构组成、工作过程、操作管理。

五、冷船启动流程

(1)冷船状态(Cold Ship)。

①应急发电机启动。直流 24 V 电源供电；应急发电机启动；应急发电机配电。

②主发电机启动。3 号应急压缩机启动；供油供给准备；润滑油系统准备；1 号主发电机启动；2 号主发电机启动；发电机并车；主发电机配电；压缩机系统启动。

③主机运行准备。中央冷却系统准备；锅炉系统准备；燃油供给系统准备。

(2)在港状态(At Port)。

(3)定速航行状态(At Sea)。

任务实施

一、轮机模拟器界面简介

(1)登录轮机模拟器系统。打开 DMSCTS 软件，进入开始界面，模拟器登录界面如图 5-1-1 所示。在登录界面可以进行用户注册，并用账号与密码登录模拟器系统，也可以利用计算机名登录临时使用。

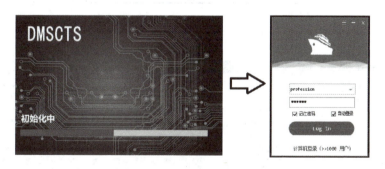

图 5-1-1　模拟器登录界面

(2)模拟器船型选择。在本界面可以选择房间与船舶型号，在页面左上角设置选项进行语言切换、帮助信息等功能，右下角显示使用时间、IP 地址等信息。此模拟器可以单机使用，也可以团队使用。在船舶型号界面具有 15 种各式各样的船型供选择下载使用，在这里选择 VLCC A Simulator For MOOC 船型，并且单机进行模拟。模拟器船型选择界面如图 5-1-2 所示。

(3)轮机模拟器主界面。轮机模拟器主界面主要分为侧边栏、主界面、控制栏、状态栏几部分。其中，侧边栏与主界面中可以选择所要进入的操作界面，分为 20 个界面，包含应急发电系统、发电机组、主机、锅炉、空压机、分油机等系统界面。在上部的控制栏中包括选择界面的名称、ID 号、机舱报警信号、控制按钮。在下部的状态栏中包括基本控制按钮，用于模拟保存与设置等使用，如图 5-1-3 所示。

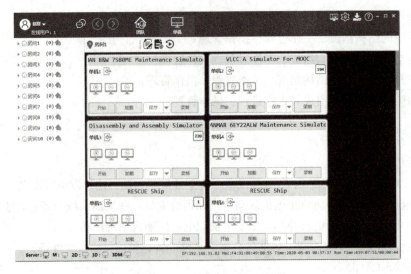

图 5-1-2 模拟器船型选择界面

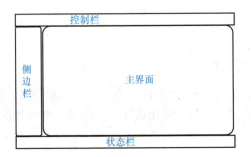

图 5-1-3 轮机模拟器主界面

二、轮机模拟器基本标识

进入单个系统界面后，界面中有不同形状、不同颜色、不同编号组成的系统，如图 5-1-4 所示。其中，不同颜色线条与标号表示不同的含义，方便区分使用。比如，用不同颜色表示不同管道内流通的介质，不同的字母缩写表示不同含义，具体表示方法可以参考表 5-1-2 管道介质颜色表示方法、表 5-1-3 字母缩写含义、表 5-1-4 模拟器图样说明。

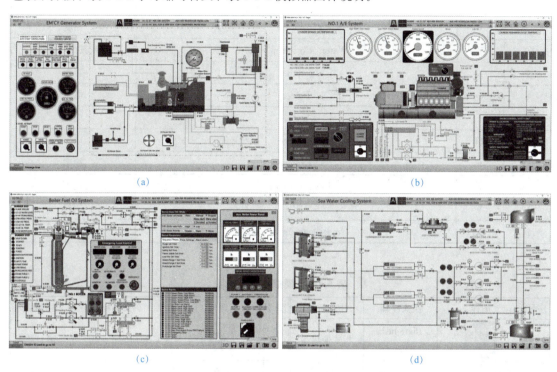

图 5-1-4　模拟器主机各个界面

(a)应急发电机；(b)主发电机；(c)锅炉系统；(d)海水冷却系统

表 5-1-2　管道介质颜色表示方法

序号	管道介质	颜色	图例	中文解释
1	High temp fresh water	Blue		高温淡水
2	Low temp fresh water	Blue		低温淡水
3	Sea water	Green		海水
4	Lubrication oil (LP)	Yellow		润滑油
5	Lubrication oil (HP)	Orange		润滑油
6	Fuel oil	Brown		燃油
7	Crude oil	Maroon		原油
8	Diesel oil	Light brown		柴油
9	Compressed air	Grey		压缩空气
10	Steam	Light blue		蒸汽

表 5-1-3 字母缩写含义

序号	缩写	英文	中文
1	T	Temperature	温度
2	G	Flow	流量
3	P	Pressure	压力
4	L	Level	水平
5	V	Viscosity	黏度
6	Z	Water or other mixture	水或其他混合液
7	N	rpm	转速
8	Q	Power	电源
9	I	Ampere	电流
10	U	Voltage	电压
11	F	Frequency	频率
12	E	Electrical power	电力
13	V	Valve	阀门
14	X	Miscellaneous variable	杂项

表 5-1-4 模拟器图样说明

序号	图样	英文注释	中文解释	序号	图样	英文注释	中文解释
1		Plate heat exchanger	板式换热器	10		Centrifugal pump	离心泵
2		Tube heat exchanger	管式换热器	11		Gear pump	齿轮泵
3		Generator diesel engine	柴油发电机	12		Screw pump	螺杆泵
4		Two stroke diesel engine	二冲程柴油机	13		Separator	分离器
5		Compressor	压缩机	14		Light	灯
6		To overboard	落水	15		Button with light	带灯按钮
7		Drain	排水管	16		Switch	开关
8		Orifice	孔口	17		Meter	仪表
9		Motor	电动机	18		Name plate	名牌

续表

序号	图样	英文注释	中文解释	序号	图样	英文注释	中文解释
19		Fan	风扇	28		Two way cock valve	双向旋塞阀
20		Sprayer	喷雾器	29		Single valve	单阀
21		Buzzer	蜂鸣器	30		Diaphragm valve	隔膜阀
22		Smoke sensor	烟雾传感器	31		Electromagnetism valve	电磁阀
23		Steering motor	转向电动机	32		Pneumatic valve	气动阀
24		Two way general valve	双向通用阀	33		Spring valve	弹簧阀
25		Two way butterfly valve	双向蝶阀	34		Hand valve	手动阀
26		Two way gate valve	双向闸阀	35		Quick close valve	快关阀
27		Two way swing valve	双向旋启阀	36		Three way valve	三通阀

模拟基本操作都可以用鼠标完成，如在单击阀门、按钮上单击为打开阀门、按钮单击为关闭。

任务总结

本任务主要通过对模拟器操作界面简介，引导学生掌握模拟器基本操作过程，具体操作过程在以后的任务中具体阐述。

任务二　应急电源系统运行

任务目标

1. 了解应急电源组成；
2. 了解应急发电系统各部分功能；
3. 掌握应急发电机启动过程；
4. 掌握应急配电屏配电过程。

任务分析

通过应急电源功能的学习，明确应急发电系统各部分的功能。利用船舶机舱自动化仿真软件操作过程，掌握应急发电机启动过程及应急配电屏配电过程。

知识准备

一、应急电源

船舶电网正常都由船上的主电源供电，一旦主电源出现故障，就必须由应急电源向船上重要场所的照明、航行灯、信号灯、无线电通信设备、报警系统、操舵装置等应急设备短时供电（客船 36 h，货船 18 h），以便在紧急情况时，能保证船岸通信的畅通及船上人员可以安全撤离。因此，应急电源是船上非常重要的安全设备。

(1) SOLAS 公约关于应急电源的部分规定。

①客船和 500 总吨以上的货船均应设有一独立的应急电源。

②应置于最高连续甲板之上。

③可以是一台发电机或一蓄电池组。

④应急发电机应有独立的燃油供给系统。

⑤应急发电机最多 45 s 内介入，并安全和实际可行地承载额定负载。

⑥应急发电机应配备至少供 3 次连续启动的储备能源。

(2) 中国船级社(CCS)应急电源的部分规定补充要求。

①应急发电机应配备 30 min 内能启动 3 次的第二能源，除非可人工启动。

②对远洋航行船舶来说，一般应急发电机功率较大，无法人工启动，多配备两种启动方式。

③应急发电机启动电池与临时应急电源的蓄电池组为独立设置。

④作为临时应急电源的蓄电池组不应与应急配电屏安装在同一处。

二、应急发电机

船舶电站原动机为中速柴油机，如图 5-2-1 所示，它由压缩空气启动，燃料油为轻柴油或重油，由副机供油单元提供。发电机一般为交流发电机，可为船舶电站提供 440 V、60 Hz 交流电，作为动力电源供船舶负载使用。动力电经过 220 V 变压器变压后可转变为 220 V、60 Hz 照明电供系统及舱室照明使用。同时船舶电网经应急充放电板为 24 V 直流蓄电池组充电。

图 5-2-1　船舶应急发电机

三、应急配电屏

应急配电屏接受应急发电机的电能,分配至全船各种应急设备,如图 5-2-2 所示。其主要功能是对应急发动机组的运行进行控制、监视,对各用电设备进行配电控制。应急配电屏一般由发电机屏、电力负载屏和照明负载屏组成。应急配电屏共分 3 屏,即应急发电机屏、AC 440 V 负载屏、AC 220 V 负载屏。

图 5-2-3 所示为船舶电力系统应急配电屏单线图,应急配电屏的母线有应急发电机和主配电板两个供电电源,应急母线配电的应急设备可以由这两个电源之一提供。应急发电机设

图 5-2-2 应急配电屏

有自动启动装置,以确保在主电源不能供电的情况下能自动启动,并自动合闸,向应急电网供电,而一旦主电网恢复供电,则应急发电机立即自动停止工作。应急发电机的启动方式一般采用启动电动机启动,电源由应急蓄电池提供。正常情况下由主配电板的主电源供电;主电源失电的应急情况下由应急发电机供电。由此可知,应急设备供电的重要程度比单独由主配电板供电的重要程度高。主电源和应急电源不允许同时向应急母线供电,即不允许两个电源并联运行。因为几台主发电机的容量足够,不需要应急发电机补充。一般也不允许应急电源向主配电板反向供电,因为应急发电机的容量只够应急设备使用。

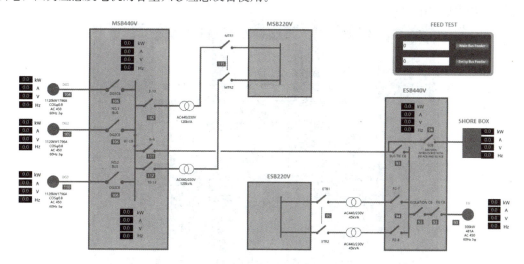

图 5-2-3 船舶电力系统应急配电屏单线图

应急发电机在工作中有时需要紧急切断电路,紧急切断电路是切断机舱风机、燃油泵和舱室风机,可以通过让继电器断电使相应的开关断开,从而达到紧急切断的目的。紧急切断电路的电压为 220 V。应急配电屏设有绝缘监测功能和接地监测功能。绝缘监测是利用绝缘表,通过读取表上的读数可知绝缘程度。接地监测是利用接地监测指示灯,按下各相的接地监测按钮,若接地指示灯点亮,则说明此相电路正常,反之,说明此相与地相连,变成零相位。接地灯是一种带变压器的指示灯,变压器的变比为 400 V/6 V。

任务实施

应急电网为船舶提供初始动力。应急发电机启动方式有两种：一种是蓄电池 24 V 直流电带动的直流电机启动；另一种是由液压油启动。在启动应急发电机前应确定应急发电机燃油量，应急发电机燃烧的燃料油为轻油，由应急发电机轻油日用柜经应急发电机机带燃油泵供油。在启动应急发电机前应确定应急发电机冷却温度，应急发电机为闭式冷却，采用机带风扇为冷却水换热器降温，机带淡水泵保持冷却水的循环流动。

以大连海事大学提供的轮机模拟训练平台为基础，进行应急发电系统启动与配电操作过程。轮机模拟训练平台中应急电源系统主要包括直流 24 V 蓄电池控制屏、应急发电机系统、应急发电系统 440 V 配电屏、应急发电系统 220 V 配电屏、H1 与风扇控制屏。

一、直流 24 V 蓄电池控制屏

直流 24 V 蓄电池控制屏主要包括显示仪表区、指示灯显示区、断路器控制区。直流 24 V 蓄电池控制屏提供应急备用电源，主要是提供应急发电机启动使用电压，在应急发电机没有启动的时候，由其他电源为其不间断充电，以备应急时使用。其中，显示仪表区包括电流、绝缘、电压显示仪表及仪表显示转换控制开关，可以显示电瓶状态。指示灯显示区包括电压、电流指示灯及报警灯，可以显示系统是否正常工作或故障发生时发出报警信号。断路器控制区包括充电、临时照明、分电板、去主配电板、内部通信系统、应急配电屏、主机遥控系统、货控台、驾驶台通道、集控台等去电断路器开关，可以控制应急发电机与其他应急使用场所供电使用。具体中英文说明如图 5-2-4 所示。

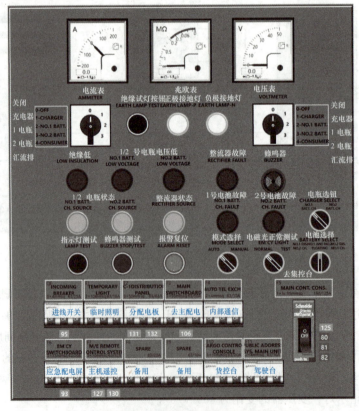

图 5-2-4　直流 24 V 蓄电池控制屏

二、应急发电机系统

应急发电机系统主要包括应急发电机控制箱、充放电控制箱、应急发电机等。其主要完成对应急发电机启动控制。应急发电机控制箱包括故障报警指示灯区，数据显示仪表区，控制开关区，主要控制应急发电机启动、停止与数据显示作用。具体中英文对照(表 5-2-1)及功能如图 5-2-5 所示。

表 5-2-1　应急发电机控制箱中英文对照

SOURCE	电源灯
AUTO START ST-BY	自动启动备机
RUNNING	运行中
START FAIL.	启动失败(启动 3 次)
OVER SPEED TRIP	超速跳闸(>120%)
C. F. W. HIGH TEMP ALARM	冷却水高温报警
LO. LOW PRESS. ALARM	润滑油低压报警
LO. HIGH TEMP. ALARM	润滑油高温报警
BATT. &BATTERY CHARGER FAIL ALARM	电瓶充电器故障
TACHO FAIL. ALARM	转速传感器报警
OVER SPEED TRIP CIR. &F. O. VALVE CIR. FAIL. ALARM	超速报警
C. F. W. LOW PRESS. ALARM	冷却水低压报警
P. L. C. ERROR	PLC 故障报警
DC VOLT.	电瓶电压
TACHO-HOUR	运行转速与运行小时
WATER TEMP.	冷却水温度
LUB. OIL PRESS.	润滑油压力
LUB. OIL TEMP.	润滑油温度
LAMP&BELL TEST	指示灯与报警铃测试
BELL STOP	报警铃消声
SPEED ADJUSTER	速度调节
EM'CY STOP	紧急停止按钮

充放电控制箱是对应急蓄电池充放电控制使用，主要包括充电电流、电压显示仪表及指示灯。

应急发电机主要由应急发电机燃油系统、发电机冷却系统、发电机润滑系统、发电机蓄电池与液压启动系统等组成。在船舶使用过程中，虽然应急发电机不经常使用，但是，应急发电机应一直处于备机状态，这些系统时刻保持运行备机状态，保障应急发电机随时启动。具体系统如图 5-2-6 所示。

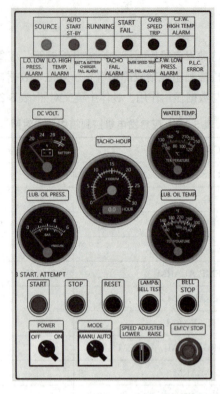

图 5-2-5 应急发电机控制箱面板

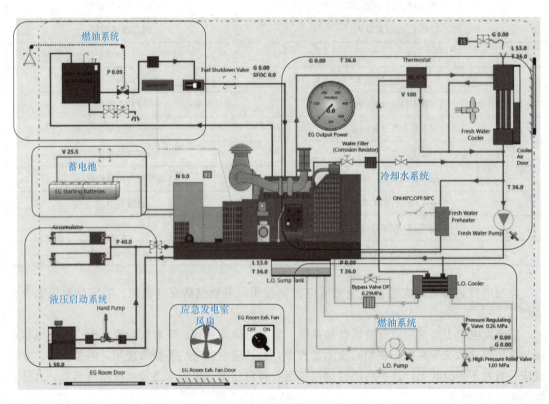

图 5-2-6 应急发电机系统

· 200 ·

三、应急发电系统配电屏

本仿真系统中,应急发电系统配电屏主要包括应急配电屏、应急发电系统 440 V 配电屏、应急发电系统 220 V 配电屏。通过配电屏对应急发电机发出的电能进行分配与监视作用。其中,应急配电屏主要包括应急发电机发电后输出电源的电压、电流、频率、功率、运行时间等信息,各种故障报警信号指示,并对输出电源去向进行控制。具体参考图 5-2-7,具体中英文对照见表 5-2-2。

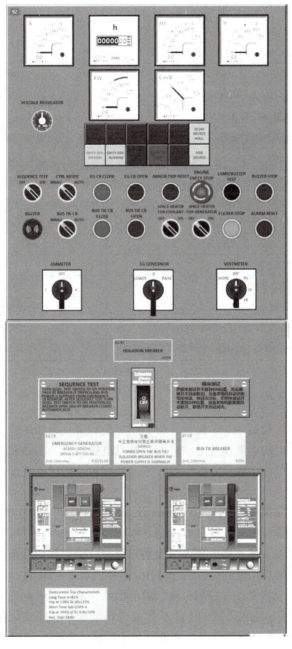

图 5-2-7　应急配电屏

表 5-2-2　应急配电屏中英文对照

英文	中文
AC 440 V LOW INSULATION	440 V 绝缘屏
AC 220 V LOW INSULATION	220 V 绝缘屏
EM'CY STOP CIR SOURCE FAIL	应急停止回路故障
EM'CY GEN. START FAIL	应急通用报警
EM'CY GEN. SHUTDOWN	应急超速故障
DC 24 V SOURCE AVAIL.	直流 24 V 指示
EM'CY GEN. STANDBY	应急备机指示
EM'CY GEN. RUNNING	应急运行
EM'CY GEN. COMMON ALARM	应急运行指示
BUSTIE CB CLOSE	断路器关闭
BUSTIE CB OPEN	断路器打开
MSB SOURCE	主配电板电源
SEQUENCE TEST	启动测试
CTRL MODE	控制模式
EG CB CLOSE/OPEN	主断路器断/合
ABNOR. TRIP RESET	主断路器复位
ENGINE EM'CY STOP	应急停车
LAMP/BUZZER TEST	试灯
BUZZER STOP	消声
BUS TIE CB	母联方式
SPACE HEATER FOR COOLANT	缸套水预热器
SPACE HEATER FOR GENERATOR	除潮
FLICKER STOP	报警复位

四、应急发电系统负载屏

应急发电系统负载屏包括 440 V 负载屏和 220 V 负载屏，为船舶应急通信、船舶主控、集控台监控、零时照明等船舶重要设备电源分配应急发电机电能。在船舶正常运行时，负载屏上断路器应一直导通，以保证应急发电机启动后可以直接为这些设备直接供电，确保船舶应急时刻的正常运行。

在 440 V 负载屏上主要由岸电接入显示控制、润滑油控制、应急燃油供电、应急空压机、舵机供电、应急照明等部分重要设备供电控制。由于考虑船舶停靠时可以连接岸电，所以在应急配电屏上有岸电控制箱，保证岸电介入与船舶自身符合同电压、同频率、同相序的要求，以确保岸电合闸后不会影响船舶电气设备正常运行。具体内容参考图 5-2-8。

在 220 V 负载屏中包括变压器控制、应急通信供电、集控台供电、驾驶台供电、电瓶充电等控制断路器。220 V 电压是由前面的 440 V 配电屏传输而来，经变压器变压得到，为了保证 220 V 应急供电需求，一般会有两组变压器进行单独变压。而 220 V 电源是最常用电源，包括集控台内监测系统、驾驶台联动检测系统、船舶应急通信系统、其他紧急小系统都使用 220 V 电源，如图 5-2-9 所示。负载屏的中英文对照见表 5-2-3。

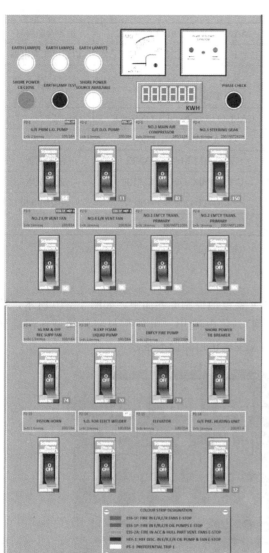
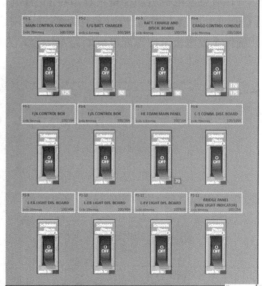

图 5-2-8　440 V 负载屏　　　　　　　图 5-2-9　220 V 负载屏

表 5-2-3　负载屏中英文对照

EARTH LAMP(R)(S)(T)	岸电指示	PISTON HORN	电笛
SHORE POWER CB CLOSE	岸电合闸	S. O. FOR ELECT WELDER	电焊机
EARTH LAMP TESR	岸电测试	ELEVATOR	电梯
SHORE POWER SOURCE AVAILABLE	岸电就绪	G/E PRE. HEATING UNIT	应急加热装置
G/E PRIM L. O. PUMP	预滑油泵	NO1. EM'CY TRANSF. SECONDARY	1号变压器断路器
G/M D. O. PUMP	燃油轻油泵		
NO. 3 MAIN AIR COMPRESSOR	3号空压机(应急)	NO2. EM'CY TRANSF. SECONDARY	2号变压器断路器

· 203 ·

续表

NO. 3 STEERING GEAR	3号舵机(应急)	MAIN CONTROL CONSOLE	集控台断路器
NO. 2 E/R VENT FAN	2号机舱风机	E/G BATT. CHARGER	应急电瓶充电器
NO. 4 E/R VENT FAN	4号机舱风机	BATT. CHARGER AND DISCH. BOARD	小应急设备
NO. 1 EM'CY TRANS. PRIMARY	1号应急照明变压器	CARGO CONTROL CONSOLE	货控台
NO. 2 EM'CY TRANS. PRIMARY	2号应急照明变压器	F/A CONTROL BOX	控制箱
SG RM&EFP REC SUPP FAN	通风风扇	HE FOAM MAIN PANEL	主控制板
H EXP FOAM LIQUID PUMP	泡沫灭火泵	C-1 COMM. DIST. BOARD	通信配电
EM'CY FIRE PUMP	应急消防泵	LIGHT DIS. BOARD	照明配电板
SHORE POWER TIE BREAKER	岸电断路器	BRIDGE PANEL	驾驶台配电

五、应急发电机启动过程

(1)应急发电机启动准备。在ID：90直流24 V蓄电池控制屏界面中，如图5-2-10所示，接通QF、F1-10等断路器[1~10]（备用断路器不用合闸），将电流[11]、电压[12]显示转换旋钮都旋到2，确保充放电板至应急配电屏断路器闭合，为应急发电机启动做准备。

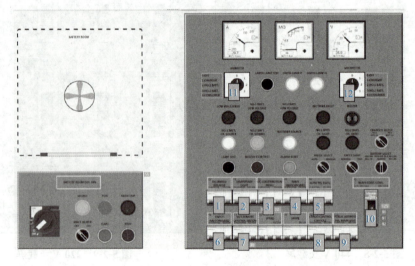

图5-2-10　ID：90直流24 V蓄电池控制屏界面

(2)应急发电机启动。在ID：92应急发电机界面中，如图5-2-11所示，将"POWER"[1]旋到"ON"，开启应急发电机机旁控制箱电源，电源指示灯点亮；确认蓄电池电压满足启动要求（大于15 V）或液压油缸中的液位满足启动要求（大于等于85）；确认应发轻油日用柜至应急发电机燃油管路通畅。

在ID：92应急发电机机旁控制箱上，将"MODE"旋钮[2]旋至"MANU."手动方式；在机旁控制箱上按下"START"[3]按钮启动应急发电机；观察转速表，确认启动成功（应低速运转为1 000 r/min，若转速稳定表明启动成功）；低速区运转一段时间后，转速升至额定转速1 800 r/min；待转速稳定后，将"MODE"旋钮旋至"AUTO"选择"BATTERY CHARGER FOR EM'CY GEN-SET"面板，将"POWER"打到"ON"，为蓄电池充电。

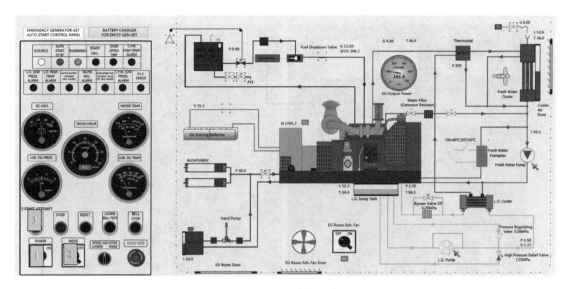

图 5-2-11　ID：92 应急发电机界面

(3)应急发电机配电。在 ID：93 应急发电机控制屏界面中，如图 5-2-12 所示，将"EG CB CLOSE"按钮[1]按下，启动应急发电机到配电屏主断路器；将"CTRL MODE"[2]"BUS TIE CB"[3]都打到"AUTO"位置，开启自动模式；调节"AMMETER"[4]"VOLTMETER"[5]到合适位置，观察电流、电压显示变化；最后完成"ISOLATION BREAKER"[6]串联断路器合闸。

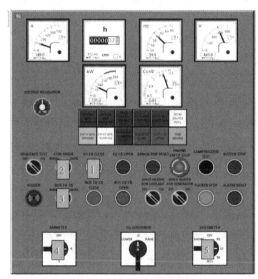 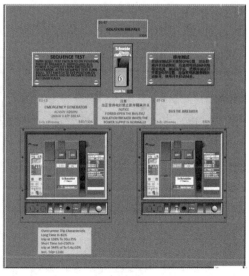

图 5-2-12　ID：93 应急发电机控制屏界面

在 ID：94 应急 440 V 负载屏界面中，如图 5-2-13 所示，接通"G/E PRIM L. O. PUMP"滑油泵[1]、"G/E D. O. PUMP"燃油泵[2]、"NO. 3 MAIN AIR COMPRESSOR"3 号空压机（应急）[3]、"NO. 3 STEERING GEAR"3 号舵机（应急）[4]、"NO. 2 E/R VENT FAN"2 号机舱风机[5]、"NO. 4 E/R VENT FAN"4 号机舱风机[6]、"NO. 1 EM'CY TRANS. PRIMARY"1 号应急照明变压器[7]、"NO. 2 EM'CY TRANS. PRIMARY"2 号应急照明变压器等控制断路器[8]，其他后面断路器一同接通[9~15]，SHORE POWER TIE BREAKER 岸电断路器不合闸。

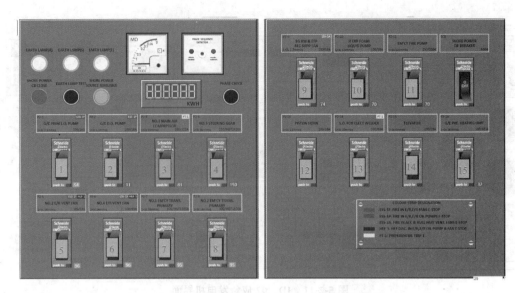

图 5-2-13　ID：94 应急 440 V 负载屏界面

在 ID：95 应急 220V 配电屏界面中，如图 5-2-14 所示，接通"NO.1 EM'CY TRANSF. SECONDARY"[1]或"NO.2 EM'CY TRANSF. SECONDARY"变压器断路器，保证 220V 电源有电，接通"MAIN CONTROL CONSOLE"集控台断路器[2]、"E/G BATT. CHARGER"应急电瓶充电器[3]、"BATT. CHARGER AND DISCH. BOARD"小应急设备断路器[4]、"CARGO CONTROL CONSOLE"货控台等断路器[5]，其他后面照明、通信、驾驶台应急用电断路器[6~13]一并接通。调节"AMMETER"[14]、"VOLTMETER"[15]到合适位置，观察电流、电压显示变化。

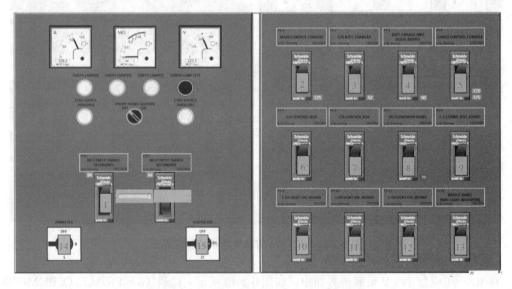

图 5-2-14　ID：95 应急 220 V 配电屏界面

在 ID：96 H1& 风扇控制屏界面中，如图 5-2-15 所示，接通 2 号风扇开关电源[1]，将"SPACE HEATER"接通加热[2]，启动风扇进行抽风[3]；接通 4 号风扇开关电源[4]，将"SPACE HEATER"接通加热[5]，启动风扇进行排风[6]；接通 H1 配电屏上所有断路器。

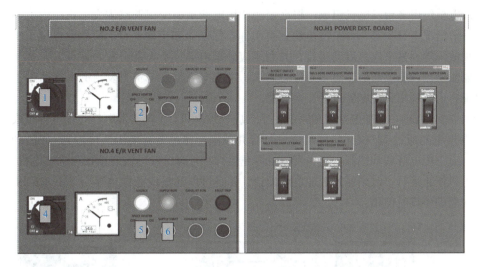

图 5-2-15　ID：96 H1 & 风扇控制屏界面

🧰 任务总结

本任务主要通过对应急电源简介，引导学生掌握应急发电机系统知识，并通过大连海事大学的轮机模拟软件进行应急发电机启动、配电等操作过程，让学生掌握应急发电机系统实际的运行过程与操作过程。

任务三　船舶主发电机启动与配电

🧰 任务目标

1. 了解船舶电站组成；
2. 了解船舶应急发电机与主发电机之间关系；
3. 掌握发电机组配电屏作用；
4. 掌握主发电机启动、调速、并车等模拟操作过程。

⌨ 任务分析

通过船舶电站功能的学习，明确船舶电站系统各部分功能。利用船舶机舱自动化仿真软件掌握主发电机组、应急发电机、主配电屏、分配电屏等操作过程，以及船舶电站启动过程及船舶电站配电过程。

📚 知识准备

一、船舶电站系统组成

一般船舶电站由主发电机组、应急发电机、主配电屏、分配电屏、应急配电屏等组成。其中，主发电机组由多台发电机组成，根据船舶使用电能负荷变化调整主发电机组内发电机运行数量，一般情况下至少有一台主发电机运行工作，保证船舶正常运行。应急发电机是在主发电机组出现故障等因素下应急启动运行，并利用应急配电屏进行电能分配，保证紧急情况下船舶控制、船舶检测、船舶通信、照明等应急需求。主配电屏将发电机组发出的电能通过主配电屏进行分配，可以利用分配电屏进行二次分配。

如图 5-3-1 所示，船舶电站组成系统由 1 台应急发电机，3 台主发电机与配电屏组成。主发电机组发出电能通过 MSB440V 配电屏进行合并控制，通过 2 台变压器传输到 MSB220V 配电屏，并与应急配电屏联动控制。当主发电机停止运行时，应急发电机启动，当主发电机运行时，应急发电机停止运行，时刻保障船舶电能配给，并且可以通过应急配电屏与 SHORE BOX 岸电相连，在船舶停靠时使用。

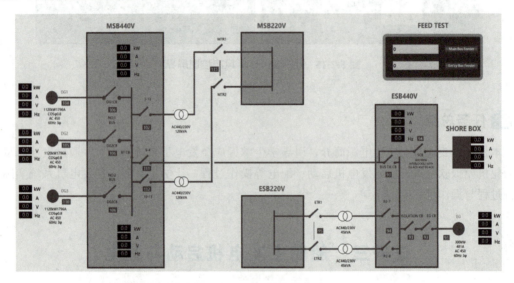

图 5-3-1　船舶电站组成系统图

二、主发电机组

主发电机又称船舶电站原动机，它为中速柴油机，是由压缩空气启动，燃料油为轻柴油或重油，由副机供油单元提供，如图 5-3-2 所示。发电机一般为交流发电机，可为船舶电站提供 440 V、60 Hz 交流电，作为动力电源供船舶负载使用。动力电经过 220 V 变压器变压后可转变为 220 V、60 Hz 照明电供系统及舱室照明使用。同时，船舶电网经应急充放电板为 24 V 直流蓄电池组充电。

图 5-3-2　船舶主发电机

动力装置是船舶的"心脏",是船舶活动能力的来源。如果它的机电设备发生故障,船舶将会失去活动能力和作业能力,严重影响船员(旅客)的工作、生活及船舶的安全,并将造成严重的经济损失,所以动力装置安全可靠是极为重要的。而柴油发电机组是船舶的重要电源装置,故要求其可靠性高、易于维护管理。再加上船内单机最大负载容量接近于船内电源容量,则要求负载启动和停止时发电机瞬时电压波动应尽可能小。因此,船舶对柴油发电机组提出了以下要求:

(1)机组在不超过额定值而在额定值附近运行时效率最高。在通常运行状态下,应以航行工况所必需的功率为基准,对于负载的变动及增加,也不得使机组过载,而且机组的额定容量要有适当的储备量。

(2)机组的容量和台数应能在任一机组停止工作时,仍然继续对正常推进运行、船舶安全及具有冷藏级船舶的冷藏货物所必需的设备供电。

(3)机组应能在任一发电机或其原动机不工作时,其余机组仍能供应从瘫船状态启动主推进装置所必需的电力。

(4)当1台机组停止工作时,其余的机组应有足够的储备容量,以保证当最大电动机启动时所产生的瞬态电压下降不会使任何电动机失速或其他电气设备失效。

(5)在连续运行条件下,希望柴油机额定输出功率有10%左右的余量;但不应使柴油机明显地运行在低负载状态。

(6)主机组至少应为2台,从便于维护和管理出发,最好选用同类型发电机组。

三、船舶主配电屏

主配电屏是船舶电力系统最主要的配电装置,担负着对主发电机和用电设备的控制、保护、监测和配电等功能,如图5-3-3所示。它由多个金属结构的落地式箱柜组装而成,每一个箱柜称为一个屏,屏与屏之间以螺钉紧固。每一个屏的面板上装有各种必需的配电电器和测量仪表。主配电屏主要由发电机控制屏、发电机并车屏、发电机负载屏和汇流排(连接母线)4部分组成。

图 5-3-3　主配电屏

(1)发电机控制屏。发电机控制屏是用来控制、调节、监视和保护发电机组的,每台发电机都配有单独的控制屏。发电机控制屏一般包含有励磁控制部分、发电机主开关及其指示操纵部分、发电机保护部分、仪用互感器及测量仪表等。

(2)发电机并车屏。发电机并车屏的作用是发电机进行并车、同步操作。可以操纵任一台发电机的调速、设入与切除、自动或半自动并车。

(3)发电机负载屏。发电机负载屏主要是用于对各馈电回路进行控制、监视和保护，并通过装在负载线路上的馈电开关将电能供给船上各用电设备或分电箱。供电给动力负载各分路的屏称为动力负载屏，一般船舶按动力负载的多少可设二至四屏；供电给照明负载的负载屏称为照明负载屏，一般只需一至二屏。

普通负载屏主要由配电开关、熔断器，部分还有电流表、电压表、绝缘监视表(兆欧表)及其转换开关组成；在照明负载屏上还装设有变压器开关及电流表、电压表及转换开关等设备。

(4)汇流排。汇流排是发电机与负载(或分配电板)的联系桥梁。各发电机发出的电能先送到共用母线即汇流排上，再由汇流排配送到负载。有的船舶汇流排由两段或多段组成，各汇流排之间根据需要通过隔离开关接通或断开。

从汇流排的连接上能直接反映出全船的供配电状况，如发电机是并联运行，还是单台分区供电；检修设备时，如何保证重要用户不停电；主发电机与应急发电机、岸电之间的关系；供电范围；配电系统的层次结构等。

四、主发电机组并车

(1)需要发电机并车情况。在船上通常有三种情况需要并车操作：一是需要满足电网负荷的需求，当单机负荷达到80%额定容量时，且负荷仍有可能增加，这时就要考虑并联另一台发电机；二是当进出港靠离码头或进出狭水道等的机动航行状态时，为了船舶航行的安全，需要两台发电机并联运行；三是当需要用备用机组替换下运行供电的机组时，为了保证不中断供电，需要通过并车进行替换。

(2)发电机并车条件。准同步并车方式是目前船舶上普遍采用的一种并车方法。为了使并联运行的交流同步发电机保持稳定地工作，并联运行的发电机必须满足相序一致、电压大小相等、初相位相同、频率大小相等的条件。

由于在发电机组安装时已经对发电机的相序与电网的相序进行测定，保证相序一致的条件。因此，并车操作就是检测和调整待并发电机组的电压、频率和相位，使之在满足上述条件的瞬间通过发电机主开关的合闸投入电网。这样就可以保证在并车合闸时没有冲击电流，并且并车后能保持稳定的同步运行。实际并车时，除相序外，其他条件不可能做到完全一致，而且必须有一定的频差才能快速投入并联运行。

①当频率相等、初相位一致、电压不相等时。两台发电机并车瞬间将在两机组之间产生一个无功性质的环流，对两台发电机起到均压作用。由于发电机在并车瞬间呈现很小的等值电抗，因此当电压差较大时，合闸瞬间会产生很大的冲击电流，对两台发电机和电力系统均不利。巨大的冲击电流产生的冲击电动力，会损伤发电机电枢绕组、主开关触头，使汇流排变形等。一般并车操作时，电压差 ΔU 不得超过额定电压的10%。

②待并机组与运行机组电压相等、频率相等，但初相位不同。两台发电机并车瞬间在待并机主开关的动、静触头之间会有一电压差，在两机组间会出现滞后电压差90°的环流，此时的环流不再是纯无功性质。将环流有功和无功分解，得到有功分量的环流和无功分量的环流，在有功环流的作用下，一台减速而另一台加速，最终使得并联运行的两台发电机达到相位一致而进入同步运行。环流的有功分量对应的功率称为整步功率。其中，超前的发电机输出整步功率，

滞后的发电机吸收整步功率。整步功率对应的整步转矩,对于超前发电机而言是阻转矩,使转速下降,对于滞后发电机而言是驱动转矩,使转速上升,最终将两机拉入同相位同步运行。该过程称为"牵入同步"过程。无功性质的环流,对两台发电机起到均压作用。为了减少冲击电流,一般并车操作时要求相位差 ΔS 小于 15°。

③待并机组与运行机组电压相等,初相位相同,但频率不相等时并车。在合闸瞬间不会出现电压差,也就没有环流。但由于频率不相等,随时间后移,就会出现相位差,只要相位差一出现,环流就随之产生,即出现整步转矩,一台减速而另一台加速。只要频率差不大,最终依靠整步转矩都能"牵入同步"。若频差 Δf 太大,往往难以拉入同步,同时,合闸后环流也不断增大,对发电机和电力系统都不利,应避免这种情况的发生。通常在并车操作时要求频差 Δf 小于 0.5 Hz,以 0.25 Hz 最好。

发电机并车时,合闸瞬间任一条件不满足,都会在发电机组之间产生冲击电流。冲击电流的无功分量起均压作用;有功分量产生的冲击转矩起整步作用。只要冲击电流不大,对并车操作是有利的。若冲击电流太大,会造成并车失败,严重时会导致全船停电,甚至造成发电机组的损坏。

(3)发电机并车方法。同步指示灯法进行发电机的并车操作练习,即用指示灯检测发电机并车时是否符合并车条件这一手动准同步并车的一个基本方法。根据接线方式的不同,同步指示灯法又分为灯光明暗法和灯光旋转法两种。

①船舶发电机"灯光明暗法"并车。"灯光明暗法"并车原理如图 5-3-4 所示,将 3 个指示灯 L1、L2、L3 的两端分别接在待并发电机与电网对应相上,每个指示灯上两端的电压就是其对应的相电压差。当电压、频率和相位不一致时,在待并机与电网之间就会出现电压差,指示灯就会发亮。因为灯泡上所加电压大小是随相位差的不同而变化的,所以,3 个指示灯随着相位差的变化而同时忽亮忽暗,并且频差越大,灯泡的亮、暗变化越快;当灯泡的亮、暗变化较慢时,说明此时频差很小;在指示灯完全消灭的一瞬间,正是相位一致的时刻,也就是在并车操作中要捕捉的合闸时刻。

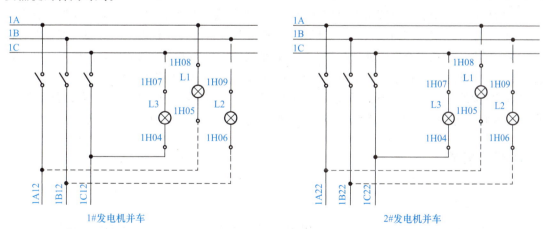

图 5-3-4 发电机并车"灯光明暗法"检测

②船舶发电机"灯光旋转法"并车。"灯光旋转法"并车原理如图 5-3-5 所示,将 L1 灯的两端分别接在待并机与电网的 A 相上,L2 灯一端接在电网的 B 相,另一端接在待并机的 C 相,L3 灯一端接在电网的 C 相,另一端接在待并机的 B 相。当待并机频率(f_1)高于电网频率(f_2)时($f_1>f_2$),

其灯光熄灭旋转顺序是 L1—L2—L3—L1，即顺时针方向旋转；反之，当频差改变方向时（$f_2 > f_1$），其灯光熄灭的旋转顺序是 L1—L3—L2—L1。当频差越大，灯光旋转越快；当频差改变方向时，灯光的旋转方向也改变。因此，可以根据灯光旋转的方向和快慢，辨别频差的正负和大小，从而进行正确频率的预调。当灯光停止旋转，L1 灯完全熄灭，L2、L3 灯具有同样相同亮度时，正是相位一致时刻，也是并车操作合闸时刻。

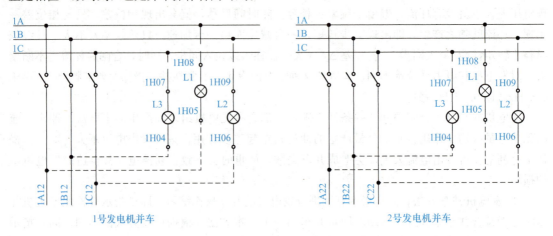

图 5-3-5　发电机并车"灯光旋转法"检测

五、压缩空气系统

压缩空气系统是一个非常重要的船舶辅助系统。压缩空气系统在船上主要包括启动柴油机，包括主机、副机和应急发电机；作为主机与其他设备的控制气源，如供油单元、分油机、离心泵自吸装置、油水分离器和自清滤器等；驱动汽笛、驱动气动防火风闸和百叶窗，控制快关阀的关闭动作；杂用如压力水柜保压、吹扫零件和设备、驱动气动工具等。

一般船舶的压缩空气系统由 3 台空压机及空气瓶组成，2 台为主空压机，1 台为应急空压机。由于主、辅空气瓶因为压力高、容积大，安全阀放气口通过管路连接到烟囱顶部，以防伤及人员。其他空气瓶安全阀则就地放气。另外，虽然空压机各级设置放残阀，但压缩空气中仍然会含有少量残液，所以空气瓶也设置放残阀，应定期打开放残阀以保持压缩空气的清洁。未经良好放残阀的压缩空气会导致系统元件腐蚀、结垢、堵塞等。因为空气无污染、资源丰富，所以，压缩空气系统采用开式系统，压缩空气被使用完泄压后即直接释放到大气。

任务实施

一、主发电机启动准备条件

在任务二中应急发电机启动后为主发电机启动提供应急电能，保证润滑油、供油、空压等系统运作准备条件。但是要使主发电机启动还需主发电机滑油系统运作，并保证主发电机供油系统运作，最后利用空压机提供的压力启动主发电机。

(1)空压机启动。打开 ID：83 空压机系统图界面，如图 5-3-6 所示。打开与 NO.3 MAIN AIR COMPRESSOR 有关的冷却水管路截止阀[1]、压缩空气截止阀[2]、辅助空气瓶进出口截止阀[3]与出口截止阀[4]，打开其他截止阀[5,6]。单击控制面板右上角的 NO.3 MAINAC[7] 标牌，选中NO.3应急空压机控制界面，把"Motor Heater"旋钮转到"ON"(8)，再把"Compressor Control"旋钮转到"Manu"(9)，NO.3应急空压机将开始运转向辅助空气瓶打压缩空气，当辅助空气瓶内的压力达到30 bar时，关掉空压机，空压机准备完毕。

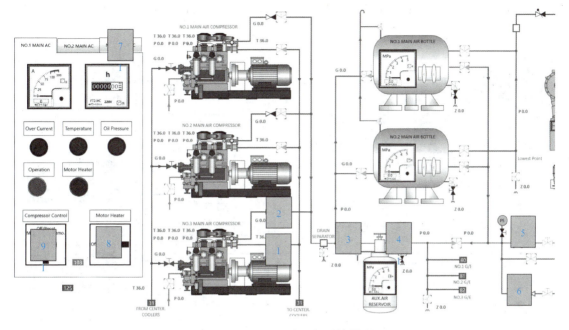

图 5-3-6　ID：83 空压机系统界面

(2)燃油供给准备。在 ID：54 3 号分配电屏界面，如图 5-3-7 所示。合上 3S3-QF"NO.3 BUS INCOMING BREAKER"燃油主供电、3S3-01"NO.1 G/E L.O. PRIM 15 PUMP"1号发电机燃油泵供电开关、3S3-02"NO.2 G/E L.O. PRIM PUMP"2号发电机燃油泵供电开关和3S3-03"NO.3 G/E L.O. PRIM PUMP"3号发电机燃油泵供电开关。去 ID：101 2 号启动屏界面，合上 2-4"G/E D.E. PUMP"发电机轻油泵供电开关。

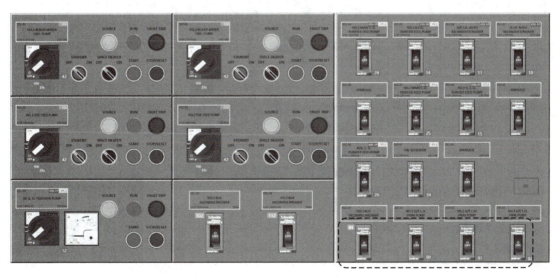

图 5-3-7　ID：54 3 号分配电屏界面

在 ID：11 发电机供油系统界面中，如图 5-3-8 所示。打开轻柴油日用柜"D. O. SERV. TK"出口截止阀[1]，将其下面的三通转换阀转换到"D. O. SERV. TK"一侧[2]。打开轻柴油冷却器"D. O. Cooler"的入口截止阀[3]。打开两台发电机轻柴油泵"G/E D. O. PUMP"的入口截止阀[4]。打开三台发电机燃油入口管路上的速闭阀[5~7]。单击发电机轻柴油泵"G/E D. O. PUMP"[8]，使其启动运转。

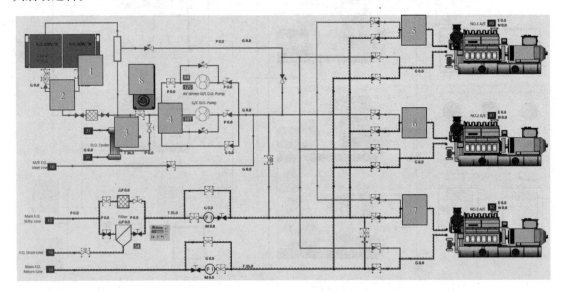

图 5-3-8　ID：11 发电机供油系统界面

(3)润滑油系统启动。在 ID：80 1 号主发电机系统界面中，如图 5-3-9 所示。把发电机滑油预供油泵"G/E LO PRIMING PUMP"440 V 电源开关合到"ON"[1]。单击滑油预供油泵"LO PRIMING PUMP"启动按钮"START"[2]，启动滑油预供油泵，观察预供油泵出口压力是否达到 1.90 bar，如达到为正常。

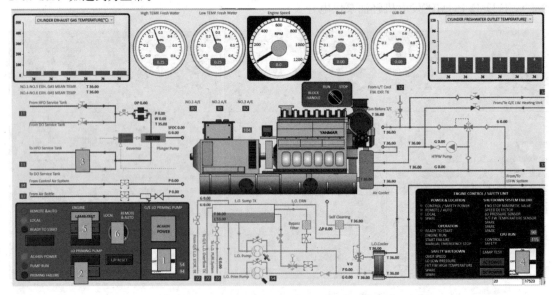

图 5-3-9　ID：80 1 号主发电机系统界面

二、主发电机启动过程

柴油发电机可在机旁或发电机控制屏两个地方对其进行启动,启动位置可以在机旁控制面板上进行选择。一是遥控控制"REMOTE&AUTO",在此模式下,可在发电机控制屏上遥控启动或停止柴油发电机的原动机;二是机旁控制"LOCAL",在此模式下,可在机旁控制箱上启动或停止柴油发电机的原动机。

在 ID:80 1 号主发电机系统界面中,如图 5-3-9 所示。打开压缩空气管路上的两个截止阀[3]。检查 NO.1 发电机原动机的油底壳油位是否处在正常油位,把安全单元"ENGINE CONTROL/SAFETY UNIT"电源开关合到"ON"[4]。单击"ENGINE"的启动按钮(ENG. START)[5]启动发电机柴油原动机。待原动机转速达到 900 r/min 稳定后,将发电机控制位置转换旋钮转到"REMOTE & AUTO"[6]。

去 ID:104 柴油发电机控制屏(图 5-3-10),将屏上的"VOLTMETER"旋钮转到"RS"位,将"AMMETER"旋钮转到"T"位,观察 ID:104 屏上的电压表是否为额定电压 450 V,频率表指示的是否为额定频率 60 Hz,若发电机可在此参数下稳定运行表明启动成功。

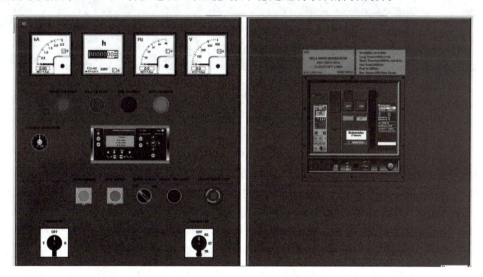

图 5-3-10　ID:104 柴油发电机控制屏

2 号主发电机启动过程与 1 号主发电机启动过程基本一样,燃油系统、空压机系统已经启动,只要在 ID:81 2 号主发电机系统界面进行润滑油系统操作与 2 号主发电机启动操作,完成 2 号主发电机启动过程。

三、发电机并电

柴油发电机并电是指将柴油发电机发出的电投入船舶电网供各类用电设备使用。解列是指将已经向船舶电网供电并承担一定负荷的柴油发电机脱离电网。发电机并车及负荷分配方式有 3 种,分别为手动(MANU)、半自动(SEMI-AUTO)和自动(AUTO)模式。

(1)发电机单机投入(以 1 号机为例)。柴油发电机的单机投入是指在主电网无电或由岸电供电的工况下,手动模式下单机投入操作。当柴油机发电机启动成功后并转为遥控模式下,在 ID:106 主配电板并车屏(图 5-3-11)界面中,单击按钮"DG1 CB CLOSE"[1],将右半屏的"VOLTME-

· 215 ·

TER/FREQUENCY"旋钮转至"BUS"[2]，单击"FLICKER/BUZZER STOP"[3]和"ALARM ACK"[4]消声消闪。然后观察ID：106主配电板并车屏界面上的电压表、频率表5指示，若有电压及频率指示，表明发电机合闸成功，该发电机单机投入向船舶电网供电。合闸成功后，在组合启动屏和440 V供电屏及220 V供电屏上，合上需要供电的用电设备的分路供电开关。

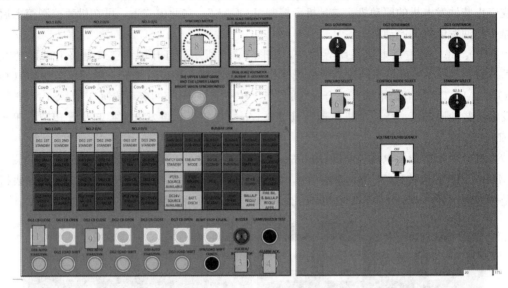

图 5-3-11　ID：106 主配电板并车屏

(2)发电机同步并车和解列操作。当船舶电站负荷过大，电网总负荷超过所有在网发电机额定功率总和的75%时，或主机备车时，需要增加在网发电机数量时，需要进行同步并车操作。船舶电站需要减少在网运行发电机数量的过程称为解列操作。并车和解列操作方式有手动"MANU"、半自动"SEMI-AUTO"和自动"AUTO"3种模式，通过同步屏ID：106上的"CONTROL MODE SELECT"旋转开关实现模式切换。下面分别介绍3种模式下发电机的同步并车和解列操作步骤。

①手动(MANU)模式(以2号机为例)。手动模式需首先将ID：106主配电板并车屏界面上的"CONTROL MODE SELECT"[5]旋转开关转到手动"MANU"位置，然后在ID：81发电机机旁"NO.2 A/E System"中本地启动或配电板上柴油发电机控制屏遥控启动待并发电机。

将ID：106主配电板并车屏界面上同步选择"SYNCHRO SELECT"[6]开关转到待并机DG2位置，做频差、相位检测。此时在同步屏上观察同步表、频率指示表和电压指示表，发电机并电条件要求待并发电机的电压与电网电压一致时，调节DG2 GOVERNOR[7]旋钮，使待并机频率最大超前0.1 Hz，待并机相位角最大允许提前10°。如果不满足以上要求，则需要在同步屏上通过相应发电机调速手柄调整待并机或在网机的原动机转速来调整发电机频率，直到满足并车条件。

当同步表转速和方向满足要求后，在同步表转到11点[8]位置时，迅速单击相应柴油发电机主开关合闸按钮"DG2 CB CLOSE"[9]，将待并机投入电网运行。并车成功后需切除同步表，以免长时间通电造成同步表损坏。

并电成功后应马上进行均功操作，即对在网发电机进行负荷调节，使各在网机所承担的负荷均衡。均功时要求同时操作两台柴油发电机(柴发)的调速旋钮，对负荷高的一台进行减速操作，对负荷低的一台进行升速操作，同时观察两个柴发控制屏上的功率表指示，直到进行均功的2台发电机功率基本平衡为止。

注意：轮机模拟器中3台柴油发电机各项参数均一致，因此，在均功时保持各发电机负荷相同即可。

②半自动(SEMI-AUTO)模式(不操作此步也可以运行其他系统)。半自动模式并车与解列操作需保证柴发机旁"♯A/E System"模式选择开关在遥控"REMOTE&AUTO"位置。在同步屏ID：106将"CONTROL MODE SELECT"开关转到"SEMI"位置。单击该待并机的"DG♯ AUTO 18 START/SYN."按钮，发电机将自动启动和同步并车。

半自动模式下解列发电机需要按下负载转移"DG♯ AUTO SHIFT/ SYN."按钮，发电机将自动转移负载并自动分闸。

注意：当进行半自动解列操作时，如果系统不能满足半自动解列操作，该过程会被自动取消。

③自动(AUTO)模式(不操作此步也可以运行其他系统)。自动模式下船舶电站自动管理单元会根据当前电站负荷情况自动投入备机优先级最高的发电机组或解列在网优先级最低的发电机组。只有在ID：106主配电板并车屏界面上的"CONTROL MODE SELECT"选择开关转到自动"AUTO"模式下才有第一和第二备用机组的判断。

备机顺序选择可通过ID：106主配电板并车屏界面中"DG STANDBY SELECT"旋钮来设定，系统默认的模式是最先处于自动备机状态的机器为第一备用，然后依次为第二备用。

自动模式下电站管理单元会根据电网负载变化情况，自动进行多台发电机之间的负荷自动分配、自动增机、自动负载转移、自动减机运行的操作等。

四、主配电屏配电合闸

(1)440 V配电板面板(左舷)。在ID：100 1号组启动面板界面，将"NO. 1 MAIN COOLING S. W. PUMP"1号主海水冷却泵、"NO. 1 L/T COOLING F. W. PUMP"1号低温淡水泵、"NO. 1 H/T COOLING F. W. PUMP"1号高温淡水泵、"NO. 1 MAIN L. O. PUMP"1号主滑油泵、"NO. 1 E/R VENT FAN"1号风机等开关都转到"ON"，并将各个控制开关的"SPACE HEATER"空间加热打开。并将"NO. 1 E/R VENT FAN"1号风机启动。

在ID：101 2号组启动面板界面，将"NO. 3 L/T COOLING F. W. PUMP"3号低温淡水泵、"NO. 1 F. O. SUPPLY PUMP"1号燃油供给泵、"NO. 1 F. O. CIRC PUMP"1号燃油循环泵、"G/E D. O. PUMP"轻柴油泵、"F. O. TRANSFER PUMP"燃油驳运泵等开关都转到"ON"，并将各个控制开关的"SPACE HEATER"空间加热打开。

在ID：102 1号组440 V配电板面板，将各个控制开关合并，备用开关不用合并。在ID：103 2号组440 V配电板面板，将各个控制开关合并，备用开关不用合并，并将"NO. 1 BALLAST PUMP"旋转开关也合并。

(2)440 V配电板面板(右舷)。在ID：111 1号组440 V配电板面板，将各个控制开关合并，备用开关不用合并。在ID：112 2号组440 V配电板面板，将各个控制开关合并，备用开关不用合并，

在ID：113 1号组启动面板界面，将"NO. 3 MAIN COOLING S. W. PUMP"3号主海水冷却泵、"NO. 2 F. O. SUPPLY PUMP"2号燃油供给泵、"NO. 2 F. O. CIRC PUMP"2号燃油循环泵、"D. O. TRANSFER PUMP"轻柴油驳运泵等开关都转到"ON"，并将各个控制开关的"SPACE HEATER"空间加热打开。

在 ID：114 2 号组启动面板界面，将"NO.2 MAIN COOLING S. W. PUMP"2 号主海水冷却泵、"NO.2 L/T COOLING F. W. PUMP"2 号低温淡水泵、"NO.2 H/T COOLING F. W. PUMP"2 号高温淡水泵、"NO.2 MAIN L. O. PUMP"2 号主润滑油泵、"NO.3 E/R VENT FAN"3 号风机等开关都转到"ON"，并将各个控制开关的"SPACE HEATER"空间加热打开，并将"NO.3 E/R VENT FAN"1 号风机启动。

（3）220 V 配电板面板。在 ID：115 AC 220 V 配电屏，合并变压器，并将电流表与电压表选择旋钮旋到适当位置，观察电压表与电流表变化。再将配电屏上的开关全部合并。

（4）其他分电屏。在 ID：50、ID：51、ID：52、ID：53、ID：54、ID：55 等界面，合并所有控制开关，为 220 V 供电场所提供电能。

五、主空压机启动

打开 ID：83 空压机系统图界面，如图 5-3-12 所示。打开与 NO.1 MAIN AIR COMPRESSOR 有关的冷却水管路截止阀[1]、压缩空气截止阀[2]，打开与 NO.2 MAIN AIR COMPRESSOR 有关的冷却水管路截止阀[3]、压缩空气截止阀[4]，打开 1 号主空气瓶进出口截止阀[5]与出口截止阀[6]，打开 2 号主空气瓶进出口截止阀[7]与出口截止阀[8]，打开其他截止阀[5,6]。单击控制面板右上角的 NO.1 MAINAC[9]标牌，选中 NO.1 应急空压机控制界面，把"MOTOR HEATER"旋钮转到"ON"[10]，再把"COMPRESSOR CONTROL"旋钮转到"REMO."遥控[11]，在 NO.2 MAINAC 中将"MOTOR HEATER"旋钮转到"ON"，再将"COMPRESSOR CONTROL"旋钮转到"REMO."遥控。

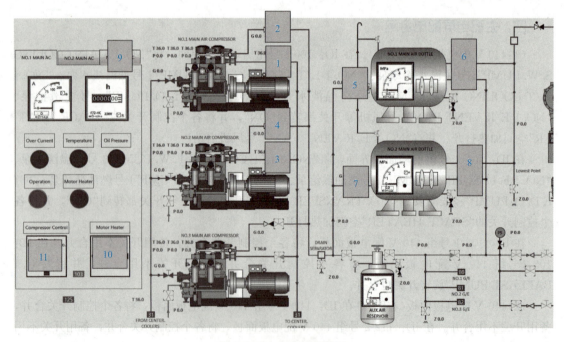

图 5-3-12　空压机系统图

在 ID：125 集控室界面，如图 5-3-13 所示，将 3 台空压机控制模式调节到遥控模式，为以后其他设备运行做好准备。

图 5-3-13　ID：125 集控室界面空压机控制模块

🧰 任务总结

本任务主要通过对船舶电站控制操作过程简介，引导学生掌握船舶主发电机组进行启动与并车，完成主配电屏、分配电屏各控制开关闭合，为船舶其他设备的启动提供电能等相关知识。最后运行空压机系统进行压缩空气蓄能，为其他设备启动做好准备。

任务四　中央冷却水系统

🧰 任务目标

1. 了解船舶冷却系统的基本功能；
2. 了解中央冷却水系统的组成与作用；
3. 掌握中央冷却水系统的启动与运作方式；
4. 明确海水系统、高温淡水系统、低温淡水系统和日用水系统之间的关系。

📋 任务分析

通过对船舶冷却系统的学习，明确船舶中央冷却水系统各部分功能。利用船舶机舱自动化仿真软件对海水系统、高温淡水系统、低温淡水系统和日用淡水系统等操作过程，掌握船舶中央冷却水系统的启动过程及运行过程。

📚 知识准备

一、船舶冷却系统分类

（1）开式海水冷却系统。利用海水来冷却设备的系统，因为海水的腐蚀性很大，如果直接进入设备会减少设备的使用寿命，所以一般的船舶都是常用热交换的方式，用海水冷却淡水，淡水再冷却设备的方法达到冷却设备的目的。所谓开式冷却水系统是指柴油机本身直接用舷外水、海水、江河水进行冷却。

开式冷却水系统的优点：装置简单，管理维修方便。其缺点：舷外水质差，河水含有杂质，海水含有各种氯化盐，会堵塞冷却空间或部件产生腐蚀及发生沉淀产生水垢，降低热效率。为防盐类析出，海水温度应为 50 ℃～55 ℃，高温部件不能用，由于柴油机的冷却水温度一般要求在60 ℃以上，高速机应达80 ℃～90 ℃。因此，现今除江河小船外，基本上已不采用开式冷却水系统。

(2) 闭式淡水冷却系统。该系统是利用船舶淡水舱或设备的淡水来冷却设备的管系，特点是腐蚀性小，管路清洁。其缺点是远洋船舶淡水储备有时不够用，所以有时要和海水冷却系统结合交替工作。

与开式冷却水系统相对应，柴油机本身用淡水冷却而淡水再经热交换器用舷外水冷却。也就是淡水在系统中做封闭循环，而封闭循环的淡水再由另一个开式冷却系统(不是指柴油机本身)来冷却，因而它具有很多优点。保障循环在机内的是清洁的淡水，不易发生堵塞现象；不易发生积垢现象，保证良好的热效果及延长部件的使用寿命；不受海水中析出盐分的温度限制，可采用较高的冷却水温，提高热效率；缩短暖缸时间，提高机动性(暖缸时，淡水不经过冷却器或关闭海水泵)。

(3) 中央冷却系统。中央冷却系统海水、淡水管理分开，淡水管路腐蚀性小且清洁，管理成本低，系统工作可靠性强；高温、低温两路淡水分别冷却不同船舶的设备，使用系统适应性强，提高设备工作性能。基于以上突出优点，近年来新造船舶多采用中央冷却系统。船舶冷却水控制系统的主要任务是随热负荷变化自动控制执行机构来保证冷却水温度稳定。目前船舶冷却水控制系统普通能耗大，执行机构动作频繁磨损大，控制不稳定。低温淡水的温度主要通过调节阀改变流经中央冷却器的旁通量来实现，调节阀的动作由控制系统检测海水、淡水温度变化进行比例积分调节。海水流量由系统控制在4种海水流量之间转换，目的在于控制泵入系统的海水不会过剩，保证中央冷却器的换热效率，实现最大限度的节能及海水流量的优化控制。

二、中央冷却水系统

中央冷却水系统的基本特点是使用不同温度的两个单独的淡水循环系统：高温淡水(80 ℃～85 ℃)开式系统和低温淡水(30 ℃～40 ℃)闭式系统(图5-4-1)。前者主要冷却主机，后者主要冷却高温淡水和各种冷却器，受热后的低温淡水再在一个中央冷却器中有开式的海水系统进行冷却。因此，可保证只使用一个海水作为冷却液的冷却器。

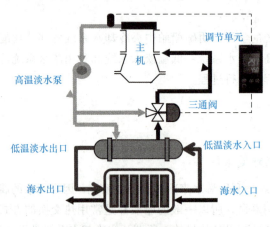

图5-4-1 中央冷却水系统

中央冷却水系统较之其他的冷却系统具有以下优点：

(1) 海水管系及中央冷却器的维修工作减至最低限度；

(2) 气缸冷却水温度稳定，不受工况变化的影响，因而使柴油机始终在最佳冷却状态下运转；

(3)淡水循环可多年保持清洁，维修共走量极少。

同样，中央冷却水系统也存在一些缺点：增加了中央冷却器及辅助设备与管系，因而投资费用较高；由于附加管系的阻力损失，使泵送耗功也有所增加。

现代柴油机船舶动力装置普遍采用中央冷却系统，对主柴油机和其他辅助设备进行冷却，以保证装置安全可靠地工作。中央冷却系统及其控制技术的研发对提高舰船机舱自动化水平和开拓动力保障系统的完善设计大有裨益。中央冷却系统除需对分设在前后机舱的多台柴油发电机组进行冷却外，还要对变压器、变频器、推进装置进行有效冷却。

冷却系统是保证船舶动力装置安全可靠运行的动力系统之一，其作用是冷却动力装置中的柴油机组和各种辅助设备及需要冷却的其他配套装置，使整个动力装置系统设备得到稳定、可靠、合理地冷却，以保证在有效的工作范围内正常工作。近年来，舰船对海水系统防腐防漏的要求越来越高，中央冷却系统与海水接触的管路和附件相对较少，其总体防腐蚀性能有望改善，采用中央冷却系统将成为舰船冷却系统设计的一个发展方向。而对综合电力推进舰船而言，由于需要冷却的设备多、布置比较分散，工况又比较复杂，中央冷却系统采用自动控制，可以显著提高其运行的可靠性和节能效果，并且可与综合电力推进系统整体高自动化水平相适应。

三、中央冷却水系统组成

以某船为例，其采用中央冷却系统，按照功能和冷却介质不同可以分为海水系统、低温淡水系统、高温淡水系统和日用淡水系统。该船的冷却系统使用淡水系统强制冷却柴油机，然后用海水系统强制冷却淡水系统和其他载热流体。

(1)海水系统。该船海水系统包括3台主海水泵、2台中央冷却器及相应管路和阀件。当船舶配电板正常供电后应立即启动1台主海水泵，并开启海水泵吸入口端高位海底门或低位海底门的截止阀和出口端的出海阀，保证海水的正常循环，观察中央冷却器上海水进出口温度。

(2)低温淡水系统。低温淡水系统为船舶上大多数冷却器提供冷却介质，主要由3台低温淡水泵、各类设备换热器、2台中央冷却器、1台润滑油冷却器、1台高温淡水冷却器构成，并设有副机缸套水暖季管路及循环水泵、低温淡水膨胀水箱、温度控制器等。

(3)高温淡水系统。高温淡水系统分为发电机高温淡水系统和主机高温淡水系统。

其中，主机高温淡水系统采用低温淡水作为冷却介质，因此，高温淡水投入运行前需要首先将低温淡水系统准备好，并保证高温淡水系统中2台高温淡水泵正常供电。主机高温淡水系统通过高温淡水膨胀水箱进行补水，补水手动和自动有两种方式。膨胀水箱还与高温淡水空气分离器相连，分离出来的空气可以通过膨胀水箱释放。

主机高温淡水系统在主机备车时可用来为主机暖机，此时，高温淡水系统的作用不是冷却而是加热。暖机操作首先需要打开高温淡水加热器的蒸汽进出口阀，并开启高温淡水循环的回路的相关阀件和高温淡水泵，使高温淡水进入主机缸套，达到暖机目的。

主机高温淡水系统还可以用于造水机加热端工质将海水加热蒸发出气体，经冷却后产出符合设备使用要求的蒸馏淡水。通过调节高温淡水进入造水机管路上的阀件开度可以调节进入造水机与进入高温淡水冷却器的比例。

当船舶主电网可向用电设备正常供电后，应尽快打开副机高温淡水系统相应的各截止阀。并设有副机缸套水暖机管路及1台暖机循环水泵，它通过1台淡水电加热器和暖机水泵可以将加热后温度较高的暖机水通入副机缸套冷却水循环管路里，达到暖机的目的。

(4)日用淡水系统。日用淡水系统包含1个淡水舱、1个饮用水舱、2台淡水泵、2台饮用水泵、1个淡水压力水柜、1个饮用水压力水柜、1个热水压力水柜、1个蒸馏水柜及各类淡水使用设备。其主要为船舶人员提供生活用水，同时为各类用水设备供应需要的淡水。

淡水舱(Fresh Water Tank)用来储存船舶由岸上加驳的船用淡水，如果液位过低表明淡水舱缺水，需要及时打开淡水加驳阀向淡水舱补水(开阀后默认补水接头即与岸上供水设备已连妥)。

淡水舱内的水可以通过日用淡水泵驳至淡水压力水柜。淡水压力水柜内通过压缩空气为淡水增压，可以将水供应到位置相对较高的各处用水设备及人员使用，同时可以补给到热水柜(Hot Water Hydrophore Tank)和其他设备及人员消耗使用。

经压力水柜补水的设备如下：
①热水压力柜(Hot Water Hydrophore Tank)；
②高温淡水膨胀水柜(F. W. Expansion Tank)；
③低温淡水膨胀水柜(L/T Cooler F. W. Exp. Tank)；
④油水分离器(Bilge Separator)；
⑤燃油分油机(HFO Separator)；
⑥润滑油分油机(LO Purifier)；
⑦锅炉热水井(Feed Water Filter Tank)。

使用中定期观察淡水压力柜内的压力和水位，如果出现水位高且压力低的情况，需要及时打开补气阀向淡水压力柜补气升压。

热水柜内水由电或蒸汽加热，循环送到各处供需使用热水设备及人员使用。多余的热水经循环水泵回至热水柜。

日用淡水泵可以在软件界面设为自动状态，根据压力水柜压力变化自动启停。通常情况下使用2号淡水泵供水，1号淡水泵作为备用。也可以根据淡水压力水柜内水位变化在软件或系统模拟屏上手动启动日用淡水泵补水，在水位达到规定值后要手动停止。

淡水压力柜与热水柜的上部均装有安全阀，当柜内压力过高时，安全阀会自动跳开泄压，保护设备及人员安全。

任务实施

一、海水冷却系统启动

瘫船启动时，在主发电机投入运行为主电网供电之前，无法启动主海水泵，这时副机冷却换热效果不良。因此，当配电板正常供电后应立即启动海水系统和低温淡水系统，以确保副机良好冷却。如图5-4-2所示，海水冷却系统由3台主海水泵(供电开关在ID：100 1—1、ID：114 12—1和ID：113 11—1中，在任务三中已经对海水泵供电合闸)，2台中央冷却器(NO. ♯ CENT. F. W. COOLER)及相应管路和阀件组成。

ID：30海水冷却系统界面，如图5-4-2所示。开启SEA CHEST(P)HIGH高位海水箱的海水泵吸入口端高位海底阀门[1]、打开3台NO. ♯ MAIN COOLING S. W. PUMP主海水泵的出水阀门[2~4]、打开NO.1 CENT. F. W. COOLER中央冷却器进水阀[5]、打开海水出口端的出海阀[6]。当船舶主电网向用电设备正常供电后，启动NO.1 MAIN COOLING S. W. PUMP主海水泵[2]，保证海水的正常循环，观察中央冷却器上海水进出口温度。

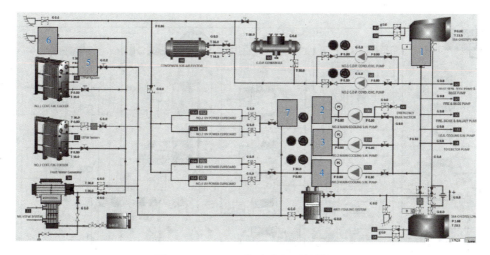

图 5-4-2　ID：30 海水冷却系统界面

二、低温淡水冷却系统启动

低温淡水冷却系统为船舶上除主机以外的其他设备和冷却器提供冷却介质，主要由 3 台低温淡水泵(供电开关在 ID：100 1-2、ID：114 12-2 和 ID：1 012-1，在任务三中已经对海水泵供电合闸)、各类设备及其换热器、2 台中央冷却器、1 台滑油冷却器、1 台高温淡水冷却器等构成，并设有低温淡水膨胀水箱、温度控制器等。

低温淡水经由中央冷却器与海水直接换热，并用以冷却其他介质，如润滑油、高温淡水等。低温淡水系统由 3 台低温淡水泵提供一定的压头保持循环，膨胀水箱可以为低温淡水系统补水。

低温淡水冷却系统中通过一个温度控制器改变中央冷却器出口三通阀的开度，调节经过中央冷却器的低温淡水与旁通的水量比例，从而达到调节低温淡水温度的目的。

在 ID：31 低温淡水冷却系统界面，如图 5-4-3 所示。打开 3 台 CENTRAL COOL F. W. PUMP 主低温冷却循环泵出水阀[1~3]，打开 NO.1 CENTRAL F. W. COOLER 1 号中央冷却器的入口阀[4]，打开 HEATING STEAM DRAIN COOLER 大气冷凝器的入口阀[5]，打开(W/S)UNIT COOLER 驾驶室空调冷凝器入口阀[6]，打开(C/R)UNIT COOLER 集控台空调冷凝器入口阀[7]，打开 NO. 2 W. B. P. TURBINE L. O. CLR 压载水透平泵的滑油冷凝器入口阀[8]，打开 NO. ♯ C. O. P. TURBINE L. O. CLR 货油泵透平的滑油冷凝器入口阀[9~11]，打开 NO. ♯ BOILER WATER CIRC. PUMP 锅炉水循环泵冷凝器入口阀[12,13]，打开 A/B M. G. O. COOLER 锅炉 M. G. O. 冷凝器入口阀[14]，打开 HYD. L. O. COOLER 液压系统滑油冷凝器入口阀[15]，打开 NO. ♯ MAIN ENG. AIR COOLER 主机空气冷凝器入口阀[16,17]，打开 MAIN L. O. COOLER 主滑油冷凝器的入口阀[18]，打开 JACKET F. W. COOLER 主机缸套水冷凝器入口阀[19]，打开 PACK A/C FOR GALLEY 厨房空调冷凝器入口阀[20]，打开 COND. FOR NO. ♯ PROV. REF. MACH. 冰机冷气入口阀[21,22]，打开 COND. FOR A/C PLANT 中央空调冷凝器入口阀[23]，打开 NO. ♯ MAIN GENERATOR 发电机冷却入口阀[24~26]，打开 D. O. COOLER 发电机轻柴油冷凝器入口阀[27]，打开 HYD. POWER UNIT 液压动力系统冷却入口阀[28,29]，打开 F. O. COOLER 主机燃油冷凝器入口阀[30]，打开 NO. ♯ MAIN AIR COMPRESSOR 主空压机冷却水入口阀[31~33]，启动 NO.1 CENTRAL COOL. F. W. PUMP 1 号低温淡水泵[34]，观察温度变化，在这里设定 36 ℃，当 TEMP CTRL 打到 AUTO 自动运行控制模式，保证低温淡水正常循环。

· 223 ·

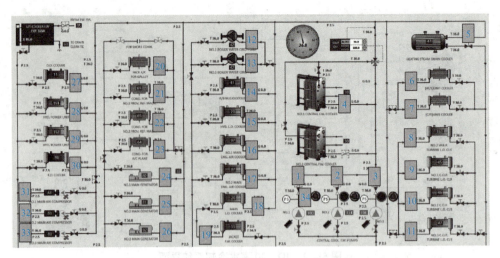

图 5-4-3　ID：31 低温淡水冷却系统界面

三、高温淡水冷却系统启动

主机高温淡水冷却系统由 1 台高温淡水冷却器、2 台高温淡水泵(供电开关在 ID：1 001-3 和 ID：114 12-3，在任务三中已经对海水泵供电合闸)、1 台缸套水加热器、高温淡水膨胀水箱及相应管路和阀件组成。

在 ID：32 发电机高温淡水冷却系统(A/E HTFW COOLING SYSTEM)界面，如图 5-4-4 所示。打开发电机去膨胀水箱的截止阀[1~3]，发电机冷却水温度设置在 85 ℃。由于在任务三中已经将左舷与右舷的配电屏的控制开关接通，为发电机淡水冷却系统工作做好准备。

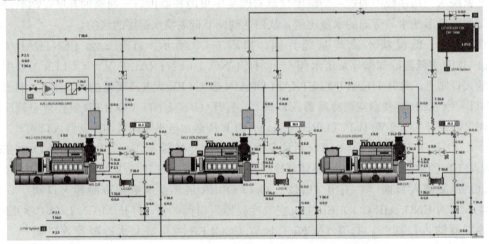

图 5-4-4　ID：32 发电机高温淡水冷却系统界面

在 ID：33 主机高温淡水冷却系统界面，如图 5-4-5 所示。打开 NO.♯JACKET COOL. F. W. PUMP 主机缸套水冷凝泵出口阀[1,2]，冷却水进入主机，打开 M/E JACKET WATER HEATER 主机缸套水加热器入口阀[3]，启动 NO.1 JACK COOL. F. W. PUMP 主机缸套水冷凝泵[4]，主机缸套水冷却水采用测量入水温度设置在 85 ℃，并选择 AUTO 自动模式，主机高温冷却水系统准备完毕。

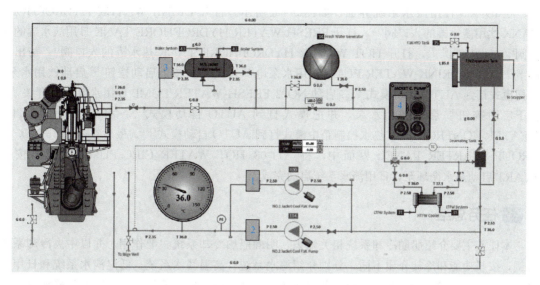

图 5-4-5　ID：33 主机高温淡水冷却系统界面

四、日用淡水系统

日用淡水系统如图 5-4-6 所示。其中，包括 1 个淡水舱（Fresh Water Tank），1 个饮用水舱（Drink Water Tank），2 台淡水泵（NO.1/NO.2 Fresh W HYD. PP，供电开关在 ID：51 2P-5 和 2P-10，其中 NO.1 也作为饮用水的备用泵），1 台饮用水泵（DRINK WATER PUMP，供电开关在 ID：51 2P-7），1 台热水循环泵（HOT WATER CIRC. PUMP，供电开关和控制按钮在 ID：55 A11-03），1 个淡水压力水柜（Fresh Water Hydrophore Tank），1 个饮用水压力水柜（Drink Water Hydrophore Tank），1 个热水压力水柜（Hot Water Hydrophore Tank，内有电加热器，供电开关在 ID：55 A12-07），1 个蒸馏水柜（Distilled Water Tank）及各类淡水使用设备。其主要为船舶人员提供生活用水，同时为各类用水设备供应需要的淡水。

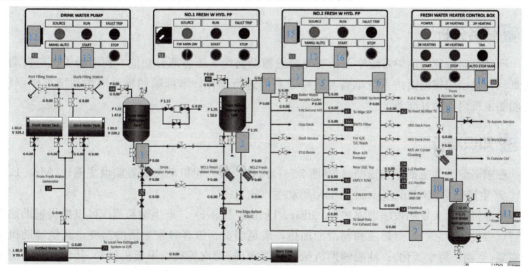

图 5-4-6　ID：35 日用淡水系统界面

在 ID：35 日用淡水系统界面，如图 5-4-6 所示。打开 DRINK WATER HYDROPHORE TANK 饮用淡水罐的入口阀[1]，打开 FRESH WATER HYDROPHORE TANK 日用淡水罐的入口阀[2]与出口阀[3~7]，打开 HOT WATER HYDROPHORE TANK 热水罐的入口阀[8,9]与出口阀[10,11]。启动 DRINK WATER PUMP 饮用水泵电源开关[12]，按下启动按钮[13]启动饮用水泵，并把模式打到 AUTO 自动模式[14]。启动 NO.2 FRESH WATER PUMP 日用水泵电源开关[15]，按下启动按钮[16]启动饮用水泵，并把模式打到 AUTO 自动模式[17]。将 FRESH WATER HEATER CONTROL BOX 热水控制箱中模式打到 AUTO 自动模式[18]。最后在 ID：55 NO.A1 GROUP STARTER PANEL 界面中，将 A11-03 HOT WATER CIRC.PUMP 控制屏按下 START 启动热水循环泵，日用淡水系统启动完成。

🧰 任务总结

本任务主要介绍船舶冷却系统相关知识，明确船舶冷却系统主要作用。并以中央冷却系统为例，按照功能和冷却介质不同，分别介绍海水系统、高温淡水系统、低温淡水系统和日用淡水系统。最后通过本任务学习与模拟器操作练习，熟悉中央冷却系统工作方式，明确海水冷却系统的作用与启动方式，掌握高温淡水冷却系统、低温淡水冷却系统和日用淡水系统的启动运作过程。

任务五　船舶辅助锅炉系统

🧰 任务目标

1. 了解船舶辅助锅炉系统主要作用；
2. 了解船舶辅助锅炉系统组成及附属系统；
3. 掌握船舶辅助锅炉系统启动过程和方法；
4. 为船舶主机备车奠定基础。

📋 任务分析

通过对船舶辅助锅炉系统学习，明确船舶辅助锅炉系统各部分功能。利用船舶机舱自动化仿真软件对船舶辅助锅炉系统准备与启动过程等进行操作，掌握船舶辅助锅炉系统工作原理，为船舶主机启动做好准备。

📚 知识准备

船舶锅炉分为主锅炉和辅助锅炉（图 5-5-1）两种。蒸汽轮机动力装置船设主锅炉（Main Boiler），产生过热蒸汽（Superheated Steam）驱动主汽轮机。

柴油机动力装置船设辅助锅炉（Auxiliary/Donkey Boiler），产生饱和蒸汽可以提供辅助热源（蒸汽、热水或热油），对燃油和润滑油加热，满足船员、旅客日常生活的需要，其他辅助机械的需要（空调、海水淡化）；油船辅助机械的动能源（辅助汽轮机、甲板机械），其他消防、清洗设备等。与主锅炉相比，辅助锅炉具有容量小、压力低、结构简单、维护方便和易于控制的特点。一般内燃动力装置船舶上设置一台压力为 0.5~1 MPa，蒸发量小于 2.5 t/h 的辅助锅炉。

对于用气量大的船舶（客船或油船），设置两台压力为 2 MPa，蒸发量较大的辅助锅炉。

燃油锅炉所产生的蒸汽，通过管道输送至各处，供燃油、润滑油的加热，以及空调装置、热水柜、厨房等生活用气。大部分蒸汽在放热后变成凝水，由凝水系统流回热水井，再由给水泵经给水系统送至锅炉水腔。由于少量的蒸汽被直接消耗，以及部分不可避免的泄漏，流回热水井的凝水要少于锅炉向外界提供的蒸汽量，再加上因锅炉排污而损失部分炉水，所以，要经常向热水井补水。

一、燃油锅炉的蒸汽系统

图 5-5-1 船舶辅助锅炉

蒸汽系统的任务是将锅炉产生的蒸汽按照不同的压力需求，送至各用气设备。如图 5-5-2 所示，燃油锅炉和废气锅炉所产生的蒸汽通过燃油锅炉顶部的主蒸汽阀输出，首先有一路至蒸汽吹灰器对废气锅炉进行吹灰；大部分的蒸汽则汇集于 0.7 MPa 的蒸汽分配器。经此分配器，蒸汽分别供各油舱、油柜、分油机、主/副机燃油单元等加热使用。另有一部分蒸汽经减压阀减压至 0.4 MPa，并送至 0.4 MPa 蒸汽分配器，供各舱室加热、空调加热加湿及厨房、热水柜等处加热使用。还有一路蒸汽经多余蒸汽释放阀（压力式）泄放至大气冷凝器，用于在废气锅炉供大于求时释放多余蒸汽。另有一路蒸汽经温控阀进入热水井，用于在冬季对热水井加温，保持 60 ℃～90 ℃的给水温度。蒸汽分配器底部有泄水管，用以在刚开始供汽暖管时放出凝结水，以避免在管道中产生水击。

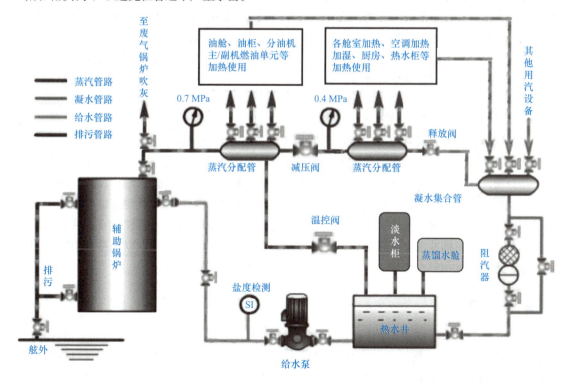

图 5-5-2 燃油辅助锅炉蒸汽、凝水、给水、排污系统

二、燃油锅炉的凝水系统

凝水系统的任务是回收各处的蒸汽凝水,并防止油分进入锅炉。

燃油辅助锅炉蒸汽、凝水、给水、排污系统如图 5-5-2 所示,供各处加热油、水和空气的蒸汽,在加热器中放热后大部分都会变成凝水,并经各自的蒸汽疏水器流回凝水总管。疏水器仅允许凝水通过,而蒸汽将被阻挡下来。但疏水器毕竟无法完全阻止蒸汽漏过,因此,在凝水回到热水井之前,需要先经大气冷凝器的冷却,使蒸汽完全液化,并可适当降低凝水温度。大气冷凝器为管壳式换热器,采用海水冷却。

若加热油的蒸汽管路泄漏,可能会导致油分进入凝水系统,而油分进入锅炉则有可能导致局部过热。凝水首先进入热水井的凝水观察柜,在此可观察水中是否含油;同时,凝水观察柜内还设有油分探测器,在油分超标时会发出警报。

可通过专用的取样阀进行炉水取样。为免于人员烫伤,样水会首先经取样冷却器后方可流出。定期的取样化验是必需的,以监控炉水质量,并决定炉水处理剂的投放量。燃油锅炉炉水化验的主要指标包括盐分、碱度、导电性及联氨含量等。

三、燃油锅炉的给水系统

燃油锅炉给水系统的任务是及时向锅炉提供品质符合要求的炉水,一般有两套完整的管系,以保证可靠补水。

图 5-5-2 中包含某船燃油锅炉给水和排污系统图。锅炉给水泵(20 级离心泵)从热水井吸水,经盐度监测仪的检测,在盐度合格后方可补入锅炉。给水泵的启、停由液位监测仪控制,使锅炉水位一直保持在设定的范围之内。热井补水泵(离心旋涡泵)从蒸馏水舱吸水,将由真空沸腾式造水机产生的蒸馏水补入热水井,以弥补锅炉汽、水系统中的损失。在自动状态下,热井补水泵的启、停分别由低、高液位开关来控制。热水井的功能包括收集蒸汽凝水、探测油分、过滤杂质、加入补充水和投放炉水处理药剂等。

四、燃油锅炉的排污系统

燃油锅炉在工作一段时间后,底部可能聚集泥渣,投药处理后也会产生部分沉淀,因此,锅炉底部设有下排污阀,以便定期将泥渣和沉淀排出。同时,炉水表面也可能漂浮一定量的油污、盐分泡沫等,需要通过上排污阀(截止止回阀)将其泄放。上、下排污经通海阀排至舷外。

燃油锅炉在长期运行后,其炉膛会变脏,导致传热效果下降,故需要定期进行水洗。当吹灰没有明显效果时,就需要进行水洗。上述清洗所产生的污水均经泄水管泄放至舱底。燃油锅炉的水位计需要定期冲洗,以防卡死;热水井也需要定期的上、下排污,以保持其中炉水的清洁。水位计冲洗水和热水井排污水均经相关管路泄放至舱底。

任务实施

轮机模拟器蒸汽系统为 2 台燃油锅炉(AUX. FUEL OIL BOILER)和 1 台废气锅炉(EXH Gas Economizer)组成的联合锅炉,为船舶提供蒸汽。燃油锅炉投入运行前首先需要保证电网的功率足够,否则启动时会请求失败。燃油锅炉电源分为两路:1 号锅炉,左主电板 1 号 440 V 供电屏 ID:102 3-14;2 号锅炉,右主电板 2 号 440 V 负载屏 ID:112 10-14。启动前分别合上电源,保证锅炉系统及控制箱正常供电,在本项目任务三中已经完成。

一、燃油锅炉点火准备

在 ID：40 1号燃油锅炉界面（图 5-5-3）打开 POWER SUPPLY 1 电源开关[1]，打开燃油泵入口截止阀[2,3]，打开旁通阀[4]，打开燃油管路与主机油路截止阀[5]，将三通阀转换为直通[6]，打开回油阀[7]。打开点火油路的截止阀[8]，打开雾化蒸汽截止阀[9]，打开雾化压缩空气截止阀[10]，启动燃油泵[11]。

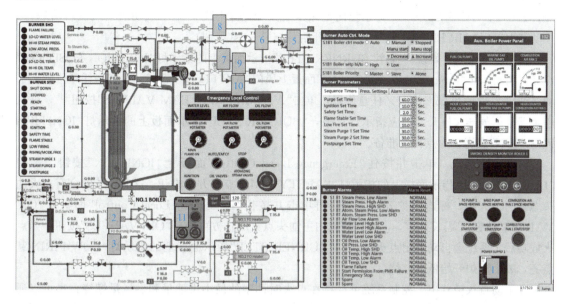

图 5-5-3　ID：40 1号燃油锅炉界面

在 ID：41 2号燃油锅炉界面（图 5-5-4）打开 POWER SUPPLY 2 电源开关[1]，打开点火油路截止阀[2]，打开点火油泵入口截止阀[3,4]，打开燃油管路与主机油路截止阀[5]，将三通阀转换为直通[6]，打开回油阀[7]。打开点火油路的截止阀[8]，打开雾化蒸汽截止阀与雾化压缩空气截止阀[9]。

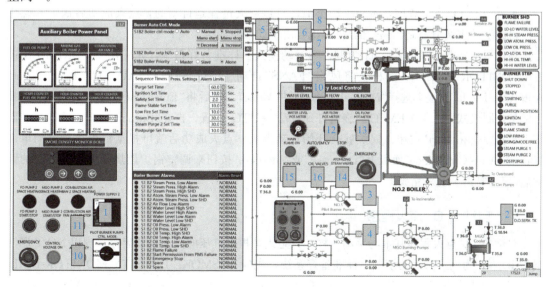

图 5-5-4　ID：41 2号燃油锅炉界面

在 ID：84 雾化压缩空气供气截止阀 OPEN。去 ID：43 界面的左上角打开两台锅炉的放气阀。

二、手动应急点火 2 号燃油锅炉

现以 NO.2 燃油锅炉为例，在图 5-5-4 中，将"Emergency Local Control"面板上锅炉控制模式"AUTO/ EM'CY"旋钮打到手动"EM'CY"位置[10]，按下手动启动风机按钮"COMBUSTION AIR FAN1 START/STOP"[11]，系统向电站系统发出请求信号，请求成功后，风机启动运行，手动调大风门"AIR FLOW"[12]至 100%，开始预扫风 60 s(可调)。

预扫风结束后，燃烧器程序"BURNER STEP"指示面板上的指示灯"IGNITION POSITION"点亮，手动调小"Emergency Local Control"面板上风门"AIR FLOW"至 25%~27%任意位置，手动将油门[13]也调到 25%~27%任意位置，单击"ATOMIZING STEAM VALVES"按钮[14]，进入燃烧器雾化蒸气阀打开，相应指示灯点亮，"BURNER STEP"指示面板上的指示灯"IGNITION POSITION"点亮，为点火做准备。

可以开始点火，单击并按住"Emergency Local Control"面板上"IGNITION"按钮[15]，待"BURNER STEP"指示面板上的指示灯"SAFETY TIME"点亮方可松开，这时炉膛内会有点火油头燃烧的小火苗，标志锅炉开始点火；再单击并按住"Emergency Local Control"面板上"OIL VALVES"按钮[16]需长达 15 s，直到炉膛内主油头点火成功方可松开"OIL VALVES"按钮，当点火成功后，系统会自动关闭点火油泵，"BURNER STEP"指示面板上的指示灯"LOW FIRING"点亮，表示锅炉开始低火燃烧。

在手动点火模式下，控制系统可保持在点火时调整的最小供油量和供风量燃烧，也可以通过手动调节供油量和供风量的旋钮来调节燃烧强度，通常是要使锅炉慢慢加热；当锅炉起压并且锅炉放气阀有连续的蒸汽流出时可关闭放气阀。当锅炉慢慢起压到一定的压力后，可慢慢开启主停气阀门，开始往外供汽；当锅炉汽压在 3 bar 以上，可开启雾化蒸汽，关闭雾化空气。

在手动模式下按下手动停止按钮，锅炉启动停止时序，包括蒸汽吹扫，后扫风时序。

三、半自动 D.O. 点火程序

半自动 D.O. 点火程序基本与手动类似，只是点火过程是自动的，点火成功后锅炉的燃烧强度可由手动来调节控制，锅炉的启/停也要由手动来完成。

现以 NO.2 燃油锅炉 ID：41 为例，与手动模式一样准备好系统，先应在"SMOKE DENSITY MONITOR BOILER2"面板上将风扇"FANS"自动/应急旋钮转到"AUTO"，再在"Burner Auto Ctrl. Mode"面板上选择"Manual""Low"和"Alone"，然后将"Emergency Local Control"面板上锅炉控制模式"AUTO/EM'CY"旋钮打到自动"AUTO"位置，再在"Burner Auto Ctrl. Mode"面板上单击"Manu start"按钮，锅炉就会开始自动点火。点火成功后就可根据锅炉负荷手动单击"Burner Auto Ctrl. Mode"面板上"Decrease"或"Increase"按钮来调整锅炉燃烧强度了。这时的锅炉启/停也要由手动来完成。

四、自动 D.O. 点火程序

自动 D.O. 点火程序基本与手动一样，只是锅炉根据气压的大小自动启停。现以 NO.2 燃油锅炉 ID：41 为例，与手动模式一样准备好系统，先应在"SMOKE DENSITY MONITOR BOILER2"面板上将风扇"FANS"自动/应急旋钮转到"AUTO"，再在"Burner Auto Ctrl. Mode"面板上

选择"Auto""Low"和"Alone",然后将"Emergency Local Control"面板上锅炉控制模式"AUTO/ EM'CY"旋钮打到自动"AUTO"位置,锅炉会自动完成点火时序及根据设定的启/停压力完成自动启/停控制。当自动模式运行时:

低压模式时:蒸汽压力低于 6.2 bar 时,锅炉按照程序自动点火燃烧;高于 7.0 bar 时,锅炉按程序自动停炉。

高压模式时:蒸汽压力低于 20.2 bar 时,锅炉按照程序自动点火燃烧;高于 21.0 bar 时,锅炉按程序自动停炉。

五、锅炉给水系统启动

在图 5-5-5 中,打开热水井出口阀[1],打开各泵的出口阀[2~5],打开锅炉供水阀[6~9],打开供水泵控制板[10],打开 1 号供水泵电源[11],打开加热[12],启动 1 号供水泵[13],打开 2 号供水泵电源[14],加热[15],调节 2 号供水泵[16]为备用。

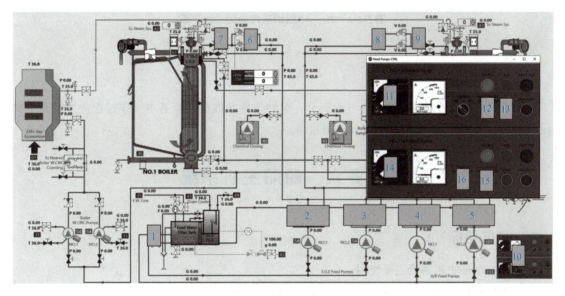

图 5-5-5　ID:42 锅炉给水系统界面

锅炉给水系统还设有锅炉水位自动控制系统,在控制器上可选择自动或手动控制锅炉水位,也可设置水位的高低,当设置为"0"时是锅炉的正常水位。锅炉热水井可由造水机蒸馏水柜补水,同时接收蒸汽冷凝器的回水。回水首先进入凝水观察柜,观察柜上设有一个观察孔,可以通过其察看回水是否含油。热水井可以通过蒸汽加热提高锅炉给水温度。锅炉给水管路上还接入投药柜,投药柜内为按照锅炉说明书配置的能够去除锅炉管壁水垢的化学药水,经投药泵泵入锅炉水包。炉体旁配有一个锅炉炉水采样器,可以通过其将水包内水取出进行分析,作为投药依据。采样器由低温淡水冷却。

六、锅炉蒸汽分配系统

在图 5-5-6 中,打开主蒸汽截止阀[1,2]到 100%,打开解压阀前后截止阀[3,4],打开各分期箱的截止阀[5~8]。蒸汽分配系统的是将从锅炉出来的蒸汽通过截止阀和管路分配给各用气设备。而蒸汽经用气设备后需经冷凝器"Heating Steam Drain Cooler"冷却为冷凝水送回到锅炉的热水井。

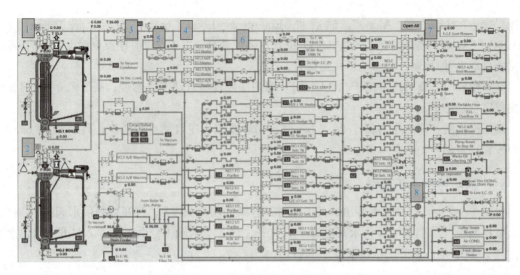

图 5-5-6　ID：43 锅炉蒸汽分配系统界面

🧰 任务总结

本任务主要通过对模拟器操作界面简介，引导学生掌握模拟器基本操作过程，为船舶主要设备供气供热准备条件，为主机备车做好准备。

任务六　船舶主机系统

🧰 任务目标

1. 了解船舶主机系统主要作用；
2. 了解船舶主机系统组成及附属系统；
3. 掌握船舶主机系统启动过程方法；
4. 完成船舶主机备车与启动。

📇 任务分析

通过船舶主机系统学习，明确船舶主机系统各部分功能。利用船舶机舱自动化仿真软件对船舶主机系统准备、备车、试车、定速等步骤进行操作，掌握船舶主机系统工作原理，为船舶航行做好准备。

📚 知识准备

一、船舶主机动力系统原理

柴油机是一种利用燃油的能量做功的动力机械，因其热效率高、经济性好，在各种工业部门得到广泛的应用。发电厂采用柴油机发电，汽车用柴油机作为发动机，以及一些工程设备使用柴油机作为动力机械。在船舶上，目前所使用的动力机械主要是柴油机，称为船舶柴油机。驱动螺旋桨为船舶提供动力的柴油机，称为船舶主机，其是机舱最重要的动力机械；驱动发电机为船舶提供电力的柴油机，称为发电柴油机，即副机。另外，应急发电机原动机、救生艇均为柴油机，应急消防泵、应急空压机的原动机也都有采用柴油机的。柴油机是机舱机械设备的心脏。船舶在大洋中各种复杂海况下航行，经常会遭遇大风浪，船舶的安全性直接取决于为船舶提供动力的柴油机的可靠性。船舶是一个营运单位，其中一项主要营运成本就是燃料费用，柴油机运转状况的好坏决定着船舶营运成本的多少，因此，柴油机又关系到船舶营运经济性。

柴油机是以柴油或劣质燃料油为燃料，压缩发火的往复式内燃机。燃油在柴油机气缸中燃烧做功，必须通过进气、压缩、燃烧、膨胀和排气5个过程才能实现，这5个过程称为柴油机的基本工作过程，进行了这5个过程就完成了一个工作循环，接着又重复进行下一个工作循环。

船舶柴油机的结构比较复杂，它是由许多机构和系统组成。从工作原理上，柴油机动力系统主要由主机燃油系统、润滑系统、冷却系统、启动和操纵系统组成。

（1）主机燃油系统。主机燃油系统（图5-6-1）的作用是向主机燃油喷射设备提供一定压力、黏度合适的燃油，供主机燃烧。燃油系统由燃油供给系统和燃油喷射系统组成。燃油供给系统是将符合使用要求的燃油畅通无阻地输送到喷油泵入口端。该系统通常由加装和测量、贮存、驳运、净化处理、供给5个基本环节组成。燃油喷射系统由喷油泵、喷油器和高压油管组成，其作用是定时、定量地向燃烧室内喷入雾化良好燃油，保证燃烧过程的进行。

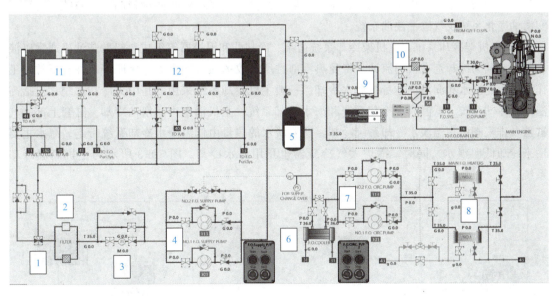

图5-6-1 主机燃油系统

1—轻重油三通转换阀；2—双联粗滤器；3—流量计；4—燃油供给泵；5—混油桶；6—预热交换器；
7—燃油增压泵；8—冷却交换器；9—调压阀；10—过滤器；11—轻油柜；12—重油柜

通过三通转换阀选择从轻油日用柜或重油日用柜来的燃油，通过双联粗滤器进行过滤，通过燃油供给泵到混油桶，再经燃油单元加压加热后，通过燃油增压泵给冷却交换器进行温度调节，由调压阀控制进油量，并再次进行过滤后，供应给主机使用。主机用不了的燃油可以返回燃油单元或直接回到轻重油日用柜。正常情况下，主机无论运转或停车，系统中都应只有重油，只在主机大修或长时间停航时才换用轻油，轻油在燃油单元中不需加热。

（2）主机润滑系统。主机润滑系统的作用是将清洁的润滑油送至柴油机的各运动件摩擦表面,起到减摩、冷却、清洁、密封和防锈作用,保证柴油机的正常工作,如图5-6-2所示。

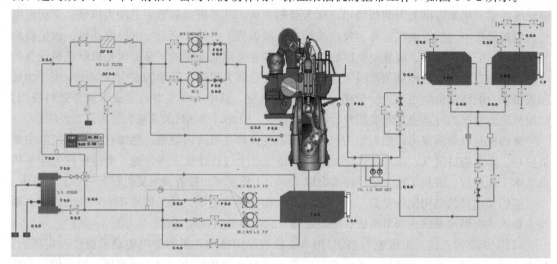

图 5-6-2 主机润滑系统图

对于大型低速柴油机通常由气缸注油系统和曲轴箱油系统两部分组成,而对于中小型柴油机只有曲轴箱油系统,也称为机油系统。一般主机润滑油系统包括曲轴箱润滑油系统、曲轴箱润滑油净化系统及气缸油注油系统。

(3)主机架冷却系统。主机架冷却系统由泵、冷却器和温控器等组成。船舶柴油机通常以淡水和润滑油为冷却剂在机内流动,将受热零部件所吸收的热传导出去,保证零部件有正常的工作温度。而淡水和润滑油本身被海水冷却。一般主机冷却系统采用的是中央冷却系统,包括高温淡水冷却系统、低温淡水冷却系统和海水冷却系统。主机活塞由润滑油冷却。缸套上部、气缸盖及排气阀由高温淡水冷却系统冷却,高温淡水的热量由低温淡水冷却系统带走。海水主要用来冷却低温淡水,同时,锅炉大气冷凝器也是用海水冷却。图 5-6-3 所示为主机高温冷却系统。

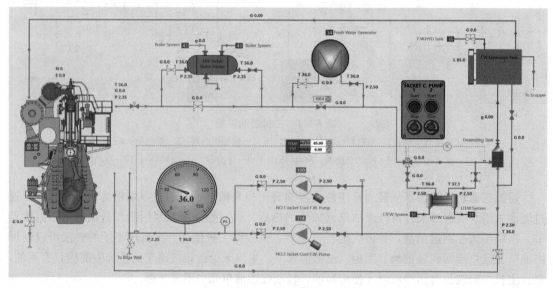

图 5-6-3 主机高温冷却系统

二、船舶主机动力系统运行管理

船舶定速航行后，评定柴油机运转性能和技术状态的主要依据是燃料在气缸中燃烧的好坏和各缸负荷分配的均匀程度。轮机管理人员应使柴油机及其装置处于正常的技术状态。出现故障应在短时间内消除，恢复航行。在运行管理中，值班人员应集中精力、遵守操作规程、按要求进行巡回检测，使各种技术参数处在正常范围之内，并做好值班和交接班工作。这样，才能有效地保证动力装置及其附属设备工作可靠，处于经济性较高的运行状态。

(1)航行值班人员的交接工作。交班前当值人员应做好运转设备的清洁工作，对运转设备做全面仔细的检测，并将主要技术参数、本班所发生的问题、处理方法、处理结果、轮机长的命令和专门指示、驾驶台的通知等记入轮机日志；将油舱、油柜的预热加温、驳运、净化分离，以及舱底水水位、污油水舱(柜)液位和防污设备的使用情况向接班人员详细交代。

接班人员在进入机舱之前，首先观察烟囱排气的颜色、舷外水的排出和海面情况，进入舵机间检查舵机及其附属设备。其次进入机舱后按最合理巡检路线检测各设备。最后查看轮机日志、听取交班人员的情况介绍。经接班人员同意后，交班人员方可离开机舱。

(2)巡回检查。运行管理的目的在于控制柴油机的热负荷和机械负荷都在规定的范围内，使柴油机可靠而经济的运行。

热力检查的目的是检查和确定柴油机各缸燃烧情况和负荷分配均匀程度，主要是指热负荷和机械负荷的检查。热负荷主要体现在冷却水温度、润滑油温度和排气温度上。机械负荷可以通过测取示功图来确定最大燃烧压力和平均指示压力，并用以分析和判断各缸负荷的大小和分配情况。

机械检查的目的是为保证柴油机各机件及系统始终处于正常的技术状态，通常采用看、摸、听、闻等最直接又简便的手段，检查机械设备的运转情况并定期记录设备运转参数。如出现不正常的运转声响、设备运行参数异常变化、刺激性气味及机械设备连接处、阀件等的泄漏，都表明设备运转不正常。

制定固定的巡回检查路线，不仅可以保证所有重要设备的运行状态都能够进行检查，没有遗漏，同时可以节省时间。机舱巡回检查路线，就是轮机员在接班前或值班时检查机舱运转设备时，所走的路线。检查路线并不是固定的，也因人而异，通常只要在路线中将所要检查的设备涵盖即可。

以某轮机的机舱巡回检查路线为例：

首先在外面看烟色，从艇甲板进入主机舱5层，高温膨胀水箱→燃油锅炉水位计→废气锅炉压差计；下楼梯，到主机舱4层，锅炉燃烧器→低温膨胀水箱→锅炉柴油及燃油日用柜→气缸油日用油柜；下楼梯，到主机舱3层，检查尾轴重力油柜；下楼梯，到主机舱2层，锅炉热水井及冷凝器→造水机→主机缸套水泵→分油机间分油机，1号及2号重油沉淀柜、轻油日用柜及沉淀柜→主机燃油单元→1号及2号重油日用柜→主机上层；下楼梯，到主机舱底层，空压机→主海水泵→舱底污水井→中央冷却器→低温淡水泵→主机滑油冷却器→主机滑油自清滤器→主机滑油泵→主机缸套水冷却器→1号中间轴承→CPP装置→轴带发电机→齿轮箱→滑油分油机→主机下层(主机滑油循环柜、推力轴承、油雾浓度监测器、轴向减震器)；穿过水密门进入尾轴弄，2号中间轴承→3号中间轴承→CPP螺距指示器→尾轴。

其次，主机舱检查完毕后，进入副机舱2层，副机燃油单元→饮用水泵及饮用水柜；下楼梯到副机舱底层，日用卫生水泵及压力柜→日用淡水泵及压力柜→热水压力柜→副机→空调压缩机及冷媒水泵→副机舱舱底水；穿过水密门进入减摇鳍舱，检查生活污水处理装置及减摇鳍装置。

最后，在集控室交接班。

通常，大管轮每班接班前，要进入舵机房和冰机间检查设备运转情况。

(3)轮机日志记录。轮机员每个班至少在巡回检查后，抄录一次主机主要运行参数，记录在轮机日志中。这些参数可以作为判断主机运行是否正常的根据，也可以为以后分析主机运行状况作为参考。

在轮机日志中，每班还有值班记事栏，记录每班进行主要工作，同时由值班人员在值班轮机员栏签字。每天中午，由二管轮记录燃、润油消耗结存情况、设备工作时间及根据驾驶台提供情况记录正午报告，其中，燃、润油结存数量最后由船长上报公司。在部门记事栏，记录轮机部每天所做的维护保养工作。轮机长每天需要审阅轮机日志并签字。

🖮 任务实施

一、主机备车前准备

在 ID：130 桥楼主机车钟（图 5-6-4）界面按下备车钟"S/B"按钮，通知集控室备车，ID：128 集控室主机车钟界面按下备车钟"S/B"按钮确定开始备车，然后轮机值班人员可以开始主机备车了。

图 5-6-4 ID：130 桥楼主机车钟

(1)主发电机与压缩空气准备。主机启动需要发电机容量保障，要在一台主发电机在网运转的基础上再启动一台备用发电机并网投入供电运行，此步已在本项目任务三中完成，这里只要检查发电机是否正常工作即可。并检查发电机是否并网成功。

主机启动需要充足的压缩空气压力保障，需要启动主空气压缩机，此步已在本项目任务三中完成，这里只要检查主空气压缩机是否正常工作即可。在 ID：05 界面将主启动阀转到"SERVICE"，打开主机控制空气截止阀和气缸启动阀控制空气管路上的截止阀 118。

(2)高温冷却水准备。在 ID：43 界面（图 5-6-5）打开标号 33 的缸套水加热器前和相关分汽箱的截止阀。在 ID：33 界面检查淡水膨胀水箱"F. W. Expansion Tank"水位，水位不低于 4/5；在 ID：33 界面启动一台主机缸套水泵（供电开关：NO.1 泵在 ID：100 1-3；NO.2 泵在 ID：114 12-3），主机暖缸温度需达到 60 ℃。再将缸套水温度控制器的自动温度控制值设定到 72 ℃并打到自动"AUTO"。

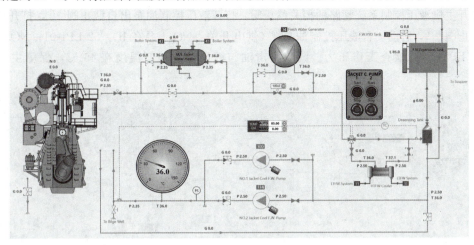

图 5-6-5　ID：43 33 主机高温冷却水系统

(3)燃油系统准备。在 ID：10 界面(图 5-6-6)打开从轻柴油日用柜到主机的相关油路截止阀，确保主机供油单元管路畅通。打开截止阀(1)，打开流量计前后截止阀(2,3)，打开供给泵前截止阀(4,5)，打开冷却器截止阀(6)，打开循环截止阀(7,8)，打开一个加热器截止阀(9)，打开黏度计截止阀(10)，打开回油管路截止阀(11)，打开回油排气阀(12)，启动一台主机供油单元供油泵(13)(供电开关：NO.1 泵在 ID：101 2-2；NO.2 泵在 ID：113 11-2)，启动一台循环泵(14)(供电开关：NO.1 泵在 ID：101 2-3；NO.2 泵在 ID：113 11-3)，检查系统的流量和压力及燃油温度是否正常。

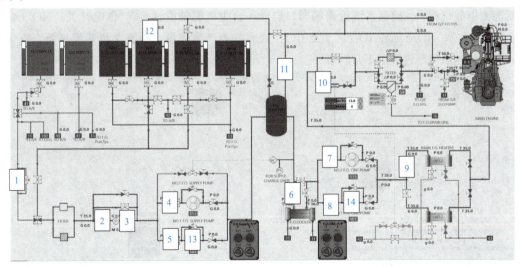

图 5-6-6　ID：10 主机燃油系统

(4)主机滑油等系统准备。在 ID：20 主机润滑油系统(图 5-6-7)界面检查测量主机循环油柜油位，打开油路相关的截止阀，确保主润滑油管路畅通。打开主机润滑油泵截止阀(1,2)，启动一台主机润滑油泵(3)(供电开关：NO.1 泵在 ID：100 1-4；NO.2 泵在 ID：114 12-4)并检查工作压力。打开 1 号油柜截止阀(4)，打开进滤油器截止阀(5)，检查主机气缸油储存柜"NO.1/NO.2

CYL. OIL. STOR. TK"液位，打开气缸油油路各相关阀门，确保油路畅通。

打开主机液压控制系统管路的相关截止阀，打开液压控制油泵出口截止阀[6,7]，打开冷却器前后截止阀[8,9]，启动一台液压控制油泵[10]（供电开关：NO.1 泵在 ID：52 LP1-01；NO.2 泵在 ID：53 LP2-01）并检查工作压力。调节润滑油与液压油的控制温度在 45 ℃，保障主机正常运行。

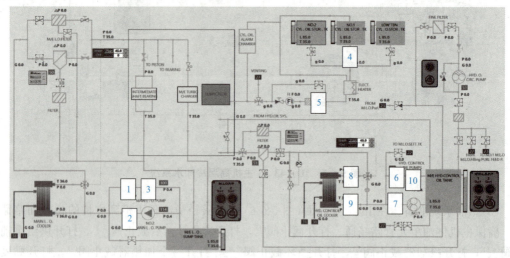

图 5-6-7　ID：20 主机滑油系统

（5）艉轴润滑油系统准备。在 ID：21 船舶艉轴滑油系统（图 5-6-8）界面检查主机艉轴循环油柜和前密封油位，打开油柜出油阀[1]，打开液压油控制泵截止阀[2,3]，打开回油泵截止阀[4]，打开低温油柜截止阀[5]，确保系统管路畅通，启动一台主机艉轴滑油泵[6]（供电开关：NO.1 泵在 ID：50 LS1-01；NO.2 泵在 ID：50 LS2-01）；观察是否产生流量，检查主机遥控系统、安全系统、电子调速系统是否处于正常状态。

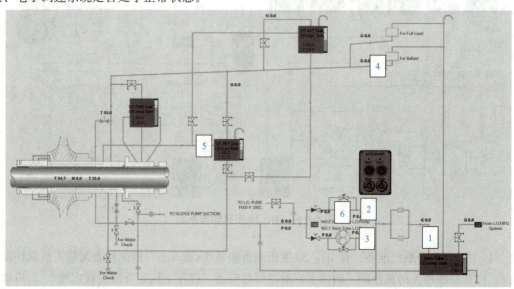

图 5-6-8　ID：21 船舶艉轴滑油系统

(6)舵机控制准备。在 ID：150 舵机控制盘(图 5-6-9)界面，进入 STEERING GEAR LOCAL CTRL 舵机控制界面，打开 3 个舵机控制油泵电源[1~3]，并按下各个油泵的启动按钮[4~6]，其中 1、2 号油泵由主电板供电，3 号油泵由应急供电板供电。并将控制模式调到自动模式[7~9]，这样驾驶台就可以对舵机进行操作了。

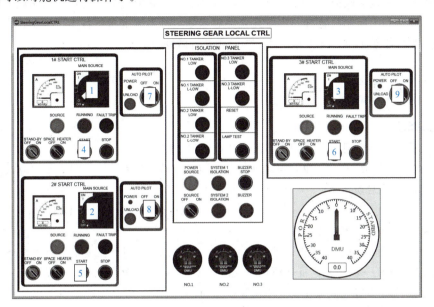

图 5-6-9　ID：150 舵机控制盘

二、主机备车

到 ID：04 在机旁操作台界面，将 TURNING GEAR STARTER 电源接通，手动按下"AHEAD"正车盘车按钮，盘车完成后将电源关闭。

到 ID：7 辅助鼓风机控制箱面板，将 AUX BLOWER 两台鼓风机电源打开，并按下"START"启动按钮启动鼓风机，运转正常后并将两台鼓风机控制达到 REMOTE 自动遥控状态。

到 ID：05 主机气动系统界面，打开 1、115、118 等气源控制阀，脱开盘车机 SERVICE。

到 ID：128 集控室主机操作面板，用右击打开"STANDBY"按钮的保护盖，单击"STANDBY"按钮，启动主机鼓风机和主机启动泵，"STANDBY"按钮指示灯变为黄色常亮为正常。

准备好冲车后还要通知驾驶台，在得到驾驶台值班人员同意后方可进行冲车操作。在 ID：04 界面左下部的冲车和自动选择旋钮转到"AIR RUN"位置，再将正倒车控制旋钮转到其中一侧就可冲车了。

三、主机试车

在 ID：04 界面左下部的冲车和自动选择旋钮放到"AUTO"，再将正倒车控制旋钮转到其中一侧就可试车了，正倒车都试车成功后，可将主机操纵位置转到集控室。右击打开"ECR"按钮的保护盖，单击"ECR"按钮，"ECR"按钮指示灯变为黄色闪亮，就可以去集控室进行操作了。

在集控室主机操纵台右击打开"ECR"按钮的保护盖，单击"ECR"按钮，"ECR"按钮指示灯变为黄灯常亮，这时就可在集控室根据驾驶台的车令进行操作主机或单击"WHEEL HOUSE"按钮将操纵位置转到驾驶台。此时主机随时可用。

当主机备车与试车成功后，主机可以正常运行，实现主机定速。

任务总结

本任务主要通过对模拟器操作界面简介，引导学生对船舶主机系统学习，明确船舶主机系统各部分功能。利用船舶机舱自动化仿真软件对船舶主机系统准备、备车、试车、定速等步骤进行操作，掌握船舶主机系统工作原理，为船舶航行做好准备。

练习与思考

一、选择题

1. 应急发电机启动可以使用哪种启动形式（　　）。
   A. 电动与气动　　B. 电动与液动　　C. 液动与气动　　D. 气动与人力
2. 应急发电机启动使用（　　）V直流电压。
   A. 5　　B. 12　　C. 24　　D. 48
3. 船舶瘫船启动基本流程是（　　）。
   A. 应急发电机→主发电机→辅机→主机　　B. 应急发电机→主发电机→主机→辅机
   C. 主发电机→应急发电机→辅机→主机　　D. 主机→应急发电机→主发电机→辅机
4. 在船上通常不需要并车操作的原因是（　　）。
   A. 当单机负荷达到80%额定容量时，且负荷仍有可能增加
   B. 当进出港靠离码头或进出狭水道等的机动航行状态时
   C. 当需要用备用机组替换下运行供电的机组时
   D. 当应急发电机启动失败时
5. 发电机并车屏最主要作用是（　　）。
   A. 并车　　B. 同步　　C. 调速　　D. 调压
6. 中央冷却系统使用（　　）℃高温淡水开式淡水循环系统。
   A. 30～40　　B. 40～60　　C. 60～80　　D. 80～85
7. 中央冷却系统使用（　　）℃低温淡水闭式淡水循环系统。
   A. 30～40　　B. 40～60　　C. 60～80　　D. 80～85
8. 中央冷却系统中高温淡水系统中淡水由（　　）提供。
   A. 海水　　B. 淡水储蓄池　　C. 日用淡水系统　　D. 雨水
9. 船舶辅助锅炉主要产生（　　）。
   A. 热水　　B. 高温蒸汽　　C. 淡水　　D. 废水
10. 船舶辅助锅炉开始使用（　　）燃烧，稳定后使用（　　）燃烧。
    A. 轻油　重油　　B. 重油　轻油　　C. 柴油　汽油　　D. 汽油　柴油

二、判断题

1. 应急电源向船上重要场所的照明、航行灯、信号灯、无线电通信设备、报警系统、操舵装置等应急设备短时供电（客船24 h，货船12 h）。（　　）
2. 发电机一般为交流发电机，可为船舶电站提供380 V、50 Hz交流电，作为动力电源供船舶负载使用。（　　）
3. 机组至少应为3台，从便于维护和管理出发，最好选用同类型发电机组。（　　）

4. 主发电机启动还需主发电机润滑油系统运作,并保证主发电机供油系统运作,最后利用空压机提供的压力启动主发电机。( )

5. 中央冷却水系统的基本特点是使用不同温度的两个单独的淡水循环系统:高温淡水(60 ℃~65 ℃)开式系统和低温淡水(30 ℃~40 ℃)闭式系统。( )

6. 瘫船启动时,在主发电机投入运行为主电网供电之前,无法启动主海水泵,这时副机冷却换热效果不良。因此当配电板正常供电后应立即启动海水系统和低温淡水系统,以确保副机良好冷却。( )

7. 燃油锅炉所产生的蒸汽,通过管道输送至各处,供燃油、润滑油的加热,以及空调装置、热水柜、厨房等生活用气。( )

8. 锅炉在工作一段时间后,底部可能聚集泥渣,投药处理后也会产生部分沉淀,因此,锅炉底部设有下排污阀,以便定期把泥渣和沉淀排出。( )

9. 柴油机是一种利用燃油的能量做功的动力机械,因其热效率高、经济性好,在各种工业部门得到广泛的应用。( )

10. 船舶定速航行后,评定柴油机运转性能和技术状态的主要依据是燃料在气缸中燃烧的好坏和各缸负荷分配的均匀程度。( )

三、简答题

1. 简述船舶应急发电机主要组成与各部分作用。
2. 船舶主发电机启动前要做哪些准备?简述其启动过程。
3. 简述中央冷却水系统主要组成与功能及工作原理。
4. 简述船舶辅助锅炉启动过程及注意事项。
5. 主机备车准备过程有哪些?

参考文献

[1] 闫世杰. 船舶信号[M]. 北京：人民交通出版社，2006.
[2] 孙艳秋. 船舶信号系统[M]. 北京：人民交通出版社，2013.
[3] 李世臣，曾鸿，韩学胜. 船舶机舱自动化[M]. 大连：大连海事大学出版社，2013.
[4] 崔向东，刘西全. 自动化机舱操作[M]. 大连：大连海事大学出版社，2014.
[5] 李世臣，韩学胜，曾鸿，等. 船舶电气与自动化（船舶自动化）[M]. 大连：大连海事大学出版社，2013.
[6] 林叶锦. 轮机自动化[M]. 2版. 大连：大连海事大学出版社，2019.
[7] 陈清彬. 轮机自动化[M]. 北京：人民交通出版社，2009.
[8] 张永平. 现代电气控制与PLC应用项目教程[M]. 北京：北京理工大学出版社，2014.